「十三五」国家重点图书出版规划项目

秦史与秦文化研究丛书

王子今 主编

秦礼仪研究

马志亮 著

西北大学出版社
·西安·

图书在版编目(CIP)数据

秦礼仪研究 / 马志亮著. --西安:西北大学出版社,2021.2
(秦史与秦文化研究丛书 / 王子今主编)
ISBN 978-7-5604-4659-2

Ⅰ.①秦⋯ Ⅱ.①马⋯ Ⅲ.①礼仪—研究—中国—秦代 Ⅳ.①K892.9

中国版本图书馆 CIP 数据核字(2020)第 262037 号

本书是国家社会科学基金重大项目"中国传统礼仪文化通史研究"(批号 18ZDA021)的阶段性成果

秦礼仪研究
QINLIYIYANJIU　　马志亮　著

责任编辑	张红丽
装帧设计	谢　晶
出版发行	西北大学出版社
地　　址	西安市太白北路 229 号　　邮　编　710069
网　　址	http://nwupress.nwu.edu.cn　　E-mail　xdpress@nwu.edu.cn
电　　话	029-88303593　88302590
经　　销	全国新华书店
印　　装	西安华新彩印有限责任公司
开　　本	710 毫米×1020 毫米　1/16
印　　张	16.5
字　　数	281 千字
版　　次	2021 年 2 月第 1 版　2021 年 2 月第 1 次印刷
书　　号	ISBN 978-7-5604-4659-2
定　　价	110.00 元

如有印装质量问题,请与本社联系调换,电话 029-88302966。

"秦史与秦文化研究丛书"
QINSHI YU QINWENHUA YANJIU CONGSHU
编辑出版委员会

顾　问　柳斌杰　朱绍侯　方光华

主　任　徐　晔

副主任　卜宪群　马　来

委　员　卜宪群　马　来　王子今　王彦辉　田明纲
　　　　邬文玲　孙家洲　李禹阶　李振宏　张德芳
　　　　张　萍　陈松长　何惠昂　杨建辉　高大伦
　　　　高彦平　晋　文　贾二强　徐　晔　徐兴无
　　　　梁亚莉　彭　卫　焦南峰　赖绍聪

主　编　王子今

总　序

公元前221年，秦王嬴政完成了统一大业，建立了中国历史上第一个高度集权的"大一统"帝国。秦王朝执政短暂，公元前207年被民众武装暴动推翻。秦短促而亡，其失败，在后世长久的历史记忆中更多地被赋予政治教训的意义。然而人们回顾秦史，往往都会追溯到秦人从立国走向强盛的历程，也会对秦文化的品质和特色有所思考。

秦人有早期以畜牧业作为主体经济形式的历史。《史记》卷五《秦本纪》说秦人先祖柏翳"调驯鸟兽，鸟兽多驯服"①，《汉书》卷一九上《百官公卿表上》则作"蕃作朕虞，育草木鸟兽"②，《汉书》卷二八下《地理志下》说"柏益……为舜朕虞，养育草木鸟兽"③，经营对象包括"草木"。所谓"育草木""养育草木"，暗示农业和林业在秦早期经济形式中也曾经具有相当重要的地位。秦人经济开发的成就，是秦史进程中不宜忽视的文化因素。其影响，不仅作用于物质层面，也作用于精神层面。秦人在周人称为"西垂"的地方崛起，最初在今甘肃东部、陕西西部活动，利用畜牧业经营能力方面的优势，成为周天子和东方各个文化传统比较悠久的古国不能忽视的政治力量。秦作为政治实体，在两周之际得到正式承认。

关中西部的开发，有周人的历史功绩。周王朝的统治重心东迁洛阳后，秦人在这一地区获得显著的经济成就。秦人起先在汧渭之间地方建设了畜牧业基地，又联络草原部族，团结西戎力量，"西垂以其故和睦"，得到周王室的肯定，秦于是立国。正如《史记》卷五《秦本纪》所说："邑之秦，使复续嬴氏祀，号曰秦嬴。"④秦国力逐渐强盛，后来向东发展，在雍（今陕西凤翔）定都，成为西方诸侯

---

① ［汉］司马迁：《史记》，中华书局，1959年，第173页。
② 颜师古注引应劭曰："蕃，伯益也。"《汉书》，中华书局，1962年，第721、724页。
③ ［汉］班固：《汉书》，中华书局，1962年，第1641页。
④ 《史记》卷五《秦本纪》，第177页。

国家,与东方列国发生外交和战争关系。雍城是生态条件十分适合农耕发展的富庶地区,与周人早期经营农耕、创造农业奇迹的所谓"周原膴膴"①的中心地域东西相邻。因此许多学者将其归入广义"周原"的范围之内。秦国的经济进步,有利用"周余民"较成熟农耕经验的因素。秦穆公时代"益国十二,开地千里,遂霸西戎","广地益国,东服强晋,西霸戎夷",②是以关中西部地区作为根据地实现的政治成功。

秦的政治中心,随着秦史的发展,呈现由西而东逐步转移的轨迹。比较明确的秦史记录,即从《史记》卷五《秦本纪》所谓"初有史以纪事"的秦文公时代起始。③秦人活动的中心,经历了这样的转徙过程:西垂—汧渭之会—平阳—雍—咸阳。《中国文物地图集·陕西分册》中的《陕西省春秋战国遗存图》显示,春秋战国时期西安、咸阳附近地方的渭河北岸开始出现重要遗址。④而史书明确记载,商鞅推行变法,将秦都由雍迁到了咸阳。《史记》卷五《秦本纪》:"(秦孝公)十二年,作为咸阳,筑冀阙,秦徙都之。"⑤《史记》卷六《秦始皇本纪》:"孝公享国二十四年……其十三年,始都咸阳。"⑥《史记》卷六八《商君列传》:"于是以鞅为大良造……居三年,作为筑冀阙宫庭于咸阳,秦自雍徙都之。"⑦这些文献记录都明确显示,秦孝公十二年(前350)开始营造咸阳城和咸阳宫,于秦孝公十三年(前349)从雍城迁都到咸阳。定都咸阳,既是秦史上具有重大意义的事件,实现了秦国兴起的历史过程中的显著转折,也是秦政治史上的辉煌亮点。

如果我们从生态地理学和经济地理学的角度分析这一事件,也可以获得新的

---

① 《诗·大雅·绵》,[清]阮元校刻:《十三经注疏》,中华书局据原世界书局缩印本1980年10月影印版,第510页。

② 《史记》卷五《秦本纪》,第194、195页。《史记》卷八七《李斯列传》作"并国二十,遂霸西戎"。第2542页。《后汉书》卷八七《西羌传》:"秦穆公得戎人由余,遂罢西戎,开地千里。"中华书局,1965年,第2873页。

③ 《史记》,第179页。

④ 张在明主编:《中国文物地图集·陕西分册》,西安地图出版社,1998年,上册第61页。

⑤ 《史记》,第203页。

⑥ 《史记》,第288页。

⑦ 《史记》,第2232页。

有意义的发现。秦都由西垂东迁至咸阳的过程,是与秦"东略之世"①国力不断壮大的历史同步的。迁都咸阳的决策,有将都城从农耕区之边缘转移到农耕区之中心的用意。秦自雍城迁都咸阳,实现了重要的历史转折。一些学者将"迁都咸阳"看作商鞅变法的内容之一。翦伯赞主编《中国史纲要》在"秦商鞅变法"题下写道:"公元前356年,商鞅下变法令","公元前350年,秦从雍(今陕西凤翔)迁都咸阳,商鞅又下第二次变法令"。②杨宽《战国史》(增订本)在"秦国卫鞅的变法"一节"卫鞅第二次变法"题下,将"迁都咸阳,修建宫殿"作为变法主要内容之一,又写道:"咸阳位于秦国的中心地点,靠近渭河,附近物产丰富,交通便利。"③林剑鸣《秦史稿》在"商鞅变法的实施"一节,也有"迁都咸阳"的内容。其中写道:"咸阳(在咸阳市窑店东)北依高原,南临渭河,适在秦岭怀抱,既便利往来,又便于取南山之产物,若浮渭而下,可直入黄河;在终南山与渭河之间就是通往函谷关的大道。"④这应当是十分准确地反映历史真实的判断。《史记》卷六八《商君列传》记载,商鞅颁布的新法,有扩大农耕的规划,奖励农耕的法令,保护农耕的措施。⑤于是使得秦国在秦孝公——商鞅时代实现了新的农业跃进。而指导这一历史变化的策划中心和指挥中心,就在咸阳。咸阳附近也自此成为关中经济的重心地域。《史记》卷二八《封禅书》说"霸、产、长水、沣、涝、泾、渭皆非大川,以近咸阳,尽得比山川祠"⑥,说明"近咸阳"地方水资源得到合理利用。关中于是"号称陆海,为九州膏腴"⑦,被看作"天府之国"⑧,因其丰饶,千百年居于经济优胜地位。

回顾春秋战国时期列强竞胜的历史,历史影响比较显著的国家,多位于文明程度处于后起地位的中原外围地区,它们的迅速崛起,对于具有悠久的文明传统

---

① 王国维:《秦都邑考》,《王国维遗书》,上海古籍书店,1983年,《观堂集林》卷一二第9页。
② 翦伯赞主编:《中国史纲要》,人民出版社,1979年,第75页。
③ 杨宽:《战国史》(增订本),上海人民出版社,1998年,第206页。
④ 林剑鸣:《秦史稿》,上海人民出版社,1981年,第189页。
⑤ 商鞅"变法之令":"民有二男以上不分异者,倍其赋。""僇力本业,耕织致粟帛多者复其身。事末利及怠而贫者,举以为收孥。"《史记》,第2230页。
⑥ 《史记》,第1374页。
⑦ 《汉书》卷二八下《地理志下》,第1642页。
⑧ 《史记》卷五五《留侯世家》,第2044页。

的"中国",即黄河中游地区,形成了强烈的冲击。这一历史文化现象,就是《荀子·王霸》中所说的:"虽在僻陋之国,威动天下,五伯是也。""故齐桓、晋文、楚庄、吴阖闾、越句践,是皆僻陋之国也,威动天下,强殆中国。"①就是说,"五霸"虽然都崛起在文明进程原本相对落后的"僻陋"地方,却能够以新兴的文化强势影响天下,震动中原。"五霸"所指,说法不一,如果按照《白虎通·号·三皇五帝三王五伯》中的说法:"或曰:五霸,谓齐桓公、晋文公、秦穆公、楚庄王、吴王阖闾也。"也就是除去《荀子》所说"越句践",加上了"秦穆公",对于秦的"威""强",予以肯定。又说:"《尚书》曰'邦之荣怀,亦尚一人之庆',知秦穆之霸也。"②秦国力发展态势之急进,对东方诸国有激励和带动的意义。

在战国晚期,七雄之中,以齐、楚、赵、秦为最强。到了公元前3世纪的后期,则秦国的军威,已经势不可当。在秦孝公与商鞅变法之后,秦惠文王兼并巴蜀,宣太后与秦昭襄王战胜义渠,实现对上郡、北地的控制,使秦的疆域大大扩张,时人除"唯秦雄天下"③之说外,又称"秦地半天下"④。秦国上层执政集团可以跨多纬度空间控制,实现了对游牧区、农牧并作区、粟作区、麦作区以及稻作区兼行管理的条件。这是后来对统一王朝不同生态区和经济区实施全面行政管理的前期演习。当时的东方六国,没有一个国家具备从事这种政治实践的条件。

除了与秦孝公合作推行变法的商鞅之外,秦史进程中有重要影响的人物还有韩非和吕不韦。《韩非子》作为法家思想的集大成者,规范了秦政的导向。吕不韦主持编写的《吕氏春秋》为即将成立的秦王朝描画了政治蓝图。多种渊源不同的政治理念得到吸收,其中包括儒学的民本思想。

秦的统一,是中国史的大事件,也是东方史乃至世界史的大事件。对于中华民族的形成,对于后来以汉文化为主体的中华文化的发展,对于统一政治格局的定型,秦的创制有非常重要的意义。秦王朝推行郡县制,实现中央对地方的直接控制。皇帝制度和官僚制度的出现,也是推进政治史进程的重要发明。秦始皇时代实现了高度的集权。皇室、将相、后宫、富族,都无从侵犯或动摇皇帝的权

---

① [清]王先谦撰,沈啸寰、王星贤点校:《荀子集解》,中华书局,1988年,第205页。
② [清]陈立撰,吴则虞点校:《白虎通疏证》,中华书局,1994年,第62、64页。
③ 《史记》卷八三《鲁仲连邹阳列传》,第2459页。
④ 《史记》卷七〇《张仪列传》,第2289页。

威。执掌管理天下最高权力的,唯有皇帝。"夫其卓绝在上,不与士民等夷者,独天子一人耳。"①与秦始皇"二世三世至于万世,传之无穷"②的乐观设想不同,秦的统治未能长久,但是,秦王朝的若干重要制度,特别是皇帝独尊的制度,却成为此后两千多年的政治史的范式。如毛泽东诗句所谓"百代犹行秦政法"③。秦政风格延续长久,对后世中国有长久的规范作用,也对东方世界的政治格局形成了影响。

秦王朝在全新的历史条件下带有试验性质的经济管理形式,是值得重视的。秦时由中央政府主持的长城工程、驰道工程、灵渠工程、阿房宫工程、丽山工程等规模宏大的土木工程的规划和组织,表现出经济管理水平的空前提高,也显示了相当高的行政效率。秦王朝多具有创新意义的经济制度,在施行时各有得失。秦王朝经济管理的军事化体制,以极端苛急的政策倾向为特征,而不合理的以关中奴役关东的区域经济方针等方面的弊病,也为后世提供了深刻的历史教训。秦王朝多以军人为吏,必然使各级行政机构都容易形成极权专制的特点,使行政管理和经济管理都具有军事化的形制,又使统一后不久即应结束的军事管制阶段在实际上无限延长,终于酿成暴政。

秦王朝的专制统治表现出高度集权的特色,其思想文化方面的政策也具有与此相应的风格。秦王朝虽然统治时间不长,但是所推行的文化政策却在若干方面对后世有规定性的意义。"书同文"原本是孔子提出的文化理想。孔子嫡孙子思作《中庸》,引述了孔子的话:"今天下车同轨,书同文,行同伦。"④"书同文",成为文化统一的一种象征。但是在孔子的时代,按照儒家的说法,有其位者无其德,有其德者无其位,"书同文"实际上只是一种空想。战国时期,分裂形势更为显著,书不同文也是体现当时文化背景的重要标志之一。正如东汉学者许慎在《说文解字·叙》中所说,"诸侯力政,不统于王",于是礼乐典籍受到破坏,天下分为七国,"言语异声,文字异形"。⑤ 秦灭六国,实现统一之后,丞相李

---

① 章太炎:《秦政记》,《太炎文录初编》卷一,《章太炎全集》第4卷,上海人民出版社,1985年,第71页。
② 《史记》卷六《秦始皇本纪》,第236页。
③ 《建国以来毛泽东文稿》第13册,中央文献出版社,1998年,第361页。
④ [清]阮元校刻:《十三经注疏》,第1634页。
⑤ [汉]许慎撰,[清]段玉裁注:《说文解字注》,上海古籍出版社据经韵楼臧版1981年10月影印版,第757页。

斯就上奏建议以"秦文"为基点,欲令天下文字"同之",凡是与"秦文"不一致的,通通予以废除,以完成文字的统一。历史上的这一重要文化过程,司马迁在《史记》卷六《秦始皇本纪》的记载中写作"书同文字"与"同书文字",①在《史记》卷一五《六国年表》与《史记》卷八七《李斯列传》中分别写作"同天下书""同文书"。② 秦王朝的"书同文"虽然没有取得全面的成功,但是当时能够提出这样的文化进步的规划,并且开始了这样的文化进步的实践,应当说,已经是一个值得肯定的伟大的创举。秦王朝推行文化统一的政策,并不限于文字的统一。在秦始皇出巡各地的刻石文字中,可以看到要求各地民俗实现同化的内容。比如琅邪刻石说到"匡饬异俗",之罘刻石说到"黔首改化,远迩同度",表示各地的民俗都要改造,以求整齐统一;而强求民俗统一的形式,是法律的规范,就是所谓"普施明法,经纬天下,永为仪则"。③ 应当看到,秦王朝要实行的全面的"天下""同度",是以秦地形成的政治规范、法律制度、文化样式和民俗风格为基本模板的。

秦王朝在思想文化方面谋求统一,是通过强硬性的专制手段推行有关政策实现的。所谓焚书坑儒,就是企图全面摈斥东方文化,以秦文化为主体实行强制性的文化统一。对于所谓"难施用"④"不中用"⑤的"无用"之学⑥的否定,甚至不惜采用极端残酷的手段。

秦王朝以关中地方作为政治中心,也作为文化基地。关中地方得到了很好

---

① 《史记》,第 239、245 页。
② 《史记》,第 757、2547 页。
③ 《史记》,第 245、250、249 页。
④ 《史记》卷二八《封禅书》:"始皇闻此议各乖异,难施用,由此绌儒生。"第 1366 页。
⑤ 《史记》卷六《秦始皇本纪》:"(秦始皇)大怒曰:'吾前收天下书不中用者尽去之。'"第 258 页。
⑥ 《资治通鉴》卷七《秦纪二》"始皇帝三十四年":"魏人陈馀谓孔鲋曰:'秦将灭先王之籍,而子为书籍之主,其危哉!'子鱼曰:'吾为无用之学,知吾者惟友。秦非吾友,吾何危哉!吾将藏之以待其求;求至,无患矣。'"胡三省注:"孔鲋,孔子八世孙,字子鱼。"[宋]司马光编著,[元]胡三省音注,"标点资治通鉴小组"校点:《资治通鉴》,中华书局,1956 年,第 244 页。承孙闻博副教授提示,据傅亚庶《孔丛子校释》,《孔丛子》有的版本记录孔鲋说到"有用之学"。叶氏藏本、蔡宗尧本、汉承弼校跋本、章钰校跋本并有"吾不为有用之学,知吾者唯友。秦非吾友,吾何危哉?"语。中华书局,2011 年,第 410、414 页。参看王子今:《秦文化的实用之风》,《光明日报》2013 年 7 月 15 日 15 版"国学"。

的发展条件。秦亡,刘邦入咸阳,称"仓粟多"①,项羽确定行政中心时有人建议"关中阻山河四塞,地肥饶,可都以霸",都说明了秦时关中经济条件的优越。项羽虽然没有采纳都关中的建议,但是在分封十八诸侯时,首先考虑了对现今陕西地方的控制。"立沛公为汉王,王巴、蜀、汉中,都南郑",又"三分关中","立章邯为雍王,王咸阳以西,都废丘","立司马欣为塞王,王咸阳以东至河,都栎阳;立董翳为翟王,王上郡,都高奴"。② 因"三分关中"的战略设想,于是史有"三秦"之说。近年"废丘"的考古发现,有益于说明这段历史。所谓"秦之故地"③,是受到特殊重视的行政空间。

汉代匈奴人和西域人仍然称中原人为"秦人"④,汉简资料也可见"秦骑"⑤称谓,说明秦文化对中土以外广大区域的影响形成了深刻的历史记忆。远方"秦人"称谓,是秦的历史光荣的文化纪念。

李学勤《东周与秦代文明》一书中将东周时代的中国划分为 7 个文化圈,就是中原文化圈、北方文化圈、齐鲁文化圈、楚文化圈、吴越文化圈、巴蜀滇文化圈、秦文化圈。关于其中的"秦文化圈",论者写道:"关中的秦国雄长于广大的西北地区,称之为秦文化圈可能是适宜的。秦人在西周建都的故地兴起,形成了有独特风格的文化。虽与中原有所交往,而本身的特点仍甚明显。"关于战国晚期至于秦汉时期的文化趋势,论者指出:"楚文化的扩展,是东周时代的一件大事","随之而来的,是秦文化的传布。秦的兼并列国,建立统一的新王朝,使秦文化成为后来辉煌的汉代文化的基础"。⑥ 从空间和时间的视角进行考察,可以注意

---

① 《史记》卷八《高祖本纪》,第 362 页。
② 《史记》卷七《项羽本纪》,第 315、316 页。
③ 《史记》卷九九《刘敬叔孙通列传》:"陛下入关而都之,山东虽乱,秦之故地可全而有也。""今陛下入关而都,案秦之故地,此亦扼天下之亢而拊其背也。"第 2716 页。
④ 《史记》卷一二三《大宛列传》,第 3177 页;《汉书》卷九四上《匈奴传上》,第 3782 页;《汉书》卷九六下《西域传下》,第 3913 页。东汉西域人使用"秦人"称谓,见《龟兹左将军刘平国作关城诵》,参看王子今:《〈龟兹左将军刘平国作关城诵〉考论——兼说"张骞凿空"》,《欧亚学刊》新 7 辑,商务印书馆,2018 年。
⑤ 如肩水金关简"☐所将胡骑秦骑名籍☐"(73EJT1:158),甘肃简牍保护研究中心、甘肃省文物考古研究所、甘肃省博物馆、中国文化遗产研究院古文献研究室、中国社会科学院简帛研究中心编:《肩水金关汉简》(壹),中西书局,2011 年,下册第 11 页。
⑥ 李学勤:《东周与秦代文明》,上海人民出版社,2007 年,第 10—11 页。

到秦文化超地域的特征和跨时代的意义。秦文化自然有区域文化的含义,早期的秦文化又有部族文化的性质。秦文化也是体现法家思想深刻影响的一种政治文化形态,可以理解为秦王朝统治时期的主体文化和主导文化。秦文化也可以作为一种积极奋进的、迅速崛起的、节奏急烈的文化风格的象征符号。总结秦文化的有积极意义的成分,应当注意这样几个特点:创新理念、进取精神、开放胸怀、实用意识、技术追求。秦文化的这些具有积极因素的特点,可以以"英雄主义"和"科学精神"简要概括。对于秦统一的原因,有必要进行全面的客观的总结。秦人接受来自西北方向文化影响的情形,研究者也应当予以关注。

秦文化既有复杂的内涵,又有神奇的魅力。秦文化表现出由弱而强、由落后而先进的历史转变过程中积极进取、推崇创新、重视实效的文化基因。

对于秦文化的历史表现,仅仅用超地域予以总结也许还是不够的。"从世界史的角度"估价秦文化的影响,是秦史研究者的责任。秦的统一"是中国文化史上的重要转折点",继此之后,汉代创造了辉煌的文明,其影响,"范围绝不限于亚洲东部,我们只有从世界史的高度才能估价它的意义和价值"。① 汉代文明成就,正是因秦文化而奠基的。

在对于秦文化的讨论中,不可避免地会导入这样一个问题:为什么在战国七雄的历史竞争中最终秦国取胜,为什么是秦国而不是其他国家完成了"统一"这一历史进程?

秦统一的形势,翦伯赞说,"如暴风雷雨,闪击中原",证明"任何主观的企图,都不足以倒转历史的车轮"。② 秦的"统一",有的学者更愿意用"兼并"的说法。这一历史进程,后人称之为"六王毕,四海一"③,"六王失国四海归"④。其实,秦始皇实现的统一,并不仅仅限于黄河流域和长江流域原战国七雄统治的地域,亦包括对岭南的征服。战争的结局,是《史记》卷六《秦始皇本纪》和卷一一

---

① 李学勤:《东周与秦代文明》,第294页。
② 翦伯赞:《秦汉史》,北京大学出版社,1983年,第8页。
③ [唐]杜牧:《阿房宫赋》,《文苑英华》卷四七,[宋]李昉等编:《文苑英华》,中华书局,1966年,第212页。
④ [宋]莫济《次梁安老王十朋咏秦碑韵》:"六王失国四海归,秦皇东刻南巡碑。"[明]董斯张辑:《吴兴艺文补》卷五〇,明崇祯六年刻本,第1103页。

三《南越列传》所记载的桂林、南海、象郡的设立。① 按照贾谊《过秦论》的表述,即"南取百越之地,以为桂林、象郡,百越之君俛首系颈,委命下吏"②。考古学者基于岭南秦式墓葬发现,如广州淘金坑秦墓、华侨新村秦墓,广西灌阳、兴安、平乐秦墓等的判断,以为"说明了秦人足迹所至和文化所及,反映了秦文化在更大区域内和中原以及其他文化的融合","两广秦墓当是和秦始皇统一岭南,'以谪徙民五十万戍五岭,与越杂处'的历史背景有关"③。岭南文化与中原文化的融合,正是自"秦时已并天下,略定杨越"④起始。而蒙恬经营北边,又"却匈奴七百余里"⑤。南海和北河方向的进取,使得秦帝国的国土规模远远超越了秦本土与"六王"故地的总和。⑥

对于秦所以能够实现统一的原因,历来多有学者讨论。有人认为,秦改革彻底,社会制度先进,是主要原因。曾经负责《睡虎地秦墓竹简》定稿、主持张家山汉简整理并进行秦律和汉律对比研究的李学勤指出:"睡虎地竹简秦律的发现和研究,展示了相当典型的奴隶制关系的景象","有的著作认为秦的社会制度比六国先进,笔者不能同意这一看法,从秦人相当普遍地保留野蛮的奴隶制关系来看,事实毋宁说是相反"。⑦

秦政以法家思想为指导。法家虽然经历汉初的"拨乱反正"⑧受到清算,又经汉武帝时代"罢黜百家,表章《六经》"⑨"推明孔氏,抑黜百家"⑩,受到正统意

---

① 王子今:《论秦始皇南海置郡》,《陕西师范大学学报》(哲学社会科学版)2017年第1期。
② 《史记》卷六《秦始皇本纪》,第280页。
③ 叶小燕:《秦墓初探》,《考古》1982年第1期。
④ 《史记》卷一一三《南越列传》,第2967页。
⑤ 《史记》卷六《秦始皇本纪》,第280页;《史记》卷四八《陈涉世家》,第1963页。
⑥ 参看王子今:《秦统一局面的再认识》,《辽宁大学学报》(哲学社会科学版)2013年第1期。
⑦ 李学勤:《东周与秦代文明》,第290—291页。
⑧ 《汉书》卷六《武帝纪》,第212页;《汉书》卷二二《礼乐志》,第1030、1035页。《史记》卷八《高祖本纪》:"拨乱反之正。"第392页。《史记》卷六〇《三王世家》:"高皇帝拨乱世反诸正。"第2109页。
⑨ 《汉书》卷六《武帝纪》,第212页。
⑩ 《汉书》卷五六《董仲舒传》,第2525页。

识形态压抑,但是由所谓"汉家自有制度,本以霸王道杂之,奈何纯任德教,用周政乎"①可知,仍然有长久的历史影响和文化惯性。这说明中国政治史的回顾,有必要思考秦政的作用。

在总结秦统一原因时,应当重视《过秦论》"续六世之余烈,振长策而御宇内"的说法。② 然而秦的统一,不仅仅是帝王的事业,也与秦国农民和士兵的历史表现有关。是各地万千士兵与民众的奋发努力促成了统一。秦国统治的地域,当时是最先进的农业区。直到秦王朝灭亡之后,人们依然肯定"秦富十倍天下"的地位。③ 因农耕业成熟而形成的富足,也构成秦统一的物质实力。

有学者指出,应当重视秦与西北方向的文化联系,重视秦人从中亚地方接受的文化影响。这是正确的意见。但是以为郡县制的实行可能来自西方影响的看法还有待于认真的论证。战国时期,不仅秦国,不少国家都实行了郡县制。有学者指出:"郡县制在春秋时已有萌芽,特别是'县',其原始形态可以追溯到西周。到战国时期,郡县制在各国都在推行。"④秦人接受来自西北的文化影响,应当是没有疑义的。周穆王西行,据说到达西王母之国,为他驾车的就是秦人先祖造父。秦早期养马业的成功,也应当借鉴了草原游牧族的技术。青铜器中被确定为秦器者,据说有的器形"和常见的中国青铜器有别,有学者以之与中亚的一些器物相比"。学界其实较早已经注意到这种器物,以为"是否模仿中亚的风格,很值得探讨"。⑤ 我们曾经注意过秦风俗中与西方相近的内容,秦穆公二十二年(前628),发军袭郑,这是秦人首创所谓"径数国千里而袭人"的长距离远征历史记录的例证。晋国发兵在殽阻截秦军,"击之,大破秦军,无一人得脱者,虏秦三将以归"。⑥ 四年之后,秦人复仇,《左传·文公三年》记载:"秦伯伐晋,济河焚舟,取王官及郊。晋人不出,遂自茅津渡,封殽尸而还。"⑦《史记》卷五《秦本

---

① 《汉书》卷九《元帝纪》,第 277 页。
② 《史记》卷六《秦始皇本纪》,第 280 页。
③ 《史记》卷八《高祖本纪》,第 364 页。
④ 李学勤:《东周与秦代文明》,第 289—290 页。
⑤ 李学勤:《东周与秦代文明》,第 146 页。
⑥ 《史记》卷五《秦本纪》,第 190—192 页。
⑦ 《春秋左传集解》,上海人民出版社,1977 年,第 434 页。

纪》:"缪公乃自茅津渡河,封殽中尸,为发丧,哭之三日。"①《史记》卷三九《晋世家》:"秦缪公大兴兵伐我,度河,取王官,封殽尸而去。"②封,有人解释为"封识之"③,就是筑起高大的土堆以为标识。我们读记述公元 14 年至公元 15 年间史事的《塔西佗〈编年史〉》第 1 卷,可以看到日耳曼尼库斯·凯撒率领的罗马军队进军到埃姆斯河和里普河之间十分类似的情形:"据说伐鲁斯和他的军团士兵的尸体还留在那里没有掩埋","罗马军队在六年之后,来到这个灾难场所掩埋了这三个军团的士兵的遗骨","在修建坟山的时候,凯撒放置第一份草土,用以表示对死者的衷心尊敬并与大家一同致以哀悼之忱"。④ 罗马军队统帅日耳曼尼库斯·凯撒的做法,和秦穆公所谓"封殽尸"何其相像!罗马军人们所"修建"的"坟山",是不是和秦穆公为"封识之"而修建的"封"属于性质相类的建筑形式呢?相关的文化现象还有待于深入考论。但是关注秦文化与其他文化系统之间的联系可能确实是有意义的。

秦代徐市东渡,择定适宜的生存空间定居⑤,或许是东洋航线初步开通的历史迹象。斯里兰卡出土半两钱⑥,似乎可以看作南洋航线早期开通的文物证明。理解并说明秦文化的世界影响,也是丝绸之路史研究应当关注的主题。

"秦史与秦文化研究丛书"系"十三五"国家重点图书出版规划项目,共 14 种,由陕西省人民政府参事室主持编撰,西北大学出版社具体组织实施。包括以下学术专著:《秦政治文化研究》(雷依群)、《初并天下——秦君主集权研究》(孙闻博)、《帝国的形成与崩溃——秦疆域变迁史稿》(梁万斌)、《秦思想与政治研究》(臧知非)、《秦法律文化新探》(闫晓君)、《秦祭祀研究》(史党社)、《秦礼仪研究》(马志亮)、《秦战争史》(赵国华、叶秋菊)、《秦农业史新编》(樊志民、

---

① 《史记》,第 193 页。
② 《史记》,第 1670 页。
③ 《史记》卷五《秦本纪》裴骃《集解》引贾逵曰,第 193 页。
④ 〔罗马〕塔西佗著,王以铸等译:《塔西佗〈编年史〉》,商务印书馆,1981 年,上册,第 1 卷,第 51—52 页。
⑤ 《史记》卷一一八《淮南衡山列传》:"徐福得平原广泽,止王不来。"第 3086 页。
⑥ 查迪玛(A. Chandima):《斯里兰卡藏中国古代文物研究——兼谈古代中斯贸易关系》,山东大学博士学位论文,导师:于海广教授,2011 年 4 月;〔斯里兰卡〕查迪玛·博嘎哈瓦塔、柯莎莉·卡库兰达拉:《斯里兰卡藏中国古代钱币概况》,《百色学院学报》2016 年第 6 期。

李伊波)、《秦都邑宫苑研究》(徐卫民、刘幼臻)、《秦文字研究》(周晓陆、罗志英、李巍、何薇)、《秦官吏法研究》(周海锋)、《秦交通史》(王子今)、《秦史与秦文化研究论著索引》(田静)。

  本丛书的编写队伍,集合了秦史研究的学术力量,其中有较资深的学者,也有很年轻的学人。丛书选题设计,注意全方位的研究和多视角的考察。参与此丛书的学者提倡跨学科的研究,重视历史学、考古学、民族学与文化人类学等不同学术方向研究方法的交叉采用,努力坚持实证原则,发挥传世文献与出土文献及新出考古资料相结合的优长,实践"二重证据法""多重证据法",力求就秦史研究和秦文化研究实现学术推进。秦史是中国文明史进程的重要阶段,秦文化是历史时期文化融汇的主流之一,也成为中华民族文化的重要构成内容。对于秦史与秦文化,考察、研究、理解和说明,是历史学者的责任。不同视角的观察,不同路径的探究,不同专题的研讨,不同层次的解说,都是必要的。这里不妨借用秦汉史研究前辈学者翦伯赞《秦汉史》中"究明"一语简要表白我们研究工作的学术追求:"究明"即"显出光明"。①

王子今
2021 年 1 月 18 日

---

① 翦伯赞:《秦汉史》,第 2 页。

目 录

总　序 ·· 1

绪　论 ·· 1

第一章　婚礼 ··· 19
　第一节　秦宗室婚姻制度与仪节 ················ 20
　　一　秦君后妃的称号与等级制度 ··············· 20
　　二　秦君及秦宗室的婚嫁年龄 ··················· 25
　　三　秦国宗室婚姻制度的性质与特点 ········ 31
　第二节　秦庶民的婚姻礼俗 ······················· 38
　　一　《日书》所见婚嫁择日术 ······················ 38
　　二　商鞅变法及其后的婚俗与婚制改革 ····· 55

第二章　宾礼 ··· 67
　第一节　秦国朝聘活动的基本情况 ············· 68
　第二节　秦国会盟活动的概况及特点 ·········· 86
　第三节　秦国的外交礼仪程式及其演变 ····· 102
　　一　秦国朝聘礼仪的基本程式及其演变 ··· 102
　　二　秦国会盟礼的仪节 ··························· 107

第三章　丧礼 ·· 111
　第一节　"三礼"所见丧礼仪节概述 ··········· 111
　　一　临终 ··· 112
　　二　死后 ··· 112

  三　入葬 …………………………………… 112
  四　葬后 …………………………………… 113
 第二节　秦人的讣告、吊丧礼仪 ………… 113
  一　讣告 …………………………………… 113
  二　吊丧、赗禭与会葬之礼 ……………… 116
 第三节　秦人的敛尸礼俗 ………………… 119
  一　沐尸 …………………………………… 119
  二　饭含 …………………………………… 121
  三　握 ……………………………………… 131
  四　其他殓尸用具 ………………………… 135
 第四节　秦人的下葬礼俗与棺椁制度 …… 139
  一　筮宅和卜日 …………………………… 139
  二　棺椁制度 ……………………………… 144

第四章　祭礼 ………………………………… 184
 第一节　秦人祭礼的神灵系统 …………… 184
  一　"三礼"中的神灵祭祀系统 ………… 184
  二　秦人祭祀的神灵系统 ………………… 187
 第二节　秦庶民祠祀的择日宜忌与祠祷仪节 … 203
  一　秦庶民的祠祀择日宜忌 ……………… 203
  二　秦庶民的祠祷仪节 …………………… 210
 第三节　秦国家祭祀的发展历程 ………… 225
  一　畤的含义和畤祭的起源 ……………… 226
  二　畤祭东进及其原因 …………………… 227
  三　畤祭对象和意义的演变 ……………… 230

结　语 ………………………………………… 236

参考文献 ……………………………………… 241
后　记 ………………………………………… 245

图表目录

表 1	史籍所载秦后妃表	21
表 2	秦、楚、汉简《日书》建除婚嫁择日对比表	39
表 3	楚、秦、汉建除十二直对比表	41
表 4	睡虎地秦简《日书》甲、乙种"除"篇建除、丛辰十二直对应表	41
表 5	星宿婚嫁宜忌表	46
表 6	楚、秦、汉简星宿月值表	47
表 7	秦系丛辰婚嫁吉凶表	50
表 8	秦国朝聘表	81
表 9	战国秦出质表	84
表 10	战国秦入质表	85
表 11	秦国会盟表	97
表 12	秦 A 类墓棺椁与随葬玉石器情况表	164
表 13	秦 B 类墓棺椁与敛尸玉石器情况表	171
表 14	秦系秦简"丛辰"地支与八辰对照表	142
表 15	秦系秦简刚柔日与地支对照表	142
表 16	秦系秦简刚柔日与天干对照表	142
表 17	牝牡月时间表	143
表 18	地支、牝牡日、男女日对照表	143
表 19	臽日表	144
表 20	陇县店子秦墓用圭情况统计表	161
表 21	建除日称对照表	204
表 22	秦系丛辰祠祀吉凶表	205
表 23	星宿祠祀宜忌表	206
表 24	秦简《日书》材料所见秦庶民祠祀仪节表	211

绪　论

至迟从战国末年开始，秦国即被打上了"虎狼之邦"的烙印。例如，虞卿对赵王所说："且秦虎狼之国也，无礼义之心。"鲁仲连进一步说道："彼秦者，弃礼义而上首功之国也。"① 而两汉学界对秦国礼制建设普遍的批评态度，则使秦无礼义的形象进一步被坐实。如贾谊在其《治安策》中指出："商君遗礼义，弃仁恩，并心于进取，行之二岁，秦俗日败。"② 刘安的谋士伍被也指出："昔秦绝圣人之道……弃礼义，尚诈力，任刑罚。"③ 董仲舒尖锐地批评秦"弃捐礼谊而恶闻之，其心欲尽灭先圣之道"④。桓宽《盐铁论·刑德》更言秦法"礼义废而刑罚任"⑤。

但细审史料及考古材料，发现实际情况并非如此。秦自襄公立国，即开始向诸侯通使，友好互聘，并展开自身的祭祀礼制建设。之后，文公时又设立了史官，并继续深化对周礼文明的全面学习，这在出土的青铜器形制、纹饰以及秦对西周文字的继承方面表现得尤为明显。随着对周礼文明接受程度的逐渐加深，至迟到秦穆公时，秦国正式开始了与东方诸侯的会盟活动，秦贵族已能熟练地运用外交辞令。从秦晋韩原之战的前后经过来看，秦国在信义与礼节上已丝毫不逊色于中原姬姓大国。在春秋前期，秦君就恪守同盟死即讣告的周礼原则，秦国贵族也已熟练掌握诸侯间的相吊礼仪，并且秦君薨丧之期也逐渐向周礼的规定靠拢。

而且，春秋前中期在中原诸侯间盛行的"攘夷"旗号也并非针对秦国，此时

---

① ［汉］刘向：《战国策》，上海古籍出版社，1985年，第696、705页。
② ［汉］班固撰，［唐］颜师古注：《汉书》卷四八《贾谊传》，中华书局，1962年，第2244页。
③ ［汉］司马迁撰，［南朝宋］裴骃集解，［唐］司马贞索隐，［唐］张守节正义：《史记》卷一一八《淮南衡山列传》，中华书局，1959年，第3086页。
④ 《汉书》卷五六《董仲舒传》，第2504页。
⑤ 王利器校注：《盐铁论校注》，中华书局，1992年，第566页。

秦人已俨然成为华夏文明圈的一员。只是穆公殁后，随着秦国势力的日渐衰微，才有了"秦僻在雍州，不与中国诸侯之会盟，夷翟遇之"①的窘境。但就在这种内忧频仍的状况之下，秦国仍然较好地维持了君尊臣卑的上下等级秩序，并未出现类似东方各国那样普遍的以下僭上现象，即使是在改变秦社会面貌的商鞅变法之中，这一等级礼制传统也得到了很好的维护，甚至是加强。更难能可贵的是在整个春秋战国时期，秦国在王室婚姻问题上，始终恪守周礼"同姓不婚"原则，从未有逾越之举。

实际上，在商鞅变法之后，秦人在注重实用的同时，并未放弃对礼义昌明社会的追求。如秦昭襄王和秦王政在接见蔺相如及燕使时，皆设九宾以礼之②；秦庄襄王既并东周君土地，却并不绝其祠；秦人对雍地四畤和诸多日月神祠的祭祀也一直是按时进行、管理有序的。在统治者恪守周礼的带动作用下，整个秦国社会民风古朴，荀子入秦后，对此亦由衷感叹。③

在秦朝统一之后，秦始皇帝更是站在前所未有的高度上，开展了全国性的礼制建设。诸如规范雍四畤的祭祀活动，封禅泰山并加强对全国范围内山川祭祀的管控，完成了秦国家祭祀从地方性的多神崇拜到大一统的以天为尊的转变；巡行刻石，倡导别贵贱、男女礼顺、谨守职事；招收儒生以为博士，主管议政、制礼与藏书。而秦二世时也依然在规划山川百祀之礼，并建立了以始皇帝为帝者祖庙的新七庙制。由此可见，秦的礼制建设贯穿了其由诸侯国到帝国的整个历史时期，并且还深深影响了两汉等后代王朝。

如今出土的秦文化考古材料愈益增多，在律令类简牍大量出土的同时，亦不乏宣扬儒家文化及维护丧葬祭祀礼制的内容出现，因此，我们具备了更丰富全面

---

① 《史记》卷五《秦本纪》，第 202 页。
② 《史记·廉颇蔺相如列传》："秦王斋五日后，乃设九宾礼于廷，引赵使者蔺相如。"《史记·刺客列传》："秦王闻之，大喜，乃朝服，设九宾，见燕使者咸阳宫。"
③ 《荀子·强国》："入境，观其风俗，其百姓朴，其声乐不流污，其服不挑（佻），甚畏有司而顺，古之民也。及都邑官府，其百吏肃然，莫不恭俭、敦敬、忠信而不楛，古之吏也。入其国，观其士大夫，出于其门，入于公门，出于公门，归于其家，无有私事也；不比周，不朋党，倜然莫不明通而公也，古之士大夫也。观其朝廷，其间听决百事不留，恬然如无治者，古之朝也。故四世有胜，非幸也，数也。是所见也。故曰：佚而治，约而详，不烦而功，治之至也。秦类之矣。"

的材料,可以将之与传世礼书文献对读,来重新审视秦国和秦朝的礼制建设情况,对秦人之礼进行系统梳理,不仅可以否定此前对于秦人崇法而不重礼的偏见,填补秦礼研究的空白,而且可以使相关的考古与古文字材料得到重新阐释,丰富先秦及秦汉史的内涵。

对于秦国和秦朝的礼制问题,目前暂无涵盖整个时段的综合研究。不过《秦会要》及《秦史》《秦集史》等书都对秦的礼制信息进行了聚拢,《新中国考古发现与研究》《中国考古学·战国卷》《中国考古学·秦汉卷》等书则对秦的相关考古信息做了详细记录,这都极大地方便了后学。下面,按照本书的分章顺序,分别对前学涉及秦国和秦朝的婚礼、宾礼、丧礼和祭礼四部分的研究情况进行简要回顾。

一 婚礼

有关秦国和秦朝婚姻礼仪的研究,大致可以归为两类:一类是宗室的婚姻礼仪制度,另一类则是庶民的婚姻嫁娶礼俗。由于秦简资料的大量公布,尤其是睡虎地秦简的问世,有关秦国统一前后基层民众婚嫁风尚的研究层出不穷。相较而言,因主要资料源自传世典籍,故秦宗室婚姻礼制的讨论略显单薄,但仍勾勒出了大体轮廓。

明人董说在其著作《七国考·秦职官》中,引述了应劭的秦君后妃爵秩等级系统。[①] 清人孙楷在其汇编的《秦会要》中设立"内女"和"来迎女"条,大体概括了秦宗室的婚姻状况。[②] 今人马非百则列出婚姻表,更加直观地显示了秦国上层的婚嫁状况,并就有关史料进行简要分析,探究史实并订正史书错误,极大地方便了后学者。[③] 进入21世纪,随着秦史研究的不断升温,对于秦国上层婚姻状况的史料爬梳也逐步细化。首先,崔明德描摹了秦国公室婚姻与中原诸国无异的政治婚姻现象[④]。不过值得注意的是:在秦国扩大通婚范围的同时,仍然严格遵守了周礼所谓"同姓不婚"原则[⑤],这却是中原诸国都不能完全做到的。随

---

① [明]董说著,缪文远订补:《七国考订补》,上海古籍出版社,1987年,第45页。
② [清]孙楷著,杨善群校补:《秦会要》,上海古籍出版社,2004年。
③ 马非百:《秦集史》,中华书局,1982年。
④ 崔明德:《先秦政治婚姻史》,山东大学出版社,2004年。
⑤ 可参马汝军:《论战国时期的婚姻制度及其目的》,《史学集刊》2001年第1期。

后,高兵全面统计了秦惠文君之后秦王室嫡庶妻之可考者①。

有关秦国和秦朝的庶民婚俗,史书罕有记载,前代学者大多无能为力。但随着20世纪70年代以来秦简的不断发掘和公布,相关论文屡见各大期刊,众多专著也多有论及。

就秦庶民婚姻风俗与价值观念的研究而言,吴小强是重要的开拓者②,系统论述了统一前后秦人的婚姻、家庭、生育观念特征③,重点指出秦人对婚嫁和生育日期选择的重视,尤其是对凶日的规避。此后,学界的研究重点逐渐偏向了对家庭关系和伦理观念的研究。翟宛华指出,秦人的婚姻关系已经上升到了法律层面,结婚和离异都必须得到官府的登记认可,并由此受到法律保护④。赵浴沛根据出土文献,推测秦社会除占据主导的单婚制外,尚存一夫多妻的复婚制,同时认为夫妻间还保持了一定的财产独立性,打伤妻子与打伤其他人所受处罚相同⑤。高兵则突出了秦民间重功利、轻伦理的婚姻伦理观念和由个体小农经济的脆弱性所带来的"密切重情的夫妻关系"⑥,不过赵、高二人一致认同夫权在总体上占主导地位。

几乎与吴小强同时,张金光另辟蹊径,展开了对于秦国家庭结构的研究。⑦先是肯定了秦国对周礼的遵守,认为秦国自始至终遵循子继和立嫡长为主的继承制度。之后指出秦自孝公以来严格执行分户析居政策,并肯定商鞅变法的移风易俗之效。紧接着,又从家产继承原则、"后"制(即法定继承人制度)和家庭祭祀三个方面概述了秦因小家庭普遍存在而带来的家庭制度的变革。最后指出秦时家庭成员关系较为民主平等。其小家庭占据秦社会主导的观点,成为学界

---

① 高兵:《周代婚姻形态研究》,巴蜀书社,2007年,第224页。
② 吴小强:《试论秦人婚姻家庭生育观念》,《中国史研究》1989年第3期;《秦人生育意愿初探》,《江汉论坛》1989年第11期;《从云梦秦简看战国秦代人口再生产类型》,《西北大学学报》(哲学社会科学版)1991年第2期;《秦简〈日书〉与秦汉社会的生命意识》,《广州师院学报》(社会科学版)1997年第1期。
③ 吴小强:《秦简日书集释》,岳麓书社,2000年,第312页。
④ 翟宛华:《从出土〈秦律〉看秦的婚姻家庭制度》,《甘肃社会科学》1988年第5期。
⑤ 赵浴沛:《睡虎地秦墓简牍所见秦社会婚姻、家庭诸问题》,《中国社会经济史研究》2003年第4期。
⑥ 《周代婚姻形态研究》,第246页。
⑦ 张金光:《秦制研究》,上海古籍出版社,2004年。

主流,诸如张仁玺、宁江英、尹成波等学者之后也都陆续发表相同或类似观点,并将有关研究深入细化。①

二 宾礼

《周礼·春官·大宗伯》云:"以宾礼亲邦国,春见曰朝,夏见曰宗,秋见曰觐,冬见曰遇,时见曰会,殷见曰同,时聘曰问,殷覜曰视。"②再参以郑玄注,则此八礼虽皆臣见君之礼,却各抱宾礼之一端,不尽相同。不过,在实际的文献记载中,前四者可统称为朝礼,且已不限于王之礼,而延及诸侯;会、同和问、视,亦可等同视之为会同与聘问两大类礼节。

关于周代宾礼的研究,学界成果颇丰,但多是对宾礼的某一部分所做的时段性的查考或特点原则等的总结。③ 如清人孙楷在其汇编的《秦会要》"宾礼"条下设入王、入邻君、来聘、出聘、来朝、列国赴告、来贺、致胙、献馈、盟会、受质、出质、馈遗、来媵、来迎女、来吊等条目,而后徐复更补入吊丧、致赗、来送葬、恤邻、存亡国祀、九宾礼、享宾诸条。④ 孙氏搜集大量史料,泽及后学,然其取舍以吾侪观之则过矣。今人马非百分列"使节表"和"会盟表",形式直观、资料完整,还多下按

---

① 张仁玺:《秦汉时期的"五口之家"述略》,《齐鲁学刊》1998年第6期;张仁玺:《秦汉家庭研究》,中国社会出版社,2002年;宁江英:《秦及汉初家庭结构研究》,《西安财经学院学报》2009年第4期;尹成波:《〈分户令〉辨疑》,《船山学刊》2011年第2期。

② [汉]郑玄注,[唐]贾公彦疏,彭林整理:《周礼注疏》卷一九《春官·大宗伯》,上海古籍出版社,2010年,第666—668页。

③ 诸如李无未:《周代朝聘制度研究》,吉林人民出版社,2006年;吕静:《春秋时期盟誓研究——神灵崇拜下的社会秩序再构建》,上海古籍出版社,2007年;魏铭仪:《〈春秋左氏传〉聘礼研究》,台湾铭传大学2008年硕士论文;张亮:《周代聘礼研究》,吉林大学2013年博士论文;徐杰令:《春秋聘问考》,《北方论丛》2003年第1期;徐杰令:《春秋会盟礼考》,《求是学刊》2004年第2期;董芬芬:《春秋会盟文化与盟书的文体结构》,《西北师大学报》(社会科学版)2008年第2期;黎虎:《周代交聘礼中的"礼尚往来"原则》,《文史哲》2009年第3期;黎虎:《周代交聘礼中的对等性原则》,《史学集刊》2010年第2期;黄震云:《春秋"聘问"礼仪与歌诗必类原则》,《深圳大学学报》(人文社会科学版)2011年第3期。

④ [清]孙楷著,徐复订补:《秦会要订补(修订本)》,中华书局,1959年。

语加以考订分析。① 此外,在《春秋会要》②和《战国会要》③"宾礼"条以及《春秋大事表·宾礼表》④中也零散分布了一些秦国相关的史料。再如李无未在《周代朝聘制度研究》中几次提到秦国,李秀亮也列举了几条《国语·晋语》所载秦晋交相聘问之事。⑤ 其余还有几篇论文,也都择选某些与秦宾礼相关之事以做论据⑥,但皆非围绕秦国宾礼之事展开专门论述。龙敏专论秦国宾礼之一端,将制度选择和价值取向相结合来考察,认为盟誓一直是秦国开拓进取的手段。⑦

此外,还有一些关于《诅楚文》与《秦誓》的研究,经过历代学者的努力,已经确定了这两种文献的真实性⑧,并对其中的史实进行了考辨⑨,为后学继续研究

---

① 马非百:《秦集史》,中华书局,1982年。
② [清]姚彦渠:《春秋会要》,中华书局,1955年。
③ 杨宽、吴浩坤:《战国会要》,上海古籍出版社,2005年。
④ [清]顾栋高著,吴树平、李解民点校:《春秋大事表》,中华书局,1993年。
⑤ 李秀亮:《〈国语〉礼制资料类纂与初探》,烟台大学2008年硕士论文,第26—28页。
⑥ 如张二国:《先秦时期的会盟问题》,《史学集刊》1995年第1期;李模:《先秦盟誓的种类及仪程》,《学习与探索》2000年第4期;董芬芬:《春秋会盟文化与盟书的文体结构》,《西北师大学报》(社会科学版)2008年第2期;蒋晓光、许结:《宾祭之礼与赋体文本的构建及演变》,《中国社会科学》2014年第5期。
⑦ 龙敏:《秦国盟誓制度研究》,上海大学2003年硕士论文;田兆元、龙敏:《秦国崛起与盟誓制度研究》,《国际观察》2007年第5期。
⑧ 陈世辉:《诅楚文补释》,《古文字研究(第12辑)》,中华书局,1985年;张翀:《〈诅楚文〉真伪与版本问题新研》,《中国社会科学院历史研究所学刊(第6集)》,商务印书馆,2010年;贾俊侠:《〈秦誓〉史料的可靠性及价值新论》,《唐都学刊》2001年第4期。
⑨ 如宋欧阳修《秦祀巫咸神文》及宋王柏《诅楚文辞》;郭沫若:《诅楚文考释》,《郭沫若全集·考古编》,科学出版社,1982年;容庚:《诅楚文考释》,《古石刻零拾》,考古学社,1934年;姜亮夫:《秦诅楚文考释——兼释亚驼、大沈久湫两辞》,《兰州大学学报》(哲学社会科学版)1980年第4期;赵平安:《诅楚文辨疑》,《河北大学学报》(哲学社会科学版)1992年第2期;陈昭容:《从秦系文字演变的观点论诅楚文的真伪及相关问题》,《"中央研究院"历史语言研究所集刊》1993年第4期;杨宽:《秦〈诅楚文〉所表演的"诅"的巫术》,《文学遗产》1995年第5期;史党社、田静:《郭沫若〈诅楚文考释〉订补》,《文博》1998年第3期;孙常叙:《诅楚文古义新说》,《孙常叙古文字学论集》,东北师范大学出版社,1998年;吕静:《关于秦〈诅楚文〉的再探讨》,《出土文献研究(第5集)》,科学出版社,1999年;裘锡圭:《诅楚文"亚驼"考》,《文物》1998年第4期;雍际春:《"亚驼""呼池"与要册湫考辨》,《陕西师范大学学报》(哲学社会科学版)2008年第2期;[德]柯马丁:《〈尚书〉里的"誓"》,《文贝》2014年第2期。

奠定了坚实基础。但总体而言,有关秦国宾礼的研究比较零散,除盟誓制度以外,还未有对秦国宾礼各方面的长时段研究。

三 丧礼

自20世纪30年代以来,有关秦文化的考古调查与发掘工作蓬勃发展,除少数居住遗址外,绝大部分都是墓葬遗存。学界将其与地上材料相结合,对秦人丧葬礼仪制度的研究取得了举世瞩目的成就。根据研究对象或侧重点的不同,研究成果大致可分为丧葬制度与习俗两大部分。

丧葬制度方面,最受关注者为有关秦公帝王陵墓制度的研究,争论尤多,甚至长期以来对秦人到底有多少个陵区都没有达成共识。[①] 不过学界对秦国上层贵族墓葬制度与特点的研究取得了可喜的成绩。徐卫民对秦人先后出现的多个陵区的墓主、墓葬形制、墓地性质和年代进行了系统研究,对秦始皇陵的阐述尤为详备。[②] 袁仲一对30年来的秦始皇陵园进行了总结性研究,包括秦始皇陵园地理环境、建造过程、设计思想、建筑布局与结构及陪葬坑内涵等,对秦陵文物也进行了全面归纳分析和总结研究。[③] 不过,对秦公帝王陵墓制度及其发展演变特点的研究并未就此结束。随着新材料的发现,新的研究成果也不断涌现[④],且

[①] 韩伟、程学华:《秦陵概论》,考古学研究编委会:《考古学研究(第10期)》,三秦出版社,1993年;徐卫民:《秦公帝王陵园考论》,《文博》1999年第2期;徐卫民:《秦帝王陵墓制度研究》,《唐都学刊》2010年第1期;马振智:《试论秦国陵寝制度的形成发展及其特点》,《考古与文物》1989年第5期;《试论秦与中原诸国陵寝制度的异同》,《陕西历史博物馆馆刊(第1辑)》,三秦出版社,1994年;马振智:《秦国陵寝制度研究》,张宏彦主编:《梓里集——西北大学考古专业七七级毕业30周年纪念文集》,西北大学出版社,2012年;焦南峰、孙伟刚、杜林渊:《秦人的十个陵区》,《文物》2014年第6期。

[②] 徐卫民:《秦公帝王陵》,中国青年出版社,2002年。

[③] 袁仲一:《秦始皇陵的考古发现与研究》,陕西人民出版社,2002年。

[④] 杨宽:《中国古代陵寝制度史研究》,上海人民出版社,2003年;田有前:《试论秦陵墓制度的演变特征》,《秦汉研究(第五辑)》,陕西人民出版社,2011年;段清波:《秦始皇帝陵园考古研究》,北京大学出版社,2011年;马振智:《秦国陵寝制度研究》,《梓里集——西北大学考古专业七七级毕业30周年纪念文集》,西北大学出版社,2012年。

注意力逐渐由面向点转化,研究更加细致。①

与此同时,有关秦人中小型墓葬制度与特点的研究也在紧锣密鼓地进行。在考古文化中,最能体现其文化面貌的是随葬的青铜器和陶器,而这些大部分出自中小型墓葬,故中小型墓葬历来为考古学界所重视。

考虑到秦中小型墓葬年代序列的完整性,最能体现秦文化的发展脉络,故对其分期的讨论就成为先行者。在韩伟、叶小燕、尚志儒、陈平、滕铭予等学者的研讨下②,秦丧葬文化的分期日渐细密,对后学起到了很好的指引作用。在关注分期问题的同时,学界还展开了对区域性墓葬礼仪制度与特点的研究。其中非关中地区秦墓的研究文章③,可与关中和陇东地区的典型秦墓进行对比分析,以考察秦人丧葬礼俗对新占领地区文化的双向影响。

学界对秦人丧葬习俗的研究,尤以葬式和从死殉人习俗为重,其中前者的争

---

① 田亚岐:《雍城秦公陵园围沟的发现及其意义》,《秦文化论丛(第10辑)》,三秦出版社,2003年;郑红利:《大堡子山秦公墓地试析》,《秦都咸阳与秦文化研究》,陕西人民教育出版社,2003年;陈四海:《秦始皇陵园出土的乐器、百戏俑考》,《音乐研究》2005年第3期;田有前:《试论秦文化中的围沟墓及其相关问题》,《陕西历史博物馆馆刊(第13辑)》,三秦出版社,2006年;杨惠福、侯红伟:《礼县大堡子山秦公墓主之管见》,《考古与文物》2007年第6期;徐卫民:《对秦始皇陵园规模的新认识》,《西北大学学报》(哲学社会科学版)2007年第6期;赵化成、王辉、韦正:《礼县大堡子山秦子"乐器坑"相关问题探讨》,《文物》2008年第11期;梁云:《甘肃礼县大堡子山青铜乐器坑探讨》,《中国历史文物》2008年第4期;李峰:《礼县出土秦国早期铜器及祭祀遗址论纲》,《文物》2011年第5期;徐卫民:《也谈秦始皇陵的石刻雕塑》,《咸阳师范学院学报》2012年第1期。

② 韩伟:《略论陕西春秋战国秦墓》,《考古与文物》1981年第1期,后收入其著《磨砚书稿——韩伟考古文集》,科学出版社,2001年,第38—51页;叶小燕:《秦墓初探》,《考古》1982年第1期;尚志儒:《秦国小型墓的分析与分期》,载《考古与文物丛刊:陕西省考古学会第一届年会论文集》,1983年;陈平:《试论关中秦墓青铜容器的分期问题》(上、下),《考古与文物》1984年第3期、4期;滕铭予:《秦文化:从封国到帝国的考古学观察》,学苑出版社,2002年,第28页。

③ 如宋治民:《略论四川的秦人墓》,《考古与文物》1984年第2期;刘曙光:《三门峡上村岭秦人墓的初步研究》,《中原文物》1985年第4期;陈振裕:《略论湖北秦墓》,《文博》1986年第4期;陈振裕:《试论湖北地区秦墓的年代分期》,《江汉考古》1991年第2期;高至喜:《论湖南秦墓》,《文博》1990年第1期;尹弘兵:《江陵地区战国晚期至秦代墓葬初探》,武汉大学2005年硕士论文。

论尤为激烈,至今尚无定论。这一问题包括直／屈肢葬及头向两个部分,学术界一般认为,秦人上层贵族的固有葬式是仰身直肢西首葬,其殉人多采用屈肢葬式。此外,很多西首葬的中小型秦墓墓主及其殉人采取屈肢葬式,应是受外来文化影响的结果。至于秦统治区采用其他头向的墓葬则只见于外来族群,但在具体的适用族群范围界定和葬式的文化内涵上,学界尚处于争论之中。①

  文化上的影响历来是双向的,信仰的变化也会引起葬式的变更,秦人社会上下层之间以及屈肢葬中不同头向和族群的对应关系皆不可妄断。已有学者指出,就算是西向的墓,也不能保证一定皆是嬴秦一族之墓。② 随着秦人的壮大,文化因素日趋复杂,在这种大背景下,想要对秦文化区墓葬的葬式与人群的对应关系下一个贯穿整个时代的结论绝非易事。③ 目前,更可靠的做法是通过对某一地区某一时段的葬式加以对比研究,以此得出阶段性的葬式与人群构成的

---

① 韩伟:《试论战国秦的屈肢葬仪渊源及其意义》,《中国考古学会第一次年会论文集1979》,文物出版社,1980年,第204—211页,后收入其著《磨砚书稿——韩伟考古文集》,科学出版社,2001年,第69—75页;韩伟:《略论陕西春秋战国秦墓》,《考古与文物》1981年第1期,后收入其著《磨砚书稿——韩伟考古文集》,第38—51页;刘庆柱:《试论秦之渊源》,见《人文杂志专刊:先秦史论文集》,1982年,第176—181页;俞伟超:《古代"西戎"和"羌""胡"考古学文化归属问题的探讨》,《先秦两汉考古学论集》,文物出版社,1985年,第180—192页;赵化成:《寻找秦文化渊源的新线索》,《文博》1987年第1期;滕铭予:《秦文化:从封国到帝国的考古学观察》,学苑出版社,2002年,第54页;滕铭予:《关中秦墓研究》,《考古学报》1992年第3期;滕铭予:《论关中秦墓中洞室墓的年代》,《华夏考古》1993年第2期;韩建业:《中国古代屈肢葬谱系梳理》,《文物》2006年第1期;梁云:《从秦墓葬俗看秦文化的形成》,《考古与文物》2008年第1期;陈洪:《中型秦墓墓主族属及身份探析——以渭水流域中型秦墓的葬俗为视角》,《郑州大学学报》(哲学社会科学版)2011年第4期;陈洪、李宇、武丽娜、李斌:《再谈秦墓屈肢葬渊源及其相关问题》,《文博》2014年第1期;王子今:《秦人屈肢葬仿象"窑卧"说》,《考古》1987年第12期;戴春阳:《秦墓屈肢葬管窥》,《考古》1992年第8期;刘建安:《秦墓屈肢葬含义的检讨与蠡测》,秦始皇兵马俑博物馆编:《秦俑博物馆开馆三十周年秦俑学第七届年会国际学术研讨会论文集》,三秦出版社,2010年,第209—211页。

② 王志友:《早期秦文化研究》,西北大学2007年博士论文,第200页。

③ 大堡子山M2的西墓道在层面填土中埋葬12个殉人,均为屈肢葬,头向或西或东。礼县西山遗址发现的西周时期的两处墓葬,其中M2003是目前发现时代最早的三鼎二簋的秦墓。南壁和北壁二层台上的东侧各有一壁龛,北侧壁龛内有殉人1名,头向东面朝北,为侧身屈肢葬;南侧壁龛亦有殉人1名,为头向西的侧身直肢葬。

结论。

有关秦人从死殉人习俗的记载，最早见于《史记·秦本纪》："二十年（前678），武公卒，葬雍平阳。初以人从死，从死者六十六人。"①不过从考古的实际发掘情况来看，这种习俗在秦国产生的时间恐怕要早得多，春秋早期的秦国贵族墓葬即存在殉人现象。②关于秦人这一习俗的研究基本与对其屈肢葬的相关研究同步进行，但长期处于从属地位，自20世纪80年代，随着考古资料的进一步丰富，学界开始出现比较专门的谈论该问题的文章。

1981年，韩伟即曾指出"战国的早期秦墓中，仍有殉奴与从葬者"，二者的区别在于埋葬位置在椁外还是椁内以及随葬品的多寡。③黄展岳则将其划分为人牲和人殉两大类，以雍城寝庙祭祀坑所埋人骨为人牲，以从死秦穆公的三良为殉死者，并认为东边的莒国和西边的秦国大概是殉人现象最严重的地区。④随后，他又进一步指出，秦公一号大墓填土所见20具人骨乃是祭奠所用之人牲，而椁室底部及四周之166具箱匣棺所殓乃人殉，箱殉者多有少量随葬品，身份似为姬妾、近臣或工匠，匣殉者多无随葬品，似为家内奴隶。⑤陈绍棠赞同黄的观点，也认为殉葬者应分为人殉和人牲两类，前者乃是从死者，后者则是供祭品，并将其与山东列国相比较，认为秦的殉葬墓较为普遍，殉葬者更多是生产奴隶，反映出秦社会存在较多奴隶制残余以及君主集权、等级森严、父家长制和灵魂观念等问题。⑥此后，田亚岐根据随葬品的种类，结合《周礼》的相关记载来判断殉人身份⑦，而文笑、德省则勾勒出了秦国人殉制度的演变脉络：武公时，人殉制度已经成熟，穆公时达到鼎盛，献公时开始以国家法令的形式废止，但仍有残余。而几乎与此同时，以俑代人的做法开始普及，秦俑早在春秋晚期即已出现，至秦始皇

---

① 《史记》卷五《秦本纪》，第183页。
② 张天恩：《试说秦西山陵区的相关问题》，《考古与文物》2003年第3期。
③ 韩伟：《略论陕西春秋战国秦墓》，《考古与文物》1981年第1期。
④ 黄展岳：《中国古代的人牲人殉问题》，《考古》1987年第2期。
⑤ 黄展岳：《中国古代的人牲人殉》，文物出版社，1990年，第214页。
⑥ 陈绍棠：《东周秦国人殉、人牲与社会风貌》，《中原文物》1989年第2期。
⑦ 田亚岐：《关中秦墓殉葬制度研究》，吉林大学考古学系编：《青果集——吉林大学考古专业成立二十周年考古论文集》，知识出版社，1993年，第214—219页。

兵马俑达到顶峰。①

2006年,张仲立发表文章,认为秦的人殉制度至迟自襄公始,殉人可分为两类,即"侍"和"卫",分别为墓主提供各种服务和安全保障;而针对司马迁"(武公)始以人从死"的记载明显晚于考古发现的情况,他偏向于认为是武公第一次制度化地使用了殉人,并推测这一习俗源自戎狄。② 梁云则提出了不同意见,认为"春秋秦墓的殉人风俗和东夷族以及殷人墓类似,而与周人迥异,说明了秦国的统治者与商文化及东夷文化有着较为紧密的历史渊源关系"③。随后,郑红莉也提出"秦人殉葬传统来源于夷文化中的殉葬习俗",其长期延续的原因,一是葬俗固有的保守性与因袭性,二则与秦国社会机制的落后性有关。④ 此后,张梦晗将秦、齐两国的人殉现象进行比较,认为二者人殉之风相仿是因为族源上的亲近,但二者生存环境和社会阶段的差异则令秦国的人殉风气更盛。⑤ 印群先后将秦国和晋、齐两国的人殉墓加以比较,认为"春秋早期,秦殉人墓的数量及殉人数目都远远超过晋殉人墓","晋殉人墓中也未见秦殉人墓中的匣葬与殉人龛的设置";⑥春秋晚期,齐国人殉风气已然衰微,而秦国的人殉之风则贯穿始终,遍布大中小型墓,且更多暴力杀殉现象。⑦ 最后,他还将大堡子山秦公陵园的人殉和安阳殷墟后期双墓道大墓人殉及西周早期鹿邑太清宫长子口殷遗民殉人墓、西周周人典型墓地殉人墓之人殉进行比较研究,认为"大堡子山秦公陵园殉人的位置、数量及腰坑、殉狗等都与双墓道的安阳大司空村576号殷墓相似甚至一致,并和西周早期鹿邑太清宫殷遗民殉人墓在殉人位置、殉人数目、殉人年龄及腰坑等方面也都相当接近,而与张家坡157号双墓道殉人墓和沣西西周墓地

---

① 文笑、德省:《秦国人殉制度的演变》,《文博》1998年第6期。

② 张仲立:《司马迁与秦人"从死"葬俗》,《西部考古(第1辑)》,三秦出版社,2006年,第284—288页。

③ 梁云:《从秦墓葬俗看秦文化的形成》,《考古与文物》2008年第1期。

④ 郑红莉:《秦墓殉葬现象再考察》,《碑林集刊(十五)》,三秦出版社,2009年。

⑤ 张梦晗:《秦国人殉风气最盛之原因》,《历史教学问题》2013年第4期。

⑥ 印群:《谈春秋时期晋秦殉人墓》,宋镇豪主编:《嬴秦始源:首届中国(莱芜)嬴历史文化学术研讨会论文集》,中国社会科学出版社,2013年,第234—242页。

⑦ 印群:《东周时期秦齐殉人墓的比较研究》,《东方考古(第9集)》,科学出版社,2012年。

之西周早期周人殉人墓存在着重大差异",故"大堡子山秦早期墓地(秦公陵园)的人殉特点体现着殷文化的遗风",秦贵族和殷人所通行的葬式同为仰身直肢葬,嬴秦源自东夷。①

经过二三十年的讨论,学界对秦人殉葬习俗的研究已形成几条共识:1.嬴秦的殉葬习俗源自东夷,和同出东方的殷人颇多相似之处;2.该习俗在秦国独立发展日久,较之中原诸国更具顽固性且更为广泛和暴力;3.秦人殉葬可分为人牲和人殉,其中人殉还可以细分出从死一类等。印群将秦殉人墓与他国殉人墓进行比较的方法很值得借鉴。另外,我们尚须加强秦殉人葬俗的纵向比较,也可更多结合现实政治,以期揭示更多历史问题,探知殉葬习俗在秦人政治生活中的地位,更具体、现实地解释这种野蛮习俗为何能在秦国长期存在。

四 祭礼

在秦人的诸多祭祀活动中,以贯彻始终的時祭最具特色,也最为重要,古人即已对其有较为系统的论述②,而现当代学界得益于考古资料的极大丰富,对其名称、形制、具体位置、起源与演变过程及其所蕴含的秦人信仰与观念的探究热潮也经久不衰。

在现代学术背景下,人类学家凌纯声是秦人時祭名称与形制的早期研究者,他将秦之時与燕祖、齐社加以比较,认为時与社形制相同,有封有禅,皆祭祀神灵的圣地。其中的畤時是在一万两千步的田区围以短墙,畤中各有一土封,其中"畤"为祭地之埠,而時则为祀神之坛。并推测中国古代的"台""時""祖""社"皆台观建筑,为同一起源,皆两河流域 Ziggurat 首音节音译。③ 后来的许多学者基本赞同其观点。④

---

① 印群:《论大堡子山秦公陵园的人殉——兼谈嬴秦先人西迁之地望》,《复旦学报》(社会科学版)2014年第6期。
② 如西汉司马迁《史记》中的《秦本纪》《秦始皇本纪》和《封禅书》,明人董说的《七国考·秦杂祀》,及清人孙楷《秦会要》"杂祭祀"和"牲牢"两条。
③ 凌纯声:《秦汉时代之時》,《中国边疆民族与环太平洋文化:凌纯声先生论文集》(下册),台北联经事业出版公司,1979年,第1461—1490页。
④ 李零:《秦汉礼仪中的宗教》,《中国方术续考》,东方出版社,2000年,第135—136页;陈烈:《中国祭天文化》,宗教文化出版社,2000年,第40页。

另外,林剑鸣认为"秦人将祭祀之处称为畤,而畤就是埘,意为鸡兽栖止之处",源自秦人早期的游牧传统。① 徐中舒认为"畤为峙立之意,民间所祭杂神,可能在田中立石以祭,属原始拜物教"②。田亚岐认为"畤是由宫殿建筑物和土坛组成,土坛周围必须有一块比较平整的祭祀场地"③。汪受宽从"畤"的字形结构入手,"畤从田从寺,意为侍田,即人手足并用于田地之谓",认为诸畤形态与畦畤相同,皆状如菜畦,中有土堆,畤祭乃祈求上天保佑农业丰收的祭祀。④ 田延峰认为畤是神所下临停留的地方,畤祭的本义是祭地,秦人将之转化为对天帝的祭祀。⑤

2005 年,礼县西山遗址发现一组动物祭祀坑和夯土台基,王志友等人以其符合文献记载中"大山之下,小山之上"的位置和"积土为坛"的形式,大胆推测其为西畤或其一部分,并根据遗址形态,否定了畦畤是"由多个矮墙围起来的土堆(台)组成"的说法,转而认为是描述畤上各祭祀坑的布局。鉴于还有两个祭祀坑是直接在地上挖的,他们还推断畤祭的形式经历了从大型夯土台到除地以祭的变化,而用牲也逐渐由完备趋向简略,不过祭祀时"除地为墠"的做法则沿袭了下来。⑥

同时,有关秦畤祭起源和发展演变脉络及其文化内涵的探讨也方兴未艾。何泳将秦人诸畤的设立与秦人的宗教和社会发展结合来考察,认为诸畤的设立和秦始皇封禅,反映了秦人的宗教发展道路:从单一的民族神崇拜到多民族神崇拜,最终转化为至上的一神教;也是秦人在发展壮大过程中积极进行民族融合的缩影。⑦ 田亚岐进一步指出:秦人所置诸畤,以天地及五帝为祭祀对象,说明占据周人故地的秦人正在逐步接受周代关于"上帝"的崇拜,也反映了秦人的生产

---

① 林剑鸣:《秦史稿》,上海人民出版社,1981 年,第 95 页。
② 《七国考订补》,第 536 页。
③ 田亚岐:《秦汉置畤研究》,《考古与文物》1993 年第 3 期。
④ 汪受宽:《畤祭原始说》,《兰州大学学报》(社会科学版)2002 年第 5 期。
⑤ 田延峰:《论秦的畤祭与五帝说的形成》,《前沿》2011 年第 6 期。
⑥ 王志友、刘春华、赵丛苍:《西畤的发现及相关问题》,秦始皇兵马俑博物馆编:《秦俑博物馆开馆三十周年国际学术研讨会暨秦俑学第七届年会会议论文集》,西安,2009 年,第 236—249 页。
⑦ 何泳:《秦、汉祭祀五色帝初探》,《宝鸡师院学报》(哲学社会科学版)1985 年第 1 期。

方式从游牧到定居农业的转变。不过"秦人还仍保持着与周人不同的宗教礼仪形式和风格"①，诸如畤的随意，天地概念的模糊，祭具、祭牲的戎狄化风俗，以及畤祭活动的非常规性。刘明科则认为畤文化是秦人独创的，西畤是秦人畤文化的产生期，雍地诸畤的陆续设立才是其兴盛期。② 随后，田静、史党社提出秦人崇拜天或上帝是与周、齐鲁文化融合的结果。秦人在发展过程中，至上神经历了由上帝转变为天的过程。③

高次若将畤祭与秦人的族源相联系，提出畤乃早期秦人独创，其地域性、族属性明显，与周文化毫无承袭关系，表面看随意性很大，却包含丰富的族源信息。六畤中有三畤祭祀白帝，乃秦祖少昊；此外，秦人也祭祀东夷族的共祖太昊，表明其先来自东方。秦人对西畤、鄜畤以及陈宝祠的祭祀具有宗庙性质，却不是真正意义上的宗庙，秦人徙都雍后始建宗庙。④ 李清凌认为秦人的祭天仪式既承接周礼，又富于创新精神，即使是夷狄习俗也勇于借鉴。⑤ 李梅一方面认为秦人的畤大约相当于周的"郊兆"，另一方面则指出其尚事功、务实际的政治思想主旨，故其祭天礼制与儒家经典多有抵牾。⑥ 徐迎花认为西畤与鄜畤所祭乃上帝，至战国末年作畦畤时始祀白帝，"以畤祭为特色的秦朝的郊祀制度是先秦天神信仰、战国以来阴阳五行思潮、神仙方术和民间杂祀多种观念糅合下的产物"⑦。刘再聪认为秦诸畤的发展伴随着西垂文化的东进与中原五行学说的西传。⑧ 王志友等人根据西山遗址的发现情况，指出秦人在畤祭之后，会挖坑掩埋牺牲等祭

---

① 田亚岐：《秦汉置畤研究》，《考古与文物》1993 年第 3 期。
② 刘明科：《雍地——秦人畤文化中心论》，《宝鸡科会科学》1995 年第 C2 期。
③ 田静、史党社：《论秦人对天或上帝的崇拜》，《中国史研究》1996 年第 3 期。
④ 高次若：《秦人畤祭、陈宝祠与秦族源》，宝鸡炎帝研究会编：《炎帝与汉民族国际学术研讨会论文集》，宝鸡，2002 年，第 224—236 页。
⑤ 李清凌：《畤文化考论》，《西北师大学报》（社会科学版）2004 年第 5 期。
⑥ 李梅：《论秦畤祭天》，《唐都学刊》2005 年第 6 期。
⑦ 徐迎花：《秦代以畤祭为特色的郊祀制度考》，《牡丹江师范学院学报》（哲学社会科学版）2008 年第 1 期。
⑧ 刘再聪：《畤祭与秦人"天下共主"意念的萌芽》，《青海社会科学》2009 年第 2 期。梁中效将此直接表述为：秦人在关中，"将西方天神与东方上帝信仰相结合，创造出了具有秦人特点的祭祀文化体系"。详见梁中效：《秦关中祭祀文化体系述论》，《咸阳师范学院学报》2013 年第 5 期。

品,这通常是祭地和山川的形式,说明这两种对立的祭祀方式的共同目的,"都是通过采取埋藏祭品的方式把人意传达于神"①。

田延峰认为,"黄帝、炎帝、太昊、少昊、颛顼"的五帝系统乃是秦人的创造,秦人最初祭祀的白帝与颜色、方位相搭配,已有五行因素,之后进一步受《山海经》四方神和阴阳五行学说的影响,并结合自身的政治需要,逐步形成秦的五帝说,最终在《吕氏春秋》中完成对五方帝和五人神的整齐化。② 而田天则提出"秦人并无系统的五色帝祭祀","秦诸畤是举行郊祭、祭祀上帝的场所"。③

在秦人畤祭文化研究过程中,有一个不能回避的问题,即为何秦人始终未立北方黑帝之畤。王晖认为秦人以黑帝颛顼为所自出的高祖,当于始祖伯益太庙祫祭之,故不为之立畤。④ 杨英认为秦始皇时期五德终始说还没有编造完备,故未见黑帝。⑤ 钟国发则推测秦始皇自以为水德,代表黑帝,无须另立黑帝畤。⑥ 武锋进一步补充,认为秦始皇过度关心皇祚的永固和生命的长久,醉心于封禅和求仙,不重视畤祭,故或以己代表黑帝而无须为之立畤。⑦ 而李清凌则提出可能是"秦先公、先王看到和承认当时北方少数民族势力的强大存在,把祭祀黑帝的权力留给了北方民族的首领",而秦始皇统一后延续了对传统四天帝的祭祀系统,所以没给黑帝新立畤。⑧ 田延峰在肯定王晖说法的同时,又提出在秦帝国的建立过程中,出于大一统的考虑,开始探求新的祭天礼仪,对方位神的重视程度下降,故不立黑畤。⑨

除畤祭外,陈宝祠也是秦国国家祭祀系统的重要组成部分,并且深受秦国民

---

① 王志友、刘春华、赵丛苍:《西畤的发现及相关问题》,《秦俑博物馆开馆三十周年国际学术研讨会暨秦俑学第七届年会会议论文集》,西安,2009 年,第 236—249 页。
② 田延峰:《论秦的畤祭与五帝说的形成》,《前沿》2011 年第 6 期。
③ 田天:《秦汉国家祭祀史稿》,生活·读书·新知三联书店,2015 年,第 33 页。
④ 王晖:《秦人崇尚水德之源与不立黑帝畤之谜》,《秦文化论丛(第 3 辑)》,西北大学出版社,1994 年,第 254—269 页。
⑤ 杨英:《汉初祀畤考》,《世界宗教研究》2003 年第 2 期。
⑥ 钟国发:《神圣的突破——从世界文明视野看儒释道三元一体格局的由来》,四川人民出版社,2003 年,第 349 页。
⑦ 武锋:《秦"畤祭"考》,《临沂师范学院学报》2005 年第 2 期。
⑧ 李清凌:《畤文化考论》,《西北师大学报》(社会科学版)2004 年第 5 期。
⑨ 田延峰:《论秦的畤祭与五帝说的形成》,《前沿》2011 年第 6 期。

众欢迎。据《史记·封禅书》和《汉书·郊祀志》可知,陈宝是秦文公所得的一块石头,王国维认为其质在玉石间,秦人以为《尚书·顾命》之"陈宝",故以之为名。① 苏秉琦认为不过是流星、陨石。② 马非百也认为陈宝即陨星。③ 而吴郁芳则认为是"秦之先人所制的一只石雕的鸡,或陶塑的鸡"④。辛怡华从文字学角度入手,证明"秦文公时的'若石'就是我们现在所说的陨石"⑤。目前学界基本赞同"若石"即"陨石"的说法。关于其流变过程,可参《苏秉琦考古学论述选集·陈宝祠》和法国学者吕敏的《陈宝祠——历史发展与现况》⑥。

学界有关陈宝祠宗教文化内涵的阐释也是由来已久。苏秉琦推测其包含秦人某种原始信仰。吴郁芳认为陈宝是一件古文物,"本是秦人所崇祀的媒神偶像",反映了秦人的鸡神崇拜。高次若也认为这反映了秦人的鸟图腾意识。⑦ 梁中效进一步指出,"陈宝"神的故事,"反映了东方以鸟为图腾的部族到了西部之后与秦岭山神崇拜相融合的情形"⑧。夏日新则认为其与古人对流星神的崇拜有关。⑨ 田延峰指出"原始時祭为陈宝祠祭祀提供了广泛的社会基础",而"天命思想向天人感应的转变"以及秦国现实政治的需要则最终催生了陈宝祭祀。⑩

秦人还存在怒特祠、伏祠等大量神祠。马非百就其分布情况及其所反映的秦人宗教迷信思想进行了讨论。⑪ 李零将其按年代顺序详细排列。⑫ 杨英将雍

---

① 王国维:《观堂集林(外二种)》,河北教育出版社,2003年,第29页。
② 苏秉琦:《苏秉琦考古学论述选集》,文物出版社,1984年,第7页。
③ 《秦集史》,第6页。
④ 吴郁芳:《"陈宝"考》,《文博》1985年第2期。
⑤ 辛怡华:《"若石"考》,《宝鸡社会科学》2002年第3期。
⑥ 林富士、傅飞岚主编:《遗迹崇拜与圣者崇拜》,台北允晨文化实业股份有限公司,2000年,第233—295页。
⑦ 高次若:《秦人時祭、陈宝祠与秦族源》,宝鸡炎帝研究会编:《炎帝与汉民族国际学术研讨会论文集》,宝鸡,2002年,第224—236页。
⑧ 梁中效:《秦关中祭祀文化述论》,《咸阳师范学院学报》2013年第5期。
⑨ 夏日新:《陈宝信仰与古代祥瑞思想》,《陕西理工学院学报》(社会科学版)2006年第2期。
⑩ 田延峰:《秦的陈宝祠与時祭》,《宝鸡社会科学》2012年第2期。
⑪ 《秦集史》,第705—715页。
⑫ 李零:《中国方术续考·秦汉祠畤通考》,东方出版社,2000年,第187—203页。

地的杂祠分为天文诸神、生产和生活之神、人鬼和其他杂神三类,突出其民间宗教性质。① 田天在罗列分析了秦国的诸多神祠之后,指出秦人的祠畤大多分布在雍地,雍乃秦国祭祀中心,并且在东进的过程中不断吸纳新的祭祀对象。② 杨华探讨了秦汉时期对神灵祭祀系统的官方统一之路,秦始皇的巡游和封禅是为了寻求东方神祇的认同,由于秦祚短暂,并未完成与东方宗教文化的融合。③

此外,还有大量与秦人祭祀相关的出土文献资料,如睡虎地秦简《法律问答》中包含了大量的祠祭条文,反映出国家对民间祭祀的控制;睡虎地秦简《日书》中也包含许多民间祭祀简文。放马滩秦简《日书》乙种"丹"篇提到了祀鬼时的注意事项。里耶祠先农简一经公布,立即引起热议。④ 彭浩率先指出秦朝"祠先农"是一年两次,地方政府用"少牢"之礼。⑤ 曹旅宁据此认为"秦存在管理宗教祭祀事务的法律《祠律》"⑥。宋艳萍由此引申指出,楚重祭轻祠,秦重祠轻祭,秦人在其征服土地上不仅推行政治统治,连意识形态领域也要渗透。⑦ 田旭东认为,秦国基层与民间祠先农和祠五祀皆有定制,"反映了秦朝对礼制的继承,以往那些认为秦废除了先秦礼制的看法应予以重新认识"。⑧ 田天认为"从里耶秦简来看,秦朝郡县已出现有规律的先农祭祀活动,其传统应可上溯至先秦"⑨。

---

① 杨英:《〈史记·封禅书〉所记秦雍州杂祠考》,《人文杂志》2004年第4期。
② 田天:《春秋战国秦国祠祀考》,《中国典籍与文化》2013年第1期。
③ 杨华:《秦汉帝国的神权统一——出土简帛与〈封禅书〉〈郊祀志〉的对比考察》,《历史研究》2011年第5期。
④ 张春龙:《里耶秦简祠先农、祠窨和祠隄校券》,《简帛(第2辑)》,上海古籍出版社,2007年,第393—396页。
⑤ 彭浩:《读里耶"祠先农"简》,《出土文献研究(第8辑)》,上海古籍出版社,2007年,第18—24页。
⑥ 曹旅宁:《里耶秦简〈祠律〉考述》,《史学月刊》2008年第8期。
⑦ 宋艳萍:《从秦简所见"祭"与"祠"窥析秦代地域文化——里耶秦简"祠先农"简引发的思考》,《里耶古城·秦简与秦文化研究——中国里耶古城·秦简与秦文化国际学术研讨会论文集》,科学出版社,2009年,第201—209页。
⑧ 田旭东:《从里耶秦简"祠先农"看秦的祭祀活动》,《里耶古城·秦简与秦文化研究——中国里耶古城·秦简与秦文化国际学术研讨会论文集》,科学出版社,2009年,第210—217页。
⑨ 田天:《先农与灵星:秦汉地方农神祭祀丛考》,《中国国家博物馆刊》2013年第8期。

吕亚虎认为"至少秦末在冬季赛祷腊祭,并无祠先农的礼俗"。在对先农的祠祷活动中,因主祭者地位和身份的不同,而在祭品和祭祀礼仪上有较大的差异,体现了"名位不同,礼亦异数"的礼教特点。① 田天撰文介绍了北大藏秦简中的《祠祝之道》"不涉及时日选择及行事宜忌,主要讲述祭祀的操作方法、祝祷之辞"②,令人看到了复原秦人祭祀具体仪式的希望。伴随秦简牍文献的不断公布,秦人祭祀的诸多细节必将被逐步揭晓。

---

① 吕亚虎:《试论秦汉时期的祠先农信仰》,《江西师范大学学报》(哲学社会科学版)2013年第5期。
② 田天:《北大藏秦简〈祠祝之道〉初探》,《北京大学学报》(哲学社会科学版)2015年第2期。

第一章　婚礼

有关秦人婚姻礼仪的研究，大致可分为宗室的婚姻礼仪制度和庶民的婚姻嫁娶礼俗两方面。其中前者的材料零散分布于《左传》《史记》等传世文献中，后者的研究得以展开则有赖于秦简资料的不断公布。

有关秦宗室的婚姻礼仪制度的研究与整理工作在汉代即已开展，应劭将秦君后妃爵秩等级系统划分为"王后、夫人、美人、良人、八子、七子、长使、少使"[①]，但随着张家山汉简的公布，可知其顺序并不正确，汉初的"八子"地位高于良人。今人崔明德在《先秦政治婚姻史》中叙述分析了秦在西周、春秋和战国各阶段的政治婚姻状况，并赞扬秦人对"同姓不婚"原则的遵守。高兵在《周代婚姻形态研究》中统计了秦惠文君之后的秦王室嫡庶妻可考者，并列出其等级序列，但在人数和序列上皆有错误，需要重新考证。关于秦国国君行冠礼的年龄，王晖认为直至秦惠文王时期，秦国男子成丁冠礼年龄仍沿袭旧礼制，即三十岁，而秦始皇则是二十而冠[②]，这也与实际情况有差。

关于秦庶民婚嫁礼俗的研究，主要围绕秦简材料展开。吴小强多次撰文，对秦庶民的婚姻风俗与价值观念进行了较为深入的研究。[③] 张金光的《商鞅变法后秦的家庭制度》，条分缕析，全面论述了秦自商鞅变法以来形成的个体小家庭

---

① 《七国考订补》，第45页。

② 王晖：《秦惠文王行年问题与先秦冠礼年龄的演变》，《秦文化论丛（第2辑）》，西北大学出版社，1993年，第38—39页。

③ 吴小强：《试论秦人婚姻家庭生育观念》，《中国史研究》1989年第3期；《秦人生育意愿初探》，《江汉论坛》1989年第11期；《从云梦秦简看战国秦代人口再生产类型》，《西北大学学报》（哲学社会科学版）1991年第2期；《秦简〈日书〉与秦汉社会的生命意识》，《广州师院学报》（社会科学版）1997年第1期；《秦人婚姻家庭生育观念新探》，见《秦简日书集释》附录二，岳麓书社，2000年，第312页。

制度。① 稍后的翟宛华、赵浴沛、高兵等人则对秦庶民的家庭关系和伦理观念展开探讨。② 随着研究的不断深入和细化,目前有一个问题必须正视,即秦简材料有很大一部分出土于战国末期秦新占领的楚地,其中不可避免地包含了部分楚系内容,这是在重新选取相关材料时需要加以辨析的。主要方法是将文化成分较为纯粹的秦文化简——放马滩秦简,与出土于新占领地区的睡虎地秦简、里耶秦简等进行对比研究,离析后者与婚姻有关简文的文化属性,以此提炼出较为纯粹的秦庶民婚姻礼俗与观念,并审视秦移民婚俗受当地楚文化因素影响的程度,以及秦地方官吏对楚系婚姻选择术的采纳与改造,借以探讨秦楚婚姻文化的双向渗透及其最终结果。

另外,目前发现的秦律皆是商鞅变法之后的材料,其中有关秦庶民婚姻的管控也体现出了商鞅变法在秦婚姻家庭关系上的成果,其具体手段和最终成效有待我们去进一步研究。

第一节　秦宗室婚姻制度与仪节

《左传·文公二年》:"凡君即位,好舅甥,修昏姻,娶元妃以奉粢盛,孝也。"③ 婚媾之事对国家而言意义重大,涉及外交及国与国关系的确立或加强,以及祭祀时的助祭等诸多国家层面的重大问题,历来为各诸侯国君所重视。秦国虽地处西偏,但对国君婚姻问题也丝毫不敢怠慢。占据西周故地的秦宗室贵族,怀着与中原贵族同样的热情来对待国家层面的婚姻问题,对婚礼中某些细节的重视程度甚至要超过中原诸国。

一　秦君后妃的称号与等级制度

遍览《史记》《左传》《战国策》,秦君之后妃见载者见下表:

---

① 张金光:《商鞅变法后秦的家庭制度》,《历史研究》1988年第6期。
② 翟宛华:《从出土〈秦律〉看秦的婚姻家庭制度》,《甘肃社会科学》1988年第5期;赵浴沛:《睡虎地秦墓简牍所见秦社会婚姻、家庭诸问题》,《中国社会经济史研究》2003年第4期;高兵:《周代婚姻形态研究》,巴蜀书社,2007年。
③ 杨伯峻:《春秋左传注》,中华书局,1990年,第526页。

表 1　史籍所载秦后妃表

后妃名称	出身	配偶	简要原文	出处
女华	少典之子	大业	大业取少典之子，曰女华。	《史记·秦本纪》
	姚姓女	大费	女华生大费，与禹平水土。已成，帝（舜）锡玄圭。……乃妻之姚姓之玉女。	《史记·秦本纪》
	商王太戊女	孟戏、中衍	大廉玄孙曰孟戏、中衍，鸟身人言。帝太戊闻而卜之使御，吉，遂致使御而妻之。	《史记·秦本纪》
	郦山氏女	胥轩	申侯乃言孝王曰："昔我先郦山之女，为戎胥轩妻。"	《史记·秦本纪》
	申侯女	大骆	申侯之女为大骆妻……申侯乃言孝王曰："今我复与大骆妻，生適子成。"	《史记·秦本纪》
鲁姬子	当为鲁女	宪公①	鲁姬子生出子。	《史记·秦本纪》
秦穆公夫人（秦穆姬）②	晋献公女	穆公	穆公四年，迎妇于晋，晋太子申生姊也。	《史记·秦本纪》及《左传》僖公五年、十五年
	韩女③	孝公	樗里子者，名疾，秦惠王之弟也，与惠王异母。母，韩女也。	《史记·樗里子列传》
宣太后（芈八子）	楚人	惠文王	昭襄母楚人，姓芈氏，号宣太后。	《史记·秦本纪》《穰侯列传》

---

① 《史记·秦本纪》作"宁公"，《史记·秦始皇本纪》作"宪公"。据秦公钟铭确定为"宪公"无疑。

② 《左传·僖公五年》及其传文皆称"秦穆姬"。

③ 唯一其子非秦君而见载者。

续表

后妃		配偶	简要原文	出处
名称	出身			
魏夫人(惠文后)	魏女	惠文君	(秦惠文君)四年,魏夫人来。	《史记·六国年表》
惠文后	楚女	惠文王	及惠文后皆不得良死。集解:徐广曰:迎妇于楚者。	《史记·秦本纪》
悼武王后	魏女	武王	武王取魏女为后,无子,立异母弟,是为昭襄王。魏哀王十四年(秦昭襄王二年),秦武王后来归。	《史记·秦本纪》《魏世家》《六国年表》《穰侯列传》
叶阳后①	楚女	昭襄王	楚怀王二十四年(秦昭襄王二年),秦来迎妇。	《史记·六国年表》《汉书·张敞传》
唐八子(唐太后)		昭襄王	昭襄王卒,子孝文王立。尊唐八子为唐太后。	《史记·秦本纪》
夏姬(夏太后)		孝文王	子楚母曰夏姬,毋爱。	《史记·吕不韦列传》
华阳夫人(华阳后、华阳太后)	楚女	孝文王	安国君有所甚爱姬,立以为正夫人,号曰华阳夫人。	《史记·吕不韦列传》
赵姬(子楚夫人、帝太后)	赵豪家女	庄襄王	子楚夫人,赵豪家女也。	《史记·吕不韦列传》《六国年表》

从上表可知,以襄公立国为断限,其先祖配偶见于记载者皆为正妻,但未见其称号;其后世成分趋于复杂。高兵曾做过统计,"秦王室嫡庶妻可考者为王后5人,太后5人,夫人3人,八子2人,共15人次,实际人数8人"②。但其统计数字存在两个问题:

首先,关于惠文后的问题。《史记》中出现过两个惠文后。《史记·穰侯列

---

① 该称出自《汉书·张敞传》:"敞奏书谏曰:'臣闻秦王好淫声,叶阳后为不听郑卫之乐。'"颜师古注:孟康曰:"叶阳,秦昭王后也。"
② 高兵:《秦国婚姻制度研究》,《西北师大学报》(社会科学版)2006年第3期。

传》载:"宣太后非武王母。武王母号曰惠文后,先武王死。"①《史记·秦本纪》载:"(昭襄王二年)庶长壮与大臣、诸侯、公子为逆,皆诛,及惠文后皆不得良死。悼武王后出归魏。"②昭襄王乃武王弟,即兄王位,则"先武王死"之惠文后,与昭襄王二年"不得良死"之惠文后必非一人。另据《史记·六国年表》载:"(秦惠文君)四年,魏夫人来。"则前者初称魏夫人,因不知其卒年是否在惠文君称王之后,故无法断定其最终是否晋升为王后,但这不妨碍其子武王继位后尊其为太后,即惠文后。③ 如此看来,后者乃前者死后续娶之正室,惠文王卒后,自当被尊为太后,亦即惠文后。而据《史记集解》引徐广曰"迎妇于楚者"可知,此惠文后乃楚女。这从昭襄王母宣太后之前被称作芈八子亦可得到证明。据《史记集解》"八子者,妾媵之号"④来看,宣太后初为陪嫁之人。另据《史记·穰侯列传》谓"其先为楚人,姓芈氏"可知,其必为楚人无疑,则其陪嫁之嫡夫人亦必为楚人,即徐广所谓"迎妇于楚者"的惠文后,而《史记》明确记载惠文君四年已有魏夫人,则此惠文后必是魏夫人死后惠文君续娶于楚者。

从上文称"悼武王后"来看,前后二惠文后之"后"皆"太后"之省称,这也可在《竹书纪年》中找到确证:"(魏哀王十四年)杀其太后。"⑤如此看来,高兵把"后"一并归为"王后"省称,显然有些绝对化了。不过考虑到后者必定曾为王后,高兵所考之王后人数暂不变⑥,而太后人数应改为6人,实际人数相应增至9人。

其次,关于可考秦君夫人的数量。高兵列表显示为魏夫人、华阳夫人和赵夫

---

① 《史记》卷七二《穰侯列传》,第2323页。
② 《史记》卷五《秦本纪》,第210页。
③ 史书上最早被以"太后"相称的是秦昭襄王之母宣太后。此种省称之例亦见于他国,如赵孝成王之母孝威太后即被称作"赵威后"或"威后"。
④ 《史记》卷五《秦本纪》,第219页。
⑤ 范祥雍编:《古本竹书纪年辑校订补》,上海人民出版社,1957年,第70页。
⑥ 王先谦《汉书补注》引沈钦韩说,认为"叶阳后"乃"华阳后"之误写,而从《史记·六国年表》"楚怀王二十四年(秦昭襄王二年),秦来迎妇"的记载来看,秦昭襄王后的存在不成问题,所以秦人王后的总体数字仍然保持不变。

人①三人,显然是有问题的。暂不提春秋时期的秦穆公夫人。② 华阳夫人之称号确立时,安国君尚未继位;而赵姬升为子楚夫人时,尚在赵国,子楚甫得位列安国君嫡嗣,则华阳夫人和赵夫人之称并非秦君后妃之等级称谓。至于魏夫人,则是惠文君时期君夫人的称谓,显然也不能纳入高兵所谓"至秦惠文王时方建立多等级的嫡庶妻婚制"的统计范畴。故严格而言,在其"秦王室嫡庶妻等级体系"中,可考者应改"八子—夫人—王后—王太后"四等为"八子—王后—太后"三等。③

随着秦王朝的确立,其后妃等级制度自当得到进一步完善,据《汉书·外戚传》载:"汉兴,因秦之称号,帝母称皇太后,祖母称太皇太后,適称皇后,妾皆称夫人。又有美人、良人、八子、七子、长使、少使之号焉。"④但惜乎秦始皇及秦二世之后妃未有载入正史者,故不能考证秦朝实际采用的后妃等级体系。不过可参照张家山汉简《二年律令·置吏律》的两条记载:

简221:诸侯王得置姬八子、孺子、良人。

简222:彻侯得置孺子、良人。⑤

以上虽为汉代材料,且为诸侯王、彻侯置妾的规定,但因秦不分封诸侯,且吕后二年(前186)尚去秦未远,承袭秦制必定更加简单直接,再参以上引《汉书·外戚列传》所载因秦之称号,可知除上述考证后妃三等以外,至迟到秦帝国时期,已存在"良人"一级后妃称号。

另据《二年律令·置后律》:"疾死置后者,彻侯后子为彻侯,其毋適(嫡)子,

---

① 高兵称子楚夫人为赵夫人,显然认为赵姬之赵为姓氏,但从战国末期的后妃称谓习惯来看,或许解"赵姬"为"赵地的美女"更好一些,今姑且沿用高兵旧称。

② 不过依照高兵"至秦惠文王时方建立多等级的嫡庶妻婚制"的观点,则时代较早的秦穆公夫人尚不在统计范围之内。

③ 此乃秦惠文君称帝后可考之后妃等级制度,之前传世典籍可考者仅鲁姬子和秦穆公夫人以及魏夫人,且"鲁姬子"的称谓怪异,未见他国有类似后妃称谓。从新出土秦公及王姬钟、镈铭文中有"王姬"称谓来看,疑《史记》传写中或有衍误,实当作"鲁姬"。其中尚牵涉《史记》原文断读等诸多问题,但因其与本书主旨无关,不再赘述,可参看孙常叙:《秦公及王姬钟、镈铭文考释》,《东北师大学报》(哲学社会科学版)1978年第4期。

④ 《汉书》卷九七上《外戚传》,第3935页。

⑤ 彭浩、陈伟、〔日〕工藤元男主编:《二年律令与奏谳书——张家山二四七号汉墓出土法律文献释读》,上海古籍出版社,2007年,第180页。

以孺子□□□子。"整理小组据前举 222 号简文推出，所残字应为"子、良人"。①在继承人地位上，孺子子较良人子为高，则孺子地位高于良人，由此亦可推知八子地位高于良人。可见《汉书》所列"美人、良人、八子、七子、长使、少使"的称号并非严格按照等级排序②，其具体排位尚需新出土材料的佐证。不过，从前述级别较高的诸侯王才得置姬八子，和《秦本纪》两次出现"八子"称呼而未见其余等级称谓，以及两位"八子"的儿子皆得继承君位的情况来看，"八子"很可能是诸多姬妾中地位最高者，则可考之战国秦君后妃等级序列当为"良人—八子—王后—太后"。

春秋时期，秦君后妃见于典籍者，仅某夫人及某姬之称呼，如秦穆公夫人、伯姬和王姬，即某公夫人和女子姓氏冠以排行和母国国名的形式，结构松散，且仅有零星记录，尚未见如《周礼·天官冢宰》般严密的"王后、夫人、九嫔、世妇、女御"等级体系。但战国中期以降，秦国后妃的称谓骤然增多，其在典籍中也频频出现，且逐渐形成了等级序列。这其中除了时代偏晚则记录更加翔实的原因外，更主要的原因可能是受到了商鞅变法以来迅速升温的爵级分等思想的影响，秦君后妃等级序列也相应地演变，最终在秦始皇统一天下后，形成了《汉书·外戚列传》所述的层级严密的后妃等级制度。

二 秦君及秦宗室的婚嫁年龄

关于先秦时期国君的婚龄，据《左传·襄公九年》载："国君十五而生子。冠而生子，礼也。"一般认为，"国君及其夫人的婚嫁应该在冠礼之后，15 岁左右，即只要行过冠笄之礼便可谈婚论嫁了"③。但考之秦君实际，与此说法颇有出入。现列举历代秦君行冠礼及立后有关之记载如下：

(秦穆公)四年，迎妇于晋，晋太子申生姊也。

---

① 张家山二四七号汉墓竹简整理小组：《张家山汉墓竹简[二四七号墓]（释文修订本）》，北京，文物出版社，2006 年，第 59 页。

② 《七国考·秦职官》引应劭语："秦自秦惠王后，嫡称王后，次称夫人，又有美人、良人、八子、七子、长使、少使之号。美人爵视二千石，比少上造。八子视千石，比中更。"这种比附看来是不符合战国秦的实际情况的。

③ 杨华等：《楚国礼仪制度研究》，湖北教育出版社，2012 年，第 39 页。此外，该页还列举并论述了婚期"男三十""女二十"的材料，可参看。

惠文君三年,王冠。四年,魏夫人来。
(秦昭襄王二年)悼武王后出归魏。三年,王冠。
楚怀王二十四年(秦昭襄王二年),秦来迎妇。
(秦王政九年)四月,上宿雍。己酉,王冠,带剑。①

据《史记·秦始皇本纪》附《秦记》载,惠文王生十九年而立,悼武王生十九年而立,昭襄王生十九年而立。则惠文王及其子昭襄王皆生二十二年而冠。而秦王政生十三年继位,继位后九年行冠礼,则亦是生二十二年而冠。史籍可考之三位秦君行冠礼年龄皆22岁②,恐与所谓政治斗争无关,如此看来,至迟从战国中期开始,秦君行冠礼的年龄很可能就固定在22岁。

对此王晖有不同看法,他经过一番论证得出结论:"可以肯定,地处偏远时称西夷的秦国至秦惠文王时代,其男子成丁冠礼年龄仍沿袭旧礼制:30岁。"③但其结论似有不妥,若果如王氏所言,秦君至惠文君时仍延续旧礼,30岁行冠礼,则其父孝公亦必如是。据《史记·秦本纪》载,孝公即位时,"年已二十一岁矣",则孝公尚需九年方可冠而娶后,而太子之出生应在其后。再考虑到孝公在位二十四年,若按照王氏所谓旧礼制,其卒时,太子当不满15岁,这显然与《秦纪》"惠文王生十九年而立"的记载不符。此外,王氏还上推惠文君之生年约在秦献公二十年(前365),而此年惠文君之父、尚为太子的孝公年仅17岁,这显然与王氏成丁冠礼沿袭旧礼制的说法自相矛盾。且从春秋时期的实例来看,秦君行冠礼的年龄绝非30岁。

据《史记·秦本纪》,春秋早期的秦宪公,"生十岁立,立十二年卒",而下文又追叙其生子三人,依次为武公、德公和出子。宪公卒后,太子武公一度被废,改立出子为君。六年后,出子被杀,武公得立,立二十年而卒,其弟德公即位,时德公年33岁。如此上推,则德公生于秦宪公七年,考虑到其尚有兄长武公,则宪公六年之前,必已娶妇,而其行冠礼之年更在前,当即15岁左右。而这恰与《左传·襄公九年》所载晋侯劝12岁的鲁襄公行冠礼时提到的"国君十五而生子。

---

① 《史记》卷六《秦始皇本纪》,第227页。
② 另外,从秦悼武王19岁即位,四年后去世而娶有王后(悼武王后)且尚无子嗣的情况来看,武王的冠龄很可能也是22岁。
③ 王晖:《秦惠文王行年问题与先秦冠礼年龄的演变》,《秦文化论丛(第2辑)》,西北大学出版社,1993年,第38—39页。

冠而生子,礼也"的说法相合。这或可视作秦人春秋早期极力效仿、学习周礼的一种表现。①

但在这之后,秦君行冠礼娶妻生子的年龄似乎后移。从秦穆公来看,其为德公少子,德公立二年卒后,其兄长宣公和成公分别在位十二年和四年,则秦穆公即位时至少16岁,即位四年,始"迎妇于晋",其年穆公至少20岁,其娶后之年已较宪公推迟五年左右。② 秦君行冠礼和娶妻年岁较中原各国延后这一现象,或与秦德公以来复兴与建设本族文化传统的一系列举措有关。③

由此可见,秦君行冠礼和娶妻的年龄,在春秋早期是十五岁左右,之后有所推迟,囿于史料的缺失,其变化轨迹尚不可知,但很有可能是:自战国中后期的秦惠文王时期起,秦君生二十二年而冠已成定制。不过可惜的是,因史籍中没有关于战国时期其他国家国君及太子行冠礼年龄的记载,故无法说明秦君行冠礼年龄是否具有普遍性。④

此外,王晖认为,秦始皇实龄21岁时行冠礼,"这实际上仍是按战国时期'二十而冠'的冠礼年龄来行加冠礼的……四月己酉盖即生日——这应是秦始皇满20岁后的生日而行加冠礼的"⑤。然据《史记·秦始皇本纪》,秦始皇乃"以

---

① 秦人的这种心态还表现在春秋早期对西周礼乐重器的仿制上。
② 但不知是否如战国时之惠文王、昭襄王和秦王政同为22岁行冠礼。
③ 如《史记·秦本纪》所载:德公元年,"以牺三百牢祠鄜畤",大大逾越周礼牺牲数;"二年,初伏,以狗御蛊",将本族旧传统提升为国家礼制;宣公四年,"作密畤",继续本族的时祭建设。
④ 秦国这一行冠礼的传统一度被汉初天子继承。据《汉书·惠帝纪》"(四年)三月甲子,皇帝冠"可知,汉惠帝21岁行冠礼,与战国秦君行冠礼年龄相仿。但汉惠帝之后,汉朝皇帝或皇太子行冠礼的年龄有所提前。据《史记·孝景本纪》"(后元)三年春正月,皇太子冠",武帝为皇太子时17岁行冠礼;据《汉书·昭帝纪》"(元凤)四年春正月丁亥,帝加元服",昭帝18岁行冠礼;据《汉书·宣帝纪》"五凤元年春正月,皇太子冠",汉元帝为皇太子时18岁行冠礼;《汉书·元帝纪》"竟宁元年春正月,皇太子冠",汉成帝为皇太子时19岁行冠礼;《汉书·哀帝纪》"成帝亦自美其材,为加元服而遣之,时年十七矣。明年,使执金吾任宏守大鸿胪,持节征定陶王,立为皇太子",汉哀帝17岁未得立为皇太子时已行冠礼。则汉初之后的皇太子和诸侯王世子皆18岁左右行冠礼,其中皇太子皆在春正月行冠礼。
⑤ 王晖:《秦惠文王行年问题与先秦冠礼年龄的演变》,《秦文化论丛(第2辑)》,西北大学出版社,1993年,第40页。

秦昭王四十八年正月生于邯郸"①,故其生月为正月,而其行冠礼之时,实龄已超过21岁,如此看来,秦王政乃按照秦国成礼生二十二年而冠,而非按王氏所云"战国时期'二十而冠'"。

另外,从秦王政为行冠礼而兴师动众赶奔旧都雍城来看,虽已至战国末期,但秦人对于冠礼仪节仍是严格遵守的。《仪礼·士冠礼》开篇即言:"士冠礼,筮于庙门。"②还有此后的"筮宾"和"为期"等礼仪环节皆需到庙门外进行,且行冠礼的场所在祖庙。而作为一国之君,行冠礼更加需要到宗庙进行。所以从秦国的实际情况来看,绝非如赵丕杰所言:"到了战国时代,冠礼已不那么神圣了。秦王嬴政十三岁继位,继位后并没有急于加冠,直到九年以后才在秦国旧都雍地的宗庙举行冠礼,那时早已超过二十岁了。"③相反,秦始皇二十二岁行冠礼,正是其遵守秦君冠礼传统的证明;提前到旧都告庙斋戒,也正是严格遵守周礼的表现。

考定了秦君行冠礼的年龄,则其婚龄也当与之相当,方符合"冠而生子"的礼制传统。但考本节开端所列相关记载,昭襄王三年冠,却在前一年已迎娶楚妇,竟然先婚而后冠,这显然是不符合周礼的,但考虑到这桩婚姻浓重的政治色彩,此次先婚后冠显然可视作特例。

据《史记·秦本纪》:

> 武王有力好戏,力士任鄙、乌获、孟说皆至大官。王与孟说举鼎,绝膑。八月,武王死。族孟说。武王取魏女为后,无子。立异母弟,是为昭襄王。昭襄母楚人,姓芈氏,号宣太后。武王死时,昭襄王为质于燕,燕人送归,得立。……(昭襄王二年)庶长壮与大臣、诸侯、公子为逆,皆诛,及惠文后皆不得良死。悼武王后出归魏。三年,王冠。与楚王会黄棘,与楚上庸。④

秦武王四年八月暴死,因其无子,故诸弟争立,在燕国为质子的昭襄王幸赖

---

① 《史记》卷六《秦始皇本纪》,第223页。
② [汉]郑玄注,[唐]孔颖达疏,王辉整理:《仪礼注疏》卷一《士冠礼》,上海古籍出版社,2008年,第4页。
③ 赵丕杰:《中国古代礼俗·嘉礼》,语文出版社,1996年,第23页。
④ 《史记》卷五《秦本纪》,第209—210页。

燕赵军队的护送①和其舅魏冉之力,才得以即位。② 但其王位并不巩固,以庶长壮和惠文后、悼武后为代表的反对势力都对王位虎视眈眈。有鉴于此,昭襄王阵营亟须争取外部力量的支持,除此前送归的燕赵二国外,芈八子和魏冉的母国——楚国,当然也要全力争取,而迎娶楚国宗室女为后,则是结盟最有效的手段。鉴于内部形势的凶险,尽早完成这一结盟"仪式"异常重要,故有不惜违礼提前迎娶王后之举。而与此相应,《史记·楚世家》载:"(怀王)二十四年,倍齐而合秦。秦昭王初立,乃厚赂于楚。楚往迎妇。"③楚怀王也在南后去世多年后,迎立新后于秦。这是罕见的两国在同一时期互为婚姻的情况,其结盟的意味非常明显。昭襄王阵营得到楚国的支持之后,很快平息了叛乱,坐稳了王位。

此外,武王十九岁即位,二十三岁卒,已立后却无子,这也可佐证秦君应是年二十二行冠礼,先冠而后婚,估计秦武王刚完婚不久就去世了,故尚无子嗣。

综上论述,大体可以认定,至少秦惠文君之后的战国秦君,应当是依照秦礼生二十二年而冠,冠而后婚。不过,这套晚冠晚婚的礼法传统似乎仅限于秦君,太子的冠婚年龄无史可考,从目前掌握的资料看,其余庶子恐怕未行此礼。

(秦昭襄王)四十年,悼太子死魏。

四十二年,安国君为太子。

五十六年秋,昭襄王卒,子孝文王立。

孝文王除丧,十月己亥即位,三日辛丑卒,子庄襄王立。④

(昭襄王)五十六年,后九月,昭死。⑤

孝文王生五十三年而立。庄襄王生三十二年而立。⑥

安国君中男名子楚。⑦

---

① 《史记·赵世家》:"赵王使代相赵固迎公子稷于燕,送归,立为秦王,是为昭王。"
② 《史记·穰侯列传》:"武王卒,诸弟争立,唯魏冉力为能立昭王。昭王即位,以冉为将军,卫咸阳。诛季君之乱,而逐武王后出之魏,昭王诸兄弟不善者皆灭之,威振秦国。昭王少,宣太后自治,任魏冉为政。"
③ 《史记》卷四〇《楚世家》,第1727页。
④ 《史记》卷五《秦本纪》,第213、219页。
⑤ 睡虎地秦墓竹简小组:《睡虎地秦墓竹简·编年记》,文物出版社,1978年,第6页。
⑥ 《史记》卷六《秦始皇本纪》,第290页。
⑦ 《史记》卷八五《吕不韦列传》,第2505页。

综合上述材料可知：秦昭襄王五十六年秋后九月，昭襄王去世，其子孝文王继位，不到一个月即到下年岁首①，孝文王即除丧正式登基改元，但不及三日即亡，其子庄襄王即位。考虑到孝文王和庄襄王即位的年龄，及子楚乃安国君庶出中男的身份，孝文王为公子时，必于22岁之前已行冠婚之事。这在礼乐制度进一步崩坏的战国末期也不难理解，随着人们对旧礼法的日渐生疏，冠礼的神圣性所剩无几，秦国国君作为占据周人故地的统治者，其冠婚之事自当尽量依据本国礼制传统行事，以增强其统治地位的合法性，但那些本无资格即位的庶子，就不会那么严格地遵守本国礼法了。

且据《史记·吕不韦列传》："秦昭王四十年，太子死。其四十二年，以其次子安国君为太子。安国君有子二十余人。安国君有所甚爱姬，立以为正夫人，号曰华阳夫人。"②安国君很可能是补立太子位后才从诸多姬妾中拔擢出正夫人

---

① 关于秦岁首的问题，争议不断。今天的历学家们多根据出土历谱材料中秦王政元年岁首为十月，将之前也多假定为十月，但如此则与《史记》相关记月顺序多有不符，即使秦王政时期也有正月在前十月在后之记述方式。若今之历家主流观点无误，则可司马迁撰《秦本纪》和《秦始皇本纪》时，除《秦纪》外，尚参其余六国之材料，且《秦纪》本身不载日月，司马迁虽为改定太初历的发起人之一，但条件与精力有限，也无法全部推步完善，致使《史记》相关记载出现岁首混乱现象。不过也有可能如杨宽所说，战国末年秦国出现了改历和变更岁首现象，"秦昭王四十八年（前259）以前用月岁首制，至四十八年欲变更为正月岁首制，于是在此年岁末九月之后，延长至十二月，此年前后共十五月，因而昭王四十九年以后复用止月岁首制。及至秦王政二十六年（前221）'改年始'，翌年开始再用十月岁首制"。但根据新出里耶秦简8-1587和8-67+8-652"廿五年十二月辛酉""廿六年十二月癸丑朔辛巳"的两条记载来看，秦王政二十五年前某年应已改为十月岁首，结合《史记·秦始皇本纪》"十三年正月，彗星见东方。十月，桓齮攻赵"仍以正月为岁首的情况，则再次改历之事发生在秦王政十三年至二十五年间。鉴于历家已根据历谱推出秦王政元年即以十月为岁首，故《史记》记载和出土材料的矛盾尚无法解决，未知是司马迁所据材料的历法背景驳杂，抑或是战国末年秦国屡次改岁首而不改历法导致的月份记述混乱。参杨宽：《列国纪年之考订》，见《战国史料编年辑证》，台北商务印书馆，2002年，第21—31页；张培瑜、张春龙：《秦代历法和颛顼历》，见湖南省文物考古研究所编著：《里耶发掘报告》，岳麓书社，2007年，第735—747页；黄一农：《秦王政时期历法新考》，《华学（第5辑）》，中山大学出版社，2001年，第143—149页；李忠林：《周家台秦简历谱系年与秦时期历法》，《历史研究》2010年第6期；《岳麓书院藏秦简〈质日〉历朔检讨——兼论竹简日志类记事簿册与历谱之区别》，《历史研究》2012年第1期；《秦至汉初（前246至前104）历法研究——以出土历简为中心》，《中国史研究》2012年第2期。

② 《史记》卷八五《吕不韦列传》，第2505页。

的,起初是否迎娶过或立过正夫人则未可知。再据《吕不韦列传》所载子楚被约为嫡嗣,而后赵姬生子政遂被立为夫人的情况来看,子楚起初并未迎娶正妻。综合两代庶子君王立正夫人的过程,可以想见,至少战国末期的秦国公室庶子们,对于是否迎立正夫人,并无严格的礼法规定。

至于秦宗室女的出嫁年龄,因史籍缺载,故考证无门,仅从《史记·楚世家》中找到一条可供参考的材料。

> 平王二年,使费无忌如秦为太子建取妇。……建时年十五矣。①

楚太子建时年 15 岁,则为其迎娶之秦宗室女也当在 15 岁上下,大抵可以推测春秋后期秦国宗室女成婚年龄当是 15 岁左右。

综上所述,至迟从秦惠文君开始,秦君依礼,当是虚龄 22 岁、实龄 21 岁行冠礼,之后方可娶妻。秦太子情况不明,或亦仿此,其余庶子则不必拘泥于此,婚育年龄有所提前。宗室女的出嫁年龄仅可推测春秋后期当是 15 岁左右,战国及秦朝的情况则不得而知。

三 秦国宗室婚姻制度的性质与特点

诸侯大国间的婚姻,历来极富政治色彩,是国家间同盟以求自保,甚至是增强实力以求霸业的重要外交手段。鲁国大夫臧文仲曾对鲁君说过:"夫为四邻之援,结诸侯之信,重之以婚姻,申之以盟誓,固国之艰急是为。"②而在此稍前,许穆夫人在得知其父卫懿公要将自己许配给许君而非齐侯时,更加直言不讳地说:"古者诸侯之有女子也,所以苞苴玩弄,系援于大国也。言今者许小而远,齐大而近。若今之世,强者为雄。如使边境有寇戎之事,维是四方之故,赴告大国,妾在,不犹愈乎!今舍近而就远,离大而附小,一旦有车驰之难,孰可与虑社稷?"③其父不听,此后果然在狄人攻打时,许不能救,卫几乎亡国。

秦人崛起于西北崇山,时刻有亡国灭种之虞,因而起初婚姻成为其生存发展的重要手段,待其羽翼日渐丰满之后,其婚姻嫁娶的争霸图强意味明显转浓,而到了各国互相兼并土地的战国时代,秦人的联姻手段运用得更加成熟,已经开始

---

① 《史记》卷四〇《楚世家》,第 1712 页。
② 徐元诰撰,王树民、沈长云点校:《国语集解》,中华书局,2002 年,第 147 页。
③ [汉]刘向:《古列女传》,中华书局,1985 年,第 65 页。

利用婚姻的手段来控制或打击他国。故总体来说,秦公室的婚姻嫁娶,乃是根据国家需要而不断变更婚媾对象,其政治婚姻的色彩相当浓厚。

秦人的先祖起初依附于商朝,故有其首领孟戏、中衍得商帝太戊"致使御而妻之"之事。此后,周人势力渐起,西垂秦人又果断抛弃商朝,改与姜姓申国联姻。一次是秦人首领戎胥轩娶申国先祖骊山氏女,倒向周人,另一次是西周中期,申侯"复与大骆妻",秦人赖此婚姻,使得"西戎皆服"。秦人依靠与周人盟国的联姻,得以归附周人,并赖此以和西戎。但随着周人势力的衰弱以及周、戎关系的恶化,秦人再度面临戎人的威胁。先是周厉王时期,"西戎反王室,灭犬丘大骆之族"①,秦人失去母邦与故地,非子一支成为秦人仅余之孤军。此后,秦与西戎展开半个多世纪的拉锯战,秦人虽夺回故都西邑,但也付出了惨重的代价,其首领秦仲"死于戎"。应该正是基于与西戎连年征战损失巨大的考虑,西周末年上台的秦襄公对西戎采取了怀柔政策,即位伊始,即"以女弟缪嬴为丰王妻",这次与戎人的和亲起到了立竿见影的效果,第二年,"戎围犬丘,世父击之,为戎人所虏。岁余,复归世父"。显然,襄公长兄世父被放归,标志着襄公怀柔政策取得了初步成效,而其与丰国的联姻必定起到了积极作用,而数年后周幽王被杀,秦襄公得以"将兵救周",且能"以兵送平王",更说明了秦襄公与西垂故地戎人的联姻和解政策,使秦人拥有了稳定的后方,这才能腾出手来经略陇山以东地区。

不过即使到了战国时期,秦国仍然与华夏边缘地区民族有几次联姻,可视作这一传统的余绪。如:秦惠文王后七年(前318),"韩、赵、魏、燕、齐帅匈奴共攻秦"②。秦王担心义渠君会趁势进攻,于是"乃以文绣千纯,妇女百人遗义渠君",希图与义渠联姻结好,以便全力对抗联军。但义渠君显然识破了秦人的意图,知其对己仍存吞并之心,"乃起兵袭秦,大败秦人李伯之下"③。秦国这次毫无诚意的联姻之计,非但没有发挥缓兵之计的效果,反而引火烧身。再如:"秦惠王并巴中,以巴氏为蛮夷君长,世尚秦女。"④秦惠王先以武力吞并巴中,为减

---

① 《史记》卷五《秦本纪》,第178页。
② 《史记》卷五《秦本纪》,第207页。
③ 《史记》卷七〇《张仪列传》,第2303页。
④ [南朝宋]范晔:《后汉书》卷八六《南蛮西南夷列传》,中华书局,1965年,第2841页。

少在当地的统治阻力,仍保持其旧政权的基本模式,并令其君长世代迎娶秦女为夫人,以此操控巴中地区。这可视作战国秦与戎狄联姻的另外一种形式。

从以上仅有两例记载来看,彼时的秦国再次图谋与戎狄联姻,已不是为了本族的生存,而是解除自身潜在危险的权宜之计,或者是意图兼并控制弱小族群的必要手段。两个时期与戎狄联姻的目的和性质大为不同,而所取得的效果也不可与春秋前期及其以前同日而语。

进入春秋时期以后,秦国宗室的主要婚媾对象已经变为华夏诸侯,到秦穆公时期,秦人开始插手中原事务。他们再次采用联姻手段,"(穆公)四年,迎妇于晋",交好东邻晋国,开创了"秦晋之好"的时代。之后,秦人又趁晋国发生郦姬之乱,先后妻晋太子圉和公子重耳,进一步巩固了秦晋的姻亲同盟关系。在将文嬴等五女嫁与公子重耳之后,两国关系进入"蜜月期",《诗经·秦风·渭阳》就是一首反映当时尚为太子的秦康公送舅舅重耳返晋的送别诗。

> 我送舅氏,曰至渭阳。何以赠之?路车乘黄。我送舅氏,悠悠我思。何以赠之?琼瑰玉佩。

康公护送舅舅重耳回国,直到渭水北岸①。在穆公的授意下②,以国君规格的路车相赠③,并馈赠美玉珠宝。在展现甥舅之情的同时,也昭示了巩固秦晋同盟的美好意愿。紧接着,秦人以武力支持重耳回国即位,两国在之后的八九年间,可谓亲密无间,多次共同出兵对敌,成就了晋国的霸业,也扩大了秦国的领土和在中原诸侯间的影响。但很快穆公就发现,空前强大的晋国成为横亘在秦国进军中原道路上的一大障碍,随着晋文公的逝世,秦晋关系迅速恶化,屡次刀兵相见。大概是为了缓和两国的紧张局势,秦穆公又将宗室女穆嬴嫁与晋襄公,但事与愿违,由此产生的晋国君位继承问题令两国再度兵戎相见,秦晋联姻同盟的关系彻底破裂。

随着秦晋的不断攻伐和秦国的日渐衰落,秦国渐渐倒向了楚国,以共同对抗

---

① 王先谦根据雍和咸阳的地理位置,认为"《诗》言至渭阳,未及渭水"。详见[清]王先谦:《诗三家义集疏》,中华书局,1987年,第458页。

② 陈奂:"康公作诗时,穆公尚在。《坊记》:父母在,馈献不及车马。此赠车马,何也?……然则康公亦白穆公而行欤?"详见[清]陈奂:《诗毛氏传疏》,上海商务印书馆,1933年,第412页。

③ 《诗经·大雅·韩奕》:"其赠维何?乘马路车。"郑玄笺:"人君之车曰'路车'。"

晋国,秦国的联姻对象也就顺理成章地变为楚国。春秋时期有记载的楚共王和楚平王夫人皆秦女,另据传世的春秋早期楚国青铜器楚嬴盘和楚嬴匜铭文可知,楚成王妃亦秦女。① 楚平王夺太子建妇嬴氏,却未见秦人有何举措,从中可以清晰地看出秦楚政治婚姻的本质:只要联姻达到形成或维系两国同盟的目的,嫁娶对象是否合于礼法已不重要。而且,从后来秦哀公发兵驱逐吴军的史实来看,此次违礼联姻仍然达到了两国结为军事同盟的目的。

秦楚联姻绵延日久,战国时两国仍往来嫁娶,如:楚宣王、楚怀王和楚顷襄王皆曾派人至秦迎妇;秦惠文王后、秦昭襄王母亲及其王后、秦孝文王后皆是楚女。张仪在为了秦国的连横策略而游说齐王时,也曾底气十足地提到:"今秦、楚嫁子取妇,为昆弟之国。"②

但事实上,战国时期的政治婚姻格局已经发生了翻天覆地的变化,通过联姻手段缔结两国军事同盟的意味被极大削弱。各国鉴于自身实力的起伏和政治形势的复杂多变,往往不断改变或扩大联姻对象以满足自身暂时的利益需求。而战国中后期迅速崛起的秦国,自然也不会落后于潮流,而彼时的秦楚联姻,其效果也是无法与春秋时期相提并论的。

战国秦自秦孝公开始,再度有了和东方诸国频繁联姻的记载。如从秦嫁女来看:据《史记》记载,楚宣王十三年(秦孝公五年)"君尹黑迎女秦",齐湣王四年(秦惠文王后元五年)"迎妇于秦",燕文公二十八年(秦惠文君四年)"秦惠王以其女为燕太子妇"③,楚怀王二十四年(秦昭襄王二年)"楚往迎妇",楚顷襄王七年(秦昭襄王十五年)"楚往迎妇秦",楚顷襄王十四年"与秦昭王好会于宛,结和亲"。再从秦君娶妇来看,参照前表1可知,战国时期,秦孝公娶韩女,秦惠文王先后娶过魏女、楚女,秦武王娶魏女,秦昭襄王迎立楚女,秦孝文王立楚女为夫人。战国秦的联姻范围空前扩大,大多都是目的性极强的政治联姻。

战国前期,秦楚并无通婚之记载,这意味着,事实上,两国早已不是春秋中后期的亲密盟友。而从《史记》明确记载的战国中后期秦楚三次联姻来看,都是两

---

① 详见中国社会科学院考古研究所编:《殷周金文集成(修订增补本)》第7册,中华书局,2007年,第5452、5531页。

② 诸祖耿:《战国策集注会考》,江苏古籍出版社,1985年,第529页。

③ 马非百认为秦惠文王年纪尚轻,此女非惠文王所出,乃宗室女。详见《秦集史》,第1002页。

国为自己暂时的利益而行使的外交手段,早已丧失了春秋时代那种由联姻而联盟的意义,充其量只能算作一种权宜之计。最明显者如前文所述秦昭襄王二年秦楚互相迎立夫人。秦昭襄王以此得到楚国的外援,从而巩固了自己的君位,而楚怀王也借机修复了一度破裂的秦楚关系,并收回了一部分失地。① 但好景不长,巩固了王位的秦昭襄王,于四年后(前301)与魏韩齐联合伐楚②,秦楚关系再度破裂。

而秦孝公时期和楚宣王的联姻,则只不过是秦孤立、削弱东邻魏国的第一个环节。此后,秦国还与韩达成和议,并鼓动魏惠王"先行王服"以触怒天下,最终在秦孝公二十二年,联合齐赵共击强魏③,迫使魏国不得不归还原属秦国的部分河西地,并迁都大梁。秦国由此打开了一条东进的通道。从中可以看出,这一时期秦楚表面上的平和,大概并不是两国因联姻而再度寻回春秋时的亲密盟友关系,而是秦国专注打击魏国的外交策略所致。

至于楚襄王与秦国的两次联姻,则更是日益衰弱的楚国为缓解强秦的军事压力不得已而为之的权宜之计。第一次,是在楚顷襄王七年(前292)。此前,"顷襄王横元年,秦要怀王不可得地,楚立王以应秦,秦昭王怒,发兵出武关攻楚,大败楚军,斩首五万,取析十五城而去"。而在六年,"秦使白起伐韩于伊阙,大胜,斩首二十四万",于是秦乘胜势,乃致书楚王曰:"楚倍秦,秦且率诸侯伐楚,争一旦之命。愿王之饬士卒,得一乐战。"④楚王畏惧秦国军威,遂有七年迎妇于秦之事,秦楚关系由此再度和解。第二次,是在楚顷襄王十四年(前285)。《史记·楚世家》只是提到"与秦昭王好会于宛,结和亲",并没有具体的婚嫁记录,想必是公室子弟间的联姻,为的是巩固两国联盟关系,以谋求利益。其后一年,"楚王与秦、三晋、燕共伐齐,取淮北",楚国趁机扩张了领土,实力得到了进一步恢复。于是三年后,"顷襄王遣使于诸侯,复为从,欲以伐秦",但得知消息的秦国先发制人,再次展开了对楚国的持续性军事打击。此后,两国再无婚姻往

---

① 《史记·六国年表》:"(楚怀王二十五年)与秦王会黄棘,秦复归我上庸。"《史记·秦本纪》:"(昭襄王三年)与楚王会黄棘,与楚上庸。"

② 《史记·六国年表》:"秦、韩、魏、齐败我将军唐眛于重丘。"

③ 《竹书纪年》:"(惠王)二十九年五月,齐田盼及宋人伐我东鄙,围平阳。九月,秦卫鞅伐我西鄙。十月,邯郸伐我北鄙。王攻卫鞅,我师败绩。"

④ 《史记》卷四〇《楚世家》,第1729页。

来的记载。

由上可知,楚顷襄王时期两度与秦联姻,只是为了暂时稳住秦国,令楚国获得喘息的时机,一旦楚国实力有所恢复,自然是要谋求收失地、报父仇的。再综合之前秦楚的两次联姻来看,婚姻只不过是国家为达到短期目的的一种手段,早已丧失了春秋时期的长效性,而这也是战国时期国家间婚姻关系的典型写照。

再回到秦国来说,综合秦自立国以来国君公室级别的婚姻来看,其婚姻性质首先是政治性,只不过其通过婚姻所要达到的目的,由早期的求生存谋发展,渐渐上升为结同盟争霸业,最终演变为顺形势谋利益。但有一点很值得注意:秦国公室上层的重要联姻,从来没有同姓而婚的现象发生。最明显者,同出一源的秦赵两国,其公室间从无通婚的记载。① 而反观所谓中原各国,为了达到某些政治目的,往往不惜违背周礼,同姓而婚,而这一现象早在春秋时期就已屡见不鲜。据吕亚虎统计,晋、鲁、聃、邻、蔡、吴等国皆有娶于同姓之事,其中尤以参与争霸的姬姓晋吴两国为甚。② 而后起且被视为戎狄的嬴姓秦国,就其宗室婚姻情况来看,反而更加长久、严格地秉持了周礼的基本原则。

此外,一如中原先进诸侯国的礼俗,秦国也实行媵妾制,而且似乎还固执地将其保留到了战国后期。春秋时期,有关秦国实行媵妾制的最确凿证据当然是重耳纳五女于秦穆公之事。此外,出土的鄦(许)子妆簠铭文也可供佐证:

　　隹(唯)正月初吉丁亥,鄦(许)子妆择其吉金,用铸其簠,用媵(媵)

孟姜、秦嬴,其子子孙孙羕(永)保用之。③

据考证,该铭文是说秦嬴出嫁楚平王太子建,许子妆的长女孟姜为其做媵,故许子妆挑选上等铜为此二女制作媵器。④

---

① 子楚夫人赵姬,其意当为赵地美女,据《史记·吕不韦列传》可知,其为赵豪家女,并非赵国公室成员。
② 详见吕亚虎:《东周婚姻礼俗研究》,陕西师范大学2003年硕士论文,第9页。
③ 《殷周金文集成(修订增补本)》第4册,第2990页。
④ 许齐平:《许子妆簠考释》,《中原文物》2003年第4期。关于孟姜和秦嬴的主媵关系,还存在争论,如吴闿生《吉金文录》四之三云:"孟姜,许女;秦嬴,诸侯女来媵者。"马承源《商周青铜器铭文选》说:"此许国之女孟姜出嫁,秦国来媵。"但正如郭沫若《两周金文辞大系图录考释》所言:"殆许与秦同时嫁女,或许嫡秦为媵,秦嫡许为媵,故铸器以分媵之。"无论二女谁主谁媵,都可证明秦国当时已实行媵妾制度。

而到了战国时期,随着宗法制和分封制的瓦解以及国与国之间关系的简单化,媵妾制度的实行已无足轻重,故其相关记载在史书中消失,但从《史记》中芈八子和唐八子的记载来看,似乎秦楚两国还存在着媵妾制度的孑余。

关于芈八子的身份地位问题,前文已有所论述,此不赘言。关于唐八子,《史记》中仅有一条记载,就是《秦本纪》中的"五十六年秋,昭襄王卒,子孝文王立。尊唐八子为唐太后,而合其葬于先王"。裴骃《集解》引徐广曰:"八子者,妾媵之号,姓唐。"①直接指明唐八子的媵妾身份,这也是可以得到印证的。

据《史记·六国年表》:"楚怀王二十四年(秦昭襄王二年),秦来迎妇。"可知,秦昭襄王后乃楚女。而唐国至迟在春秋中期就是楚国的附庸②,在公元前506年还曾跟随吴国大破楚军,但次年即被反扑的秦楚联军攻灭。③按照春秋灭国惯例,其故地子孙当以唐为氏,此唐八子当即出自此地。时至战国晚期,秦楚虽犹存媵妾旧制,但想必不须严格以公室女陪嫁,唐姓贵族之女应当是可以作为媵妾陪嫁的。

而秦昭襄王子安国君得以在悼太子死魏后补立为太子的情况,也颇符合八子媵妾身份的作用。因为媵妾制度的主要目的之一就是保证君位继承人出[自]君夫人所在国一系的妻妾,其继承顺序如何休所说:"礼,嫡夫人无子,立右媵(之子);右媵无子,立左媵(之子)……"④其说法虽存在争议,但以媵妾之[子]为首要后备继承人则是不争的事实。而此前芈八子之子得以继承其嫡兄[之位],也当与其母身居媵妾最高等级的地位有关。

战国时期,虽然未见有秦女为媵的记载,但从其先后立楚国媵女芈八子[和]唐

---

① 《史记》卷五《秦本纪》,第218—219页。

② 《左传·宣公十二年》:"楚子使唐狡与蔡鸠居告唐惠侯曰:'不穀不德而贪,[以]遇大敌,不穀之罪也。然楚不克,君之羞也。敢藉君灵以济楚师。'使潘党率游阙四十乘[从唐]侯为左拒。"楚庄王能调动唐国军队,说明至迟到春秋中期,唐国实际上已成为楚国的[附庸]。《左传·定公十一年》"以诸侯讨而戮之",孔颖达疏云:"十二年邲之战,经不书唐,而[传言]唐侯为左拒。昭十七年长岸之战,经不书随,而传言使随人守舟。明此时亦有诸侯,但为[楚附]属,不以告耳。"

③ 《左传·定公四年》:"冬,蔡侯、吴子、唐侯伐楚。"《左传·定公五年》:"秋[七月]子期、子蒲灭唐。"

④ 《春秋公羊传注疏·隐公元年》何休注,阮元校刻《十三经注疏》本,中华书局,1987年,第2197页。

八子二人之子为王和太子来看,秦人依旧遵循着媵妾制的基本原则,这也从侧面反映出,秦国虽然长久以来被中原国家鄙视为蛮夷之邦,但在学习和保存周礼文明的实践之路上甚至比中原国家走得更远。另仅就秦宗室婚礼情况而言,其对某些周礼仪节的恪守程度,诸如对同姓不婚原则和媵妾制度的长期贯彻,都是中原诸国所不能比拟的,相较而言,保有西周故地的秦人更好地保存了周礼的实践和内在价值。

第二节　秦庶民的婚姻礼俗

一　《日书》所见婚嫁择日术

从出土的秦简《日书》材料来看,秦庶民的婚嫁择日术主要包括以下几大系统:

(一)建除系统

所谓"建除"选择术,简单来说,即以建除十二神配位记日的十二地支,来占卜具体日期做某些事情的吉凶祸福,《史记·日者列传》和《淮南子·天文训》对其皆有记载,至今仍是民间信仰体系的重要组成部分。

在出土的秦楚简中,涉及婚嫁吉日建除选择术的材料,按时代顺序,有九店楚简《日书》"建除"篇,天水放马滩秦简《日书》甲、乙种的"建除"篇,睡虎地秦简《日书》乙种的"除"篇、甲种的"除"与"秦除"篇。上述六篇"建除"日书,按其文化因素可分为秦、楚两系。其中,九店《日书》出自江陵九店 M56,是目前仅见的楚国《日书》,故其"建除"篇自然可视为楚系建除的代表。天水放马滩简《日书》出自西北秦人故地,秦文化因素纯正,其"建除"篇是无可争议的典型秦系建除。而囿于地域与时代,睡虎地秦简《日书》则不可避免地掺入了楚文化因素,有学者认为甲、乙种的首篇"除"应归入楚系建除①,不过这两种建除系统存在密切联系也是不争的事实②。

刘乐贤曾以"建除""丛辰"和"咸池"三种材料为例,分析秦楚系选择术的区别与联系,最终得出秦系选择术获胜的结论,并推测:"睡虎地秦简《日书》的编抄恐怕不只是出自墓主人'喜'的个人爱好,也可能含有地方官吏整肃风俗即以秦俗改造或替代楚俗的意图。"刘还进一步指出这种"改造"在文本上的反映:"它对秦系选择术的记载,往往比对楚系选择术的记载准确。"③可惜其并未详细论证秦俗改造楚俗的具体过程,相关研究尚有继续深入的空间。本节以秦楚《日书》皆见的"建除"选择术为例,选取其中材料相对完整的婚嫁吉日为突破口,揭示楚系建除的婚嫁吉日在秦文化影响下的变化过程,希望能对刘的风俗文化"改造"说有所补益。

为厘清睡虎地秦简《日书》中秦、楚两系建除的纠葛,并揭示二者融合的结果,故除将上述三种秦楚简中《日书》的"建除"部分列表说明外,还引入时代稍晚的孔家坡汉简《日书》"建除"篇相关内容加以比较研究。

表2 秦、楚、汉简《日书》建除婚嫁择日对比表

篇名	内容	简号
睡虎地秦简《日书》甲种"除"	阴日,利以家室。祭祀、家(嫁)子、取(娶)妇……	6贰
睡虎地秦简《日书》甲种"秦除"	平日,可以取(娶)妻……	17贰

---

① 李学勤:《睡虎地秦简〈日书〉与楚、秦社会》,《江汉考古》1985年第4期。刘信芳:《秦简中的楚国〈日书〉试析》,《文博》1992年第4期。李家浩:《睡虎地秦简〈日书〉"楚除"的性质及其他》,《"中央研究院"历史语言研究所集刊》,1999年第4期;又收入《著名中年语言学家自选集·李家浩卷》,安徽教育出版社,2002年,第363—387页。

② 据刘乐贤考证,"楚系和秦系十二直中有一大半或者完全一致,或者读音相近"。见刘乐贤:《楚秦选择术的异同及影响——以出土文献为中心》,《历史研究》2006年第6期。

③ 刘乐贤:《楚秦选择术的异同及影响——以出土文献为中心》,《历史研究》2006年第6期。

续表

篇名	内容	简号
睡虎地秦简《日书》乙种"除"	赢、阳之日,……取(娶)妻,吉。	15
	作、阴之日,……家(嫁)子……吉、胜。	18壹
	成、决光之日,利以……家(嫁)子,吉。	24壹
	复、秀之日,利以……家(嫁)子,皆可,吉。	25壹
放马滩秦简《日书》甲种"建除"	平日:可取(娶)妻……	甲16壹
放马滩秦简《日书》乙种"建除"	平日:可取(娶)妻……	乙16壹
九店楚简《日书》"建除"	凡建日,大吉,利以取(娶)妻……	13贰
	凡盈日,利以取(娶)妻……	17贰
	凡城日,大吉,利以取(娶)妻……	21贰
	凡敚日,利以家(嫁)女……①	24贰
孔家坡汉简《日书》"建除"	平日,可以取(娶)妇、嫁女……	16
	收日,……可以……取(娶)妻……	22
	闭日,可以……取(娶)妻……	24

九店楚简《日书》出自江陵九店 M56,该墓属于战国晚期早段,无论从器物组合、形态特征还是地理位置来看,都足以证明其为楚墓无疑。②

由表 2 可知,典型的楚系建除婚嫁吉日是"建日""盈日""城(成)日"和"敚日";而典型的秦系建除婚嫁吉日则是"平日"。而在秦楚文化因素交融的睡虎地秦简《日书》中,其建除择日系统则稍显复杂,因涉及秦地方官吏或秦移民与楚人建除系统的整合与改造,故在之后的行文中,将以楚系建除作为切入点和重点讨论对象。

---

① 陈伟等:《楚地出土战国简册(十四种)》,北京,经济科学出版社,2009年,第305页。
② 湖北省文物考古研究所、北京大学中文系:《九店楚简》,中华书局,1999年,第2、162页。

表3　楚、秦、汉建除十二直对比表

	正月地支	寅	卯	辰	巳	午	未	申	酉	戌	亥	子	丑
楚系	九店楚简《日书》"建除"	菀	散	建	竷	敓	坪	蠱	工	坐	盍	城	复
	睡虎地秦简《日书》甲种"除"	溴	赢	建	陷	彼	平	宁	空	坐	盖	成	甬
	睡虎地秦简《日书》乙种"除"	悤	赢	建	窘	作	平	成	空	壁	盍	成	复
秦系	睡虎地秦简《日书》甲种"秦除"	建	除	盈	平	定	执	柀	危	成	收	开	闭
	放马滩秦简《日书》"建除"	建	除	盈	平	定	执	彼	危	成	收	开	闭
汉系	孔家坡简《日书》"建除"	建	除	盈	平	定	执	破	危	成	收	开	闭
	《淮南子·天文》	建	除	满	平	定	执	破	危	成	收	开	闭

（注：表中阴影代表婚嫁吉日。）

表4　睡虎地秦简《日书》甲、乙种"除"篇建除、丛辰十二直对应表

	建除	建	陷	彼	平	宁	空	坐	盍	成	甬	濡	赢
甲种"除"	丛辰	交	害	阴	达	外阳	外害	外阴	【绝纪】	夬光	秀	结	阳
乙种"除"	建除	建	窘	作	平	成	空	壁	盍	成	复	悤	赢
	丛辰	交	罗	阴	达	外阳	外遗	外阴	绝纪	决光	秀	结	阳

李家浩指出：睡虎地秦简《日书》甲、乙种首篇"除"皆是"楚除"，"可能是楚国的建除、丛辰发展到战国晚期后，把这两种数术糅合在一起的一种形式"①。由表2可知，属于楚建除系统的睡虎地秦简《日书》甲、乙种首篇的"除"，其婚嫁

---

① 《著名中年语言学家自选集·李家浩卷》，第368页。

吉日分别是"阴日""嬴、阳之日""作、阴之日""成、决光之日""复、秀之日"。依据表4,将其转换为纯粹的建除日称,则分别对应"彼日""嬴日""作日""成日""复日",而由表3可知,在睡虎地秦简《日书》的楚系建除中,"彼"和"作"的序次相同,且已知睡虎地秦简《日书》甲种"除"的形成年代又晚于乙种"除",说明前者的婚嫁吉日是在后者的基础上减少了三天。这种婚嫁吉日由多日到一日的变化,除楚系建除自身发展演变的原因外,可能还受到秦地方官吏或秦移民改造的影响,依据秦建除系统中婚嫁吉日只有一直的传统,精简了楚人略显烦冗的嫁娶吉日。

而在此之前,从九店《日书》"建除"到睡虎地秦简《日书》乙种"除"的变化,就已经隐含了秦人的影响甚至是改造之意。首先,后者虽仍属楚系建除,但其婚嫁吉日的直神所在已经发生了变化。二者建除十二直的对应关系见表3,九店《日书》"建除"的"敫日""城日"两个婚嫁吉日尚与睡虎地秦简《日书》乙种"除"的"嬴日""成日"相同,但"建日"和"盁日"却已被"作日"和"复日"所取代。这或许与楚建除系统自身的变化有关,却也不排除秦文化影响甚至改造的因素。其次,也是最重要的一点,从睡虎地秦简《日书》乙种"除"简文的十二直与干支排列顺序来看,其虽然仍沿用楚系的建除十二直名,且正月建辰,但在简文书写时,不同于九店楚简的以"建于辰"为简首①,而是将"盁"提至简首②,形成了实际阅读中的正月从寅日始起。而秦系建除正是自正月寅日起建,如此不仅改变了楚人阅读建除简文的习惯,使之与秦人趋同,也方便了部分秦移民采用楚系建除来择日,可视作战国末期故楚地的秦楚文化双向渗透的缩影。

这种双向渗透不仅体现在民间信仰上,还直观地体现在当地的墓葬之中。比如在秦军占领江陵地区不久即下葬的九店M487秦墓,"在葬制方面采用秦人旧俗,而葬器则采用江陵当地现有的楚式器物"。再如时代稍晚的王家台M15楚墓,其随葬的陶器"兼有秦楚两种特征"。较为可靠的秦代墓擂鼓台M1、周家台M30,虽其随葬器物均为典型秦式,但漆木生活用器上仍保留了"明显的楚文

---

① 《九店楚简》,第46页。
② 陈伟主编:《秦简牍合集(壹)》,武汉大学出版社,2014年,第514页。

化色彩"。① 另外,在楚国墓葬中广泛使用的青膏泥,也被秦人所采纳,不仅在四川、河南等秦楚交界地带的秦墓中广泛使用②,还深入关中秦人腹地,如秦都雍城附近的洪塬 M1 三鼎士级墓,其"椁室盖板之上和底板下均发现有青膏泥"③,其时间早至春秋中期,即秦楚甫一建交时期。因其良好的防腐和防水效果,这一材质还被运用到其余各类大墓甚至秦王陵之中④,堪称楚国对秦国影响最为深远的墓葬文化输出。

不过就总体而言,还是秦文化对楚文化的渗透甚至是改造占据了主导。由于秦人的军事占领与文化整合政策,当地楚人的"秦化"显然是不可避免的。这在当地墓葬中最显著的体现是秦汉之际至汉初的扬家山 M135,此墓为典型秦化楚人墓,级别较高,"随葬有铜礼器群,但铜礼器均为秦式,铜礼器组合方面略具楚风,保留了楚文化的传统……惟器物几乎全为秦式器,仅有一件较特殊的铜釜甑具楚式器物特点"。这表明,"江陵地区的楚人到秦代至汉初时已全面接受了秦文化,墓葬器物所反映的文化面貌已完全是秦文化,楚文化在墓葬器物中仅只剩下一些十分微弱的遗痕。此墓反映了秦文化已完成了对江陵地区楚人的文化改造"⑤。

秦自白起入郢之后,即以此楚旧都为中心,展开了基于军事占领上的文化改造整合活动,以期将占领区故楚民众彻底纳为秦之编户齐民。不过,由于秦文化本身并未取得对于关东六国文化的绝对优势,所以其文化改造政策往往需要依赖政令来强制推行,其难度之大可想而知,故而即便是在秦军的重点驻军移民区域,对故楚民的秦化改造也必然是困难重重、旷日持久的,更遑论对非核心占领区的故楚民了。从已发掘的墓葬情况来看,秦人在距故楚都纪南城较远的地区

---

① 尹弘兵:《江陵地区战国晚期至秦代墓葬初探》,武汉大学 2005 年硕士论文,第 81—82 页。

② 详见尚志儒:《秦国小型墓葬的分析与分期》,《考古与文物丛刊(第三号)——陕西省考古学会第一届年会论文集》,1983 年。

③ 西安秦始皇兵马俑博物馆、宝鸡陈仓区博物馆:《陕西宝鸡市洪原村一号春秋秦墓》,《考古》2008 年第 4 期。

④ 可参韩伟:《略论陕西春秋战国秦墓》,《考古与文物》1981 年第 1 期;骊山学会:《秦东陵探查初议》,《考古与文物》1987 年第 4 期。

⑤ 尹弘兵:《江陵地区战国晚期至秦代墓葬初探》,第 74、83 页。

并没有或未能强制推行使楚遗民社会和文化全面秦化的政策,当地楚遗民文化仍然循原有轨迹继续向前发展①,这种亲楚的文化归属感,不可避免地会影响秦核心占领区的故楚民,阻滞其对外来秦文化的认同,进而阻遏秦军对楚东地的军事打击,甚至威胁秦对纪南城周围地区的有效统治。而当地的秦政权为了应对这一危局,必然要在加强军事手段的同时,对其可控占领区的故楚民实施更严格的秦化改造政策,斩断其与旧邦的文化纽带。

由于秦人的军事占领与文化整合政策,当地楚人的"秦化"显然是不可避免的,这从睡虎地秦简《语书》中充斥着对"乡俗"的警惕与迫切改造之心上就可以看出。

这是一封秦王政二十年(前227)的郡守文告,由南郡郡守滕发给本郡各县、道,认为乡俗"或不便于民,害于邦","是以圣王作为法度,以矫端民心,去其邪避(僻),除其恶俗",但似遭楚遗民抵制,"私好、乡俗之心不变",故滕责令各地方官吏严加查处检举,还要"令人案行之,举劾不从令者,致以律,论及令、丞"。据整理者言,此前一年,"南郡备警"。② 楚势力意图光复故地,而当地秦政府在积极进行军事准备的同时,也加大了对当地"乡俗"的改造力度。秦人已经意识到了文化整合对于巩固自身在占领区统治的重要意义,故而对于楚建除等故楚《日书》类文本,因其深刻影响当地基层楚遗民的生活与信仰,自然也会被纳入改造整合之列。

大概睡虎地秦简《日书》甲种"除"就是在这种对当地楚人全面严加管控的背景下,最终完成的楚系建除定本。刘乐贤认为:睡虎地秦简《日书》乙种"除"比较原始,而睡虎地秦简《日书》甲种"除""则可能是定型以后的本子",其形成年代可能略晚。③ 秉承秦廷改造"乡俗"的指示,秦地方官吏很可能在当地楚遗民中推广这套新的"楚"系建除。其具体力度与成效尚不得而知,但从时代属于汉初、地域归属故楚的孔家坡汉简《日书》"建除"的情况来看,秦地方官吏最终完成了对楚系建除的文本改造,最重要的证据就是:楚系建除十二直已然全面被秦系直名所取代(见表3)。不仅是建除系统,伴随着秦统一和全国性的宗教与

---

① 尹弘兵:《江陵地区战国晚期至秦代墓葬初探》,第87页。
② 《睡虎地秦墓竹简》,第14—16页。
③ 详见刘乐贤:《睡虎地秦简日书研究》,台北文津出版社,1994年,第318页。

民间信仰整齐工作①,整个秦系选择术取得了全面的胜利。②

不过从孔家坡汉简《日书》"建除"的婚嫁吉日来看,秦亡后,当地的楚系建除有所回潮。该简的建除婚嫁吉日不限于秦人传统的"平日",还增加了"收日"和"闭日"。尤其是其中的"闭日",其正月所值地支,竟与楚系建除睡虎地秦简《日书》乙种"除"的婚嫁吉日"复日"相同。这表明:虽然半个世纪以来,秦人在故楚地推行文化信仰改造政策,但直到西汉初年,楚系建除在故楚居民中的影响犹存。但这并不能抹杀秦人对当地民间信仰改造工作取得卓著成效的事实。首先,上文已提及,楚系建除名完全被秦系直名取代。其次,故楚居民已然接受了秦系的嫁娶吉日"平日",旧传统的吉日大多被舍弃。③ 换句话说,楚人旧传统的回潮,是建立在秦人改造的基础之上的。

不过基于以上论断,仍然可以得出这样一个结论:至少在秦朝统一前夕,在已被秦国吞并半个世纪的故楚土地上,在实际生活中,仍有相当多的居民采用"赢日""作日/彼日""成日""复日"这几个被改造过的楚系建除婚嫁吉日,甚至不可避免地影响到了部分秦移民。

(二)星宿系统

该系统在秦简中仅见于睡虎地秦简《日书》,共四处,分别是《日书》甲种"除"、《日书》甲种"星"和《日书》乙种"官"以及《日书》甲种"取妻出女"的一部分,但鉴于《日书》甲种"除"仅在每月后附录所值星宿名,而《日书》甲种"取妻出女"所列之星宿名与其前两者差异较大,故今仅取《日书》甲种"星"与《日书》乙种"官"两处简文④,将其与《吕氏春秋·十二纪》的星宿月值系统列表展示:

---

① 可参杨华:《秦汉帝国的神权统一——出土简帛与〈封禅书〉〈郊祀志〉的对比考察》,《历史研究》2011年第5期。

② 这种秦楚选择系统的融合还包括"丛辰""咸池"等,其合流过程可参刘乐贤《楚秦选择术的异同及影响——以出土文献为中心》。

③ 至于不同以往的"收"日的出现,应当是建除系统在汉代的新发展。

④ 表中相关内容以睡虎地秦简《日书》甲种"星"为底本。

表 5　星宿婚嫁宜忌表

月份		星宿	婚嫁宜忌	简号
孟春/正月		营室	以取(娶)妻,妻不宁。	80壹
		东辟(壁)	百事凶。	81壹
仲春/二月		奎	以取(娶)妻,女子爱而口臭。	82壹
		娄	以取(娶)妻,男子爱。	83壹
季春/三月		胃	以取(娶)妻,妻爱。	84壹
		卯		85壹
孟夏/四月		毕	取(娶)妻,必二妻。	86壹
		此(觜)嶲	百事凶。	87壹
		参	百事吉。取(娶)妻吉。	88壹
仲夏/五月		东井	百事凶……取(娶)妻,多子。	89壹
		舆鬼		90壹
季夏	六月	柳	百事吉。取(娶)妻,吉。	91壹
		七星	百事凶……不可出女。	92壹
孟秋①	七月	张	百事吉。取(娶)妻,吉。	93壹
		翼	取(娶)妻,必弃。	94壹
		轸	取(娶)妻,吉。	95壹
仲秋/八月		角	取(娶)妻,妻妒。	68壹
		亢		69壹
季秋	九月	抵(氐)	取(娶)妻,妻贫。	70壹
		房	取(娶)妇、家(嫁)女……吉。	71壹
孟冬	十月	心	取(娶)妻,妻悍。	72壹
		尾	百事凶……不可取(娶)妻。	73壹
		箕	百事凶。取(娶)妻,妻多舌。	74壹

① 据睡虎地秦简《日书》乙种"官"和周家台秦简《日书·系行》,"张"在七月。

续表

月份	星宿	婚嫁宜忌	简号
仲冬/十一月	斗	取(娶)妻,妻为巫。	75壹
	牵牛		76壹
季冬/十二月	须女/婺女	取(娶)妻,吉。	77壹
	虚	取(娶)妻,妻不到。	78壹
	危	百事凶。	79壹

由上观之,两篇简文所显示的星宿月值系统与《吕氏春秋·十二纪》各月的日在星宿,在七月的"张宿"和十月的"心宿"上有所区别。这"可能与各自星宿取用的距度有异或观测年份不同有关……九店《日书》与睡虎地《日书》的日在星宿,在年代上应早于《吕氏春秋》的记载"[①]。另外,很值得注意的是,周家台秦简《日书》的各月日在星宿与睡虎地秦简《日书》的星宿月值相同。再考虑其所在墓处于故楚地的地理位置,迟至秦末的埋葬时间和墓主人"南郡官署属吏"的身份,以及并未发现同时代的关陇地区有类似资料的事实[②],可以推测,这很可能是一种被秦官方认可的流行于故楚地的星宿与月份配对的择日之术。

表6 楚、秦、汉简星宿月值表

月份	九店楚简《日书》"十二月宿位"	睡虎地秦简《日书》甲种"除"	睡虎地秦简《日书》乙种"官"	周家台秦简《日书·系行》	孔家坡汉简《日书·星官》
正月	蓥(营室)	营	营宫、东臂(壁)	营宫、东辟(壁)	营室、东辟(壁)
二月	奎(奎)	奎	奎、娄	奎、娄	奎、娄
三月	胃	胃	胃、卯(昴)	胃、卯(昴)	【胃】【昴】
四月	比	毕	毕、此(觜)、𧥛(嶲)	毕、此(觜)、觿(嶲)、参	比、【觜嶲】

---

① 钟守华:《楚、秦简〈日书〉中的二十八宿问题探讨》,《中国科技史杂志》2009年第4期。

② 湖北省荆州市周梁玉桥遗址博物馆编:《关沮秦汉墓简牍》,中华书局,2001年,第156—158页。

续表

月份	九店楚简《日书》"十二月宿位"	睡虎地秦简《日书》甲种"除"	睡虎地秦简《日书》乙种"官"	周家台秦简《日书·系行》	孔家坡汉简《日书·星官》
五月	东井	东〖井〗	东井、舆鬼	东井、【舆】鬼	东井、舆鬼
六月	遛(柳)	柳	酉(柳)、七星	柳、七星	柳、七星
七月	〖张〗	张	张、翼、轸	张、翼、轸	【张】【翼】【轸】
八月		角	角、亢	角、亢	【角】、亢
九月	房	氐	氐、方(房)	抵(氐)、房	氐、房
十月	心	心	心、尾、【箕】	心、尾、箕	心、尾、箕
十一月		斗	斗、【牵牛】	斗、牵牛	斗、牵牛
十二月		须	婺女、虚、【危】	婺女、虚、危	婺女、虚、【危】

(表中符号说明:异体字、假借字随文注出通行字,写在( )号内。根据残画和文意可以确认的字写在【 】号内。)

这种星宿月值系统存在时间必然很长,至迟在战国晚期早段即九店楚简《日书》时代就已在楚国西部地区基本定型。或因秦人数术本无此星宿月值系统,故在吞并该地区半个世纪之后,除将楚月名改为秦月名外,并未对此择日系统的具体内容进行秦化改造。① 甚至在《吕氏春秋》成书之后,也并未以其"十二纪首"的每月日在星宿为基准,而是允许该套系统在故楚地继续沿用。从孔家坡汉简《日书·星官》的情况来看,这套系统直到汉初仍然保持其原有的星宿月值分布。② 而从其与睡虎地秦简《日书》甲种"星"皆以八月角起始,睡虎地秦简《日书》乙种"官"则从正月营宫起始的排序来看,后者乃秦人按自身的记月之法

---

① 从表6可见,从九店楚简到睡虎地秦简,存在九月"房"到"氐"的微调,可能是该体系自身的一种演化,而非出自秦人的改造。若非如此,则上文提到的在七月的"张宿"和十月的"心宿"上的区别不应当存在。

② 其内容稍有调整,其中婚嫁部分内容为:"三月胃,以取(娶)妻,妻爱而弃。(六五)八月亢,……取(娶)妻、嫁女……皆吉。(五〇)十二月婺女,不可取(娶)妻、嫁女。(五八)"见湖北省文物考古研究所、随州市考古队编著:《随州孔家坡汉墓简牍》,文物出版社,2006年,第133—135页。

另外,由睡虎秦简《日书》甲种"取妻出女"的相关记载来看,楚地的这套星宿月值择日系统尚存在不同的排列方式。

  1. 凡取(娶)妻、出女之日,冬三月奎、娄吉。以奎,夫爱妻;以娄,妻爱夫。(6 背壹 / 161 反壹)

  2. 直参以出女,室必尽。(2 背贰 / 165 反贰)

  3. 直营室以出女,父母必从居。(3 背贰 / 164 反贰)

  4. 直牵牛、须女出女,父母有咎。(4 背贰 / 163 反贰)

  5. 中春轸、角,中夏参、东井,中秋奎、东辟(壁),中冬竹(箕)、斗,以取妻,弃。(5 背贰 / 162 反贰)

  6. 凡参、翼、轸以出女,丁巳以出女,皆弃之。(6 背贰 / 161 反贰)①

第2、3、4条简文星宿名前有"直"字,应是指某时段的当值星宿,其占辞与睡虎地秦简《日书》甲种"星"和睡虎地秦简《日书》乙种"官"对应星宿名后之婚嫁吉凶情况不同,故此二者绝非同一择日系统。而第1、5条的月份与所值星宿的对应关系更与表5所示大相径庭,第6条的星宿名甚至直接与具体的日期对应出现。故可断定:这六条星宿婚嫁择日简文显然与前文所讨论的星宿月值系统迥异,应当是一种将二十八星宿与全年所有天数一一对应排列的择日系统,已失去其本身的天文意义。从睡虎地秦简《日书》甲种"直心"篇"直心"所隔天数来看,这六条简文所反映的星宿记日系统应当是每天对应一个独立的星宿,按星宿的次序排列日期,每二十八天一个循环,周而复始。②

另外,鉴于放马滩秦简《日书》乙种"直心"有"入八月四日、己丑旦〈直〉心"的记载③,可以认为秦本身也有将二十八星宿配日的传统,故不可认定这一星宿配日系统为楚国独有。但从现有资料看来,以此系统进行婚嫁择日的行为恐怕仍然是仅流行于故楚地的。不过,因睡虎地秦简《日书》乙种"官"的确是按秦人

---

① 《秦简牍合集(壹)》,第431—432页。

② 具体星宿配日表,见钟守华:《楚、秦简〈日书〉中的二十八宿问题探讨》,《中国科技史杂志》2009年第4期。

③ 孙占宇:《天水放马滩秦简集释》,甘肃文化出版社,2013年,第120页。

自己的记月方法进行抄撮的,所以肯定会有部分秦移民也用此法选择婚嫁吉日。而从表5的24条婚嫁吉凶占辞中有14条是凶日,以及睡虎地秦简《日书》甲种"取妻出女"六条中有五条涉及婚嫁凶日的情况来看,这套星宿配属日月系统在婚嫁择日方面主要起到规避凶日的作用。

(三)其他

此外,能确认属于秦系统的婚嫁择日之术还有以下几种:

1. 稷辰(丛辰)系统

该系统见于睡虎地秦简《日书》和王家台秦简《日书》。其中后者仅部分公布,前者分别见于与楚建除合抄的睡虎地秦简《日书》甲种"除"、乙种"除",以及独立成章的甲种"稷辰"[①]和乙种"秦"。其中前两者因与楚系建除合抄,无疑属于楚系丛辰,而后两者因有"秦"的篇名,二者内容又基本相同,故皆可视为秦系丛辰。

表7 秦系丛辰婚嫁吉凶表

篇名	内容	简号
睡虎地秦简《日书》甲种"稷辰"	秀,……可取妇、家(嫁)女……	32
	危阳,……不可取妇、家(嫁)女……	36
	敫,……不可取妇、家(嫁)女……取妇、家(嫁)女,两寡相当。	39
	阴,……可取妇、家(嫁)女……	42
	鴌(彻),……不可以见人,取妇、家(嫁)女……	44
	结,……可以取妇、家(嫁)女……	46
睡虎地秦简《日书》乙种"秦"	〔采(穗)〕,□□□车,见〔人〕,入人民、畜生,取妻、嫁女……	53
	危阳,……不可取妻、嫁女……	56
	敫,……不可取妻、嫁女……	57
	阴,……可取妇□	60
	鴌(彻),……不可以见人、取妻、嫁女……	62

(表中符号说明:根据文意或拓本可以确切补出的缺文,写在〔〕内。笔画不清或已残去的字,

---

① "稷辰"已被改释为"丛辰",见饶宗颐:《云梦秦简日书研究·稷(丛)辰》,香港中文大学出版社,1982年,第11—12页;李学勤:《睡虎地秦简〈日书〉与楚、秦社会》,《江汉考古》1985年第4期;刘乐贤:《睡虎地秦简日书研究》,台北文津出版社,1994年,第58页;王子今:《睡虎地秦简〈日书〉甲种疏证》,湖北教育出版社,2003年,第84—86页。

用□号表示,一个"□"对应一个字。竹简残断,用☒号表示。)

在婚嫁择日方面,不同于建除系统的单一择吉,秦人的这一丛辰系统很明显增加了对凶日的规避,甚至凶日的出现频率还略占上风。两篇简文的婚嫁凶日都是"危阳日""敫日"和"彻日",吉日则同为"秀日"和"阴日"。其中后者分别对应正月、二月的"巳日""未日"和"子日"①,这三个地支日又分别对应秦系建除的正月"平日""执日"和"开日"②,而秦系建除的婚嫁吉日只有"平日",故可据此认为秦系建除与丛辰乃两套差别较大的择日系统,这或许就是"稷辰""秦"两篇简文被单独抄写的原因。

2. 牝牡月日系统

该系统见于睡虎地秦简《日书》甲种"取妻出女"的部分简文和放马滩秦简《日书》乙种"牝牡月日",前者原文如下:

> 子、寅、卯、巳、酉、戌为牡日。丑、辰、申、午、未、亥为牝。牝日以葬,必复之。(11背／156反)
> 十二月、正月、七月、八月为牡月。三月、四月、九月、十月为牝月。牝月牡日取(娶)妻,吉。(12背／155反)③

相较于前者的以事相从,后者分列六简,先月后日、先婚后葬,逻辑严密且内容更为完整。据后者可知,睡虎地秦简之"牝日以葬,必复之"和"牝月牡日取(娶)妻,吉"乃"牡日死必以牡日葬,牝日死必以牝日葬。不然,必复之"和"【牝月牡日、牡月】牝日,取(娶)妻皆吉"的省写。④

3. 帝、反支、四时土忌

"帝"分别见于睡虎地秦简《日书》甲种和放马滩秦简《日书》乙种,二者内容基本相同,"反支"和"四时土忌"均出自放马滩秦简《日书》乙种,三种避凶择日术皆属秦系无疑,今将其与婚嫁择日有关部分胪列于此:

> 啻(帝)以春三月为室亥,枸(劋)卯,杀辰,四灕(废)庚辛。(95壹)

---

① 具体的干支对比,可参刘乐贤《楚秦选择术的异同及影响——以出土文献为中心》表4《秦系"丛辰"八直》。
② 对照表3。
③ 《秦简牍合集(壹)》,第432页。
④ 陈伟主编:《秦简牍合集(肆)》,武汉大学出版社,2015年,第61页;还可参《随州孔家坡汉墓简牍·日书》第152页"牝牡月"和"牝牡日"条。

夏三月啬(帝)为室〖寅〗,枸(劙)午,杀未,四廗(废)壬癸。(96壹)

秋三月啬(帝)为室巳,枸(劙)酉,杀〖戌〗,四廗(废)甲乙。(97壹)

冬三月啬(帝)为室申,枸(劙)子,杀〖丑〗,四廗(废)丙丁。(98壹)

……杀日勿以杀六畜,不可出女、取(娶)妻、祠祀、出财。(102壹)①

子朔巳亥,丑朔子午,寅朔子午,卯朔丑未,辰朔丑未,巳朔寅申,午朔寅申,未朔【卯酉,申朔】〖卯酉,酉朔辰戌,戌朔辰戌〗,(127)亥朔巳亥,是胃(谓)反只(支)。……不可冠带,见人、取(娶)妇、嫁女……(128)②

春子、夏卯、秋午、冬酉,是谓人彼日,不可筑室、为啬夫、取(娶)妻、嫁女,凶。(129壹)③

4. 戎磨日

周家台秦简《日书》的"戎磨日(一)"篇记述,在小彻之日"娶妇、嫁女,吉"。所谓小彻之日,据简文所言,即"入月二日、六日、八日、十二日、十四日、十八日、廿日、廿四日、廿六日、卅日"④。

5. 十二律占

秦庶民的婚嫁择日术,除上述直接标注"日期"或月日搭配的推演之法外,还存有类似礼经所载的占卜之法,见于天水放马滩秦简《日书》乙种的"贞在黄钟"与"十二律吉凶"篇,其文如下:

大吕,音殹(也)。贞在大吕,阴阳溥(薄)气,翼凡三□,居引其心。牝牡相求,徐得其音。后相得殹(也),说(悦)于黔首心。其祟大(262)街、交原。卜【疾】人不死,取(娶)妇、嫁女吉。(267)

【黄钟】、大吕、姑先、中吕、林钟皆曰:请谒得,有为成,取(娶)妇嫁女者吉……(257)

大(太)族、蒙(蕤)宾、夷则、南吕皆曰:请谒【不得,有为不】成,取(娶)妇嫁女不吉……(258上+371)

---

① 《秦简牍合集(肆)》,第65、66页;另见《秦简牍合集(壹)》,第397、398页。
② 《秦简牍合集(肆)》,第75页。
③ 《秦简牍合集(肆)》,第77页。
④ 陈伟主编:《秦简牍合集(叁)》,武汉大学出版社,2015年,第36页。

夹钟、毋(无)射、瘫(应)钟皆曰:请谒难得,有为难成,取(娶)妇嫁女可殹(也)……(256)①

所不同者,礼经以筮卦为用,而战国末期关陇之秦民则以十二律为兆。此外,天水放马滩秦简亦多见各种音、律之占,也都显示出本土秦民占卜时对音律的偏好。

(四)或非秦系的婚嫁择日术

除前文所提与秦人婚嫁相关之择日术外,睡虎地秦简还有部分相关篇目,如甲种之"艮山""取妻""取妻出女",和乙种之"朔望忌""杂忌"等,但天水放马滩秦简未见,故不能判明其必为秦系择日之术,今姑列于此:

此所胃(谓)艮山,禹之离日也。从上右方数朔之初,日(47叁)及枳(支)各一日,尽之而复从上数。日与(48叁)枳(支)刺艮山之,胃(谓)离日。离日不可(49叁)以家(嫁)女、取(娶)妇及入(50叁)人民畜生,唯(51叁)利以分异。离(52叁)日不可以行,行不反(返)。(53叁)

取(娶)妻龙日,丁巳、癸丑、辛酉、辛亥、乙酉,及春之未戌,秋丑辰,冬戌亥。丁丑、己丑取(娶)妻,不吉。戊申、己酉,牵牛以取(娶)织女,不果,三弃。(155)毋以戌亥家(嫁)子、取(娶)妇,是谓相。(156贰)②

春三月季庚辛,夏三月季壬癸,秋三月季甲乙,冬三月季丙丁,此大败日,取(娶)妻,不终;盖屋,燔;行;傅;毋可有为,日冲。(1背/166反)

癸丑、戊午、己未,禹以取(娶)梌山之女日也,不弃,必以子死。(2背壹/165反壹)

戊申、己酉,牵牛以取(娶)织女而不果,不出三岁,弃若亡。(3背壹/164反壹)

壬辰、癸巳,橐妇以出,夫先死,不出二岁。(4背壹/163反壹)

---

① 分别见于《秦简牍合集(肆)》,第182—183页、第194页。
② 陈伟主编:《秦简牍合集(贰)(释文注释修订本)》,武汉大学出版社,2016年,第399页。

庚辰、辛巳,敝毛之士以取(娶)妻,不死,弃。(5 背壹/162 反壹)

凡取(娶)妻、出女之日,冬三月奎、娄吉。……以奎,夫爱妻,以娄,妻爱夫。(6 背壹/161 反壹)

壬申、癸酉,天以震高山,以取(娶)妻,不居,不吉。(7 背壹/160 反壹)

……

甲子午、庚辰、丁巳,不可取(娶)妻、家(嫁)子。(8 背壹/159 反壹)

甲寅之旬,不可取(娶)妻,毋(无)子。虽有,毋(无)男。(9 背壹/158 反壹)

戌兴〈与〉亥是胃(谓)分离日,不可取(娶)妻。取(娶)妻,不终,死若弃。(10 背壹/157 反壹)

……

以己丑、酉、巳,不可家(嫁)女、取(娶)妻,交徒人也可也。(7 背贰/160 反贰)

月生五日曰杵,九日曰举,十二日曰见莫取,十四日夔(謑)詢,(8 背贰/159 反贰)十五日曰臣代主。代主及夔(謑)诟,不可取(娶)妻。(9 背贰/158 反贰)①

正月、七月朔日,以出毋〈女〉、取(娶)妇,夫妻必有死者。以筑室,室不居。(117)

凡月望,不可取(娶)妇、家(嫁)女、入畜生。(118)

……

甲子、乙丑,可以家(嫁)女……(125)②

从前文推断来看,目前可以确知的秦系婚嫁只有"建除""丛辰""牝牡月日"和"帝""反支""四时土忌""十二律占"等七种择日术,其中建除术尚要离析其中的楚系部分,则能反映秦人婚姻择日之术的材料少之又少,无法据此提炼总结秦人的婚嫁风尚。

---

① 《秦简牍合集(贰)(释文注释修订本)》,第 404—405 页。
② 《秦简牍合集(贰)(释文注释修订本)》,第 503、504 页。

另外，上述婚嫁选择术皆以全年为说，其宜忌并不限于某季某月，则秦人全年各个时节皆可行嫁娶之事，并不限于郑玄"仲春说"①和王肃的"秋冬说"，②而与束晳所谓"通年听婚"③的说法相合。想来"仲春说"乃本于阴阳思想而设，"秋冬说"则立足于农业生产的需要，皆居高临下的理想之论，诸侯国间联姻尚不以此为据，普通民众更可能是以己之便宜与信仰好恶行事，婚嫁择日既不拘泥于时月，也不限定于"柔日"。④ 上述《日书》所见诸婚嫁择日术，其原理、体系各有不同，吉凶之日也难免互相抵牾，由此观之，礼经"柔日"说，恐亦儒者理想说法之一。

二 商鞅变法及其后的婚俗与婚制改革

（一）商鞅析户及其后的别男女之教

在商鞅变法的诸多举措中，析户政策是核心内容之一，其目的除了增加秦国赋税、徭役和兵役的直接承担者外，"为男女之别"也是其一。

相秦十年，面对赵良的质疑，商鞅辩解道："始秦戎翟之教，父子无别，同室而居。今我更制其教，而为其男女之别。"⑤秦自立国之前即与戎狄战，并吞戎狄

---

① "仲春说"以郑玄为代表，其在《周礼·地官·媒氏》"中春之月，令会男女"后注曰："中春，阴阳交，以成昏礼，顺天时也。"以仲春为婚礼正期。贾公彦疏亦曰："以二月为得其实，惟为有故者，得不用仲春。"持"仲春说"者尚有以下几种：《大戴礼记·夏小正》："（二月）冠子取妇之时也。"《礼记·月令》："是月也，玄鸟至。至之日，以大牢祠于高禖，天子亲往。"《白虎通义·嫁娶》："嫁娶必以春者，春，天地交通，万物始生，阴阳交接之时也。"

② "秋冬说"以王肃为代表。其显著例证如《诗经·卫风·氓》："将子无怒，秋以为期。"《荀子·大略》："霜降逆女，冰泮杀内。"《韩诗传》："古者霜降逆女，冰泮杀止，士如归妻，迨冰未泮。"《孔子家语·本命解》："霜降而妇功成，嫁娶者行焉。冰泮而农桑起，婚礼而杀于此。"《孔子家语·礼运》："冬合男女，春颁爵位。"

③ 其语见于《通典·嘉礼·嫁娶时月议》引束晳云："春秋二百四十年，鲁女出嫁，夫人来归，大夫逆女，天王娶后，自正月至十二月，悉不以得时失时为褒贬，何限于仲春季秋以相非哉？……通年听婚，盖古正礼也。"孙诒让《周礼正义》认可其说，认为"《士昏礼》不著，则本无定时可知"。

④ 《礼记·曲礼上》："外事以刚日，内事以柔日。"《日书》婚嫁吉日与礼经"柔日说"之详细对比，见《楚国礼仪制度研究》，第65—68页。

⑤ 《史记》卷六八《商君列传》，第2234页。

族无数,基层社会多少受到其风俗影响,故父子二人家小皆同室而居,不仅父子无别,更是男女无别。

在当时的中原诸国,"男女之别"是公认的礼之大端。《礼记·郊特牲》云:"男女有别,然后父子亲;父子亲,然后义生;义生,然后礼作。礼作,然后万物安。无别无义,禽兽之道也。"①《礼记·昏义》又曰:"礼之大体,而所以成男女之别,而立夫妇之义也。男女有别,而后夫妇有义;夫妇有义,而后父子有亲;父子有亲,而后君臣有正。"②并且,在中原士大夫看来,即使是一家人,也要"男不言内,女不言外。非祭非丧,不相授器"③。相较而言,秦人的基层家庭面貌确实大大落后了。

为了使秦国迅速强大,并改变其落后的社会家庭面貌,商鞅先后下达了两次变法令,先是规定"民有二男以上不分异者,倍其赋",后又"令民父子兄弟同室内息者为禁"。④ 前者的目的除实行小家庭制度外,尚欲明父子之别。而后者则在析户令之后,除再次申明父子之别外,主要目的应为辨明家庭内的男女之别。

商鞅依靠国家强制力,使秦国旧有的大家庭迅速瓦解,初步做到了父子有别,但家庭内的男女之别仍不甚分明,且因父子异居,还对父子之义有所减损。曾入秦的荀子即就此说过:"天非私齐、鲁之民而外秦人也,然而于父子之义、夫妇之别,不如齐、鲁之孝具敬父者,何也? 以秦人之从情性、安恣睢、慢于礼义故也。"⑤而汉代的贾谊更是严厉抨击:"秦人家富子壮则出分,家贫子壮则出赘。借父耰锄,虑有德色;母取箕帚,立而谇语。抱哺其子,与公并倨;妇姑不相悦,则反唇而相稽。其慈子耆利,不同禽兽者亡几耳。"⑥

故就实际运用而言,虽然商鞅析户政策自有其礼教内核,但身处战国乱世的秦人并未完全将改革深入至礼教层面,而是秉承其实用主义传统,在严格执行析

---

① [汉]郑玄注,[唐]孔颖达正义,吕友仁整理:《礼记正义》卷三六《效特性》,上海古籍出版社,2008 年,第 1092 页。
② 《礼记正义》卷六八《昏义》,第 2276—2277 页。
③ 《礼记正义》卷三七《内则》,第 1124 页。
④ 《史记》卷六八《商君列传》,第 2230、2232 页。
⑤ [清]王先慎集解,沈啸寰、王星贤点校:《荀子集解》,中华书局,1988 年,第 522—523 页。
⑥ 《汉书》卷四八《贾谊传》,第 2244 页。

户政策的同时,制定各项律令以加强对新兴小家庭的控制,辨明夫妻权责,以求社会秩序的稳定,并满足其日益膨胀的争战需求。

但不可否认的是,对于情节恶劣的不正当男女关系——乱伦、通奸和强奸,秦律的惩处颇为严苛。随着统一大业的完成,秦始皇还站在新的高度上,对别男女的婚姻之礼提出了更高的要求。

对乱伦行为,秦律明文规定:"同母异父相与奸,可(何)论?弃市。"①秦上层人员在婚姻之礼上尚且严守"同姓不婚"的原则,对普通民众与奴隶、刑徒等的乱伦行为,自然是要处以极刑的。

通奸在秦汉律令中被称为"和奸"②,目前尚未见秦律对此罪的明确量刑。睡虎地秦简《封诊式》简95载:"某里士伍甲诣男子乙、女子丙,告曰:'乙、丙相与奸,白昼见某所,捕校上来诣之。'"③可知秦时若男女二人通奸被当场捉拿,还是会受到法律制裁的。④ 岳麓秦简《田与市和奸案》载:"重泉隶臣田负斧质气(乞)鞫曰:'不与女子市奸,夏阳论耐田为隶臣,不当。'"⑤据此可以推断,秦律对通奸罪的惩处,与汉律相同,皆为"耐为隶臣妾"⑥。再据案犯田已有妻子但并未加罪推断,与汉初律法相同,秦时通奸罪也仅据女方有配偶而加重通奸罪。⑦不过对于犯案之已婚妇女的惩罚则尚无记载,或与男方同罪。相较而言,唐律"诸奸者,徒一年半,有夫者,徒二年"⑧的惩处力度要小得多。

---

① 《秦简牍合集(壹)》,第264页。
② 见《岳麓书院藏秦简(叁)·得之强与弃妻奸案》(简0482正)"逢奂,和与奸"及张家山汉简《奏谳书·女子甲夫丁疾死未葬而与男子丙和奸》(简183—184)"甲与男子丙偕之棺后内中和奸"。
③ 《秦简牍合集(壹)》,第318页。
④ 睡虎地秦简《法律答问》简173:"甲、乙交与女子丙奸,甲、乙以其故相刺伤,丙弗智(知),丙论可(何)殿(也)?毋论。"虽知女子丙犯有通奸罪,且甲乙因她而相互刺伤,但因其与二人通奸之事并未被当场捕获押送官府,故丙可得"毋论"。
⑤ 朱汉民、陈松长主编:《岳麓书院藏秦简(叁)》,上海辞书出版社,2013年,第210页。
⑥ 张家山汉简《奏谳书》简182:"奸者,耐为隶臣妾。"
⑦ 张家山汉简《二年律令·杂律》简192:"诸与人妻奸,及其所与皆完为城旦舂。其吏也,以强奸论之。"
⑧ [唐]长孙无忌等著,刘俊文点校:《唐律疏议》卷二六《杂律》"凡奸"条,中华书局,1983年,第493页。

对于性质最为恶劣的强奸罪,秦律中除了对奴隶强奸主人有明确量刑外①,对普通民众的强奸行为并无明确惩处记载。出土汉律对此判定:"强与人奸者,府(腐)以为宫隶臣。"②鉴于上文提及秦汉通奸罪的惩处措施相同,则秦律对强奸罪的惩处或亦同于汉律。另据岳麓秦简《得之强与弃妻奸案》:"其鞫(鞫)曰:'得之强与人奸,未蚀。'丞矔论耐得之为隶臣。"③可知秦时强奸未遂也要判耐为隶臣,与普通的通奸罪同等量刑,不可谓不严厉。

此外值得注意的是,在睡虎地秦简《为吏之道》后附抄了两条魏律,其中就有魏王告相邦曰:"民或弃邑居野,入人孤寡,徼伍人妇女,非邦之故也。"④附抄之魏律不见于岳麓书院藏秦简《为吏之道》中,故此附抄行为当出自墓主喜的个人意志,充分显示了随着秦国变法的深入和统一事业的逐步推进,秦人男女之别的意识明显增强。

而杀嫪毐、迁太后的秦始皇,对于男女关系混乱的行为更是深恶痛绝,故其在完成统一之后,就在全国范围内不遗余力地进行对良好婚姻习俗的引导工作。《史记·货殖列传》:"清,寡妇也,能守其业,用财自卫,不见侵犯。秦皇帝以为贞妇而客之,为筑女怀清台。"⑤《礼记·郊特牲》曰:"一与之齐,终身不改,故夫死不嫁。"⑥秦始皇视以财自守的巴寡妇清为贞妇,用宾客之礼相待,并为其修建女怀清台,即要在全国范围内倡导女子守节之礼。

此外,秦始皇借巡行之机,也在全国范围内设立多处石刻,内容就包含要建立男女关系清明的社会的意愿。如秦始皇二十八年封泰山,刻石云:"贵贱分明,男女礼顺,慎遵职事。昭隔内外,靡不清净,施于后嗣。"同年所立琅邪石刻又云:"尊卑贵贱,不逾次行。奸邪不容,皆务贞良。"统一不久,秦始皇一年间又连刻两石,颂扬男女分别之礼与贞洁之事,充分体现了其改造婚姻男女习俗的迫切愿望。始皇三十七年,他又在会稽石刻中郑重申明:"饰省宣义,有子而嫁,倍死不贞。防隔内外,禁止淫泆,男女絜诚。夫为寄豭,杀之无罪,男秉义程。妻为

---

① 睡虎地秦简《法律答问》:"臣强与主奸,何论?比殴主。"
② 《二年律令与奏谳书——张家山二四七号汉墓出土法律文献释读》,第167页。
③ 《岳麓书院藏秦简(叁)》,第197页。
④ 《秦简牍合集(壹)》,第345页。
⑤ 《史记》卷一二九《货殖列传》,第3260页。
⑥ 《礼记正义》卷三六《郊特牲》,第1092页。

逃嫁,子不得母,咸化廉清。"①

秦始皇认为:有子之妇女理应守节,严防男女通奸行为,丈夫若像公猪般淫乱,"杀之无罪",妻子若是逃嫁他人,其子不得认母。此后不久,秦始皇即病逝,会稽石刻乃始皇回顾一生、展望后世之语,故言辞苛切。在他看来,社会秩序的稳定离不开稳定良好的婚姻风俗,而男女絜诚是其中最关键的环节。

(二)婚姻制度的改革与婚姻秩序的构建

家庭是社会的细胞,是国家赋税、徭役和兵役的直接承担者。个体家庭的稳定是秦国不断发动兼并战争的根本保障,为此,战国秦除了实行较为严苛的析户政策之外,还加强了对婚姻双方的管控,以及婚姻内部秩序的构建。

为了加强对新兴小家庭的控制,秦人援礼入法,开创了中国历史上最早的结婚登记制度。睡虎地秦简《法律答问》简166载:

> 女子甲为人妻,去亡,得及自出,小未盈六尺,当论不当?已官,当论;未官,不当论。②

秦人以身高判别成年与否,睡虎地秦简《法律答问》简158云:

> 甲小未盈六尺,有马一匹自牧之,今马为人败,食人稼一石,问当论不当?不当论及赏(偿)稼。③

身高未满六尺的甲,因自牧之马为人所惊,误吃他人庄稼,并不负有法律责任,也无须赔偿。由此可见,身高达到六尺才能被纳入一般意义上的秦律适用范畴。而简166中的女子甲,虽然也不满六尺,但若其人妻身份被丈夫上报过官府,则其逃亡仍然要受秦律制裁。这种超出一般秦律身高范畴的严厉律令,充分体现了秦人对婚姻登记制度的格外重视。而且据此可以推知,当时的逃婚妇女遭逮捕或自首后惩戒与否,皆以是否向官府申报过婚姻作为评判标准。与此配套的律令是:"'弃妻不书,赀二甲。'其弃妻亦当论不当?赀二甲。"④休妻也要上报官府,否则男女二人皆要受到律法的惩罚。岳麓书院藏秦简《识劫婉案》载:

> 问:匿訾(赀)税及室、肆,臧(赃)直(值)(130)正各过六百六十

---

① 《史记》卷六《秦始皇本纪》,第243、245、262页。
② 《秦简牍合集(壹)》,第263页。
③ 《秦简牍合集(壹)》,第259页。
④ 《秦简牍合集(壹)》,第264页。

钱。它如辞。鞫之:婠为大夫沛妾。沛御婠,婠产羛(义)、姝。沛妻危死,沛免婠为庶人,以(131)正为妻,有(又)产必、若。籍为免妾。沛死,羛(义)代为户后,有肆、宅。婠匿訾(赀)、税直(值)过六百六十钱。先自告,告(132)正识劫。

……疑(134)婠为大夫妻、为庶人及识罪。毄(系)。它县论。敢讞(谳)之。(135)

吏议:"婠为大夫□妻;赀识二甲。"或曰:"婠为庶人;完识为城旦,纍(缧)足输蜀。"(136)①

案卷中的"婠"被其亡夫"沛"的故隶"识"所勒索,但对于"婠"的身份问题有所争议,故对其隐匿资产和"识"的勒索罪有不同的判罚意见。虽然"婠"已从"沛"妾升为妻,且先后产有四个子女,从该案前文"婠即入宗,里人不幸死者出单赋,如它人妻"来看,其作为"沛"妻的身份也被宗族认可,但因"籍为免妾",故而对于判定其为大夫妻还是庶人身份存在争议。想来"婠"与其亡夫"沛"虽然是事实上的夫妻关系,但其结婚之事并未登记在册,故影响到对其相关法律责任的判定。

此案当发生在南郡②,南郡为新入秦之楚地,其民尚多尊乡俗,结婚或并未去官府登记,故造成一定身份与法律责任上的模糊,也因此显示了在秦法细密的情况下婚姻登记制度的重大现实意义。

另从睡虎地秦简对各种逃婚之事的惩罚记载来看,当时秦的基层社会应该存在一定的逃婚现象,这必然会影响到秦廷各项赋役的征收和社会秩序的稳定。秦人将庶民的婚姻状况登记在册,并赋予其律令意义,旨在加强对新兴小家庭的控制,以保障秦政府的正常赋役收入,维护社会秩序。

除此之外,秦政府还出台一系列律法来进一步加强对新兴小家庭的控制,其中涉及夫妻法律权责的,有如下几条:

1. 吏坐官以负赏(偿),未(83)而死,及有罪以收,抉出其分。其已分而死,及恒作官府以负责(债),牧将公畜生而杀、亡之,未赏(偿)及

---

① 《岳麓书院藏秦简(叁)》,第 153—174 页。
② 参王彦辉:《秦简"识劫婠案"发微》,《古代文明》2015 年第 1 期。

居之未备(84)而死,皆出之,毋责妻、同居。(85)①

2. 夫盗千钱,妻所匿三百,可(何)以论妻?妻智(知)夫盗而匿之,当以三百论为盗;不智(知),为收。(14)

3. 夫盗三百钱,告妻,妻与共饮食之,可(何)以论妻?非前谋殹(也),当为收;其前谋,同罪。夫盗二百钱,妻所匿百一十,可(何)以论妻?妻智(知)夫(15)盗,以百一十为盗;弗智(知),为守臧(赃)。(16)

4. 削(宵)盗,臧(赃)直(值)百一十,其妻、子智(知),与食肉,当同罪。(17)

5. 削(宵)盗,臧(赃)直(值)百五十,告甲,甲与其妻、子智(知),共食肉,甲妻、子与甲同罪。(18)②

6. 啬夫不以官为事,以奸为事,论可(何)殹(也)?当豐(迁)。豐(迁)者妻当包不当?不当包。(61)

7. 当豐(迁),其妻先自告,当包。(62)③

8. "夫有罪,妻先告,不收。"妻胜(媵)臣妾、衣器当收不当?不当收。(170)

9. 妻有罪以收,妻胜(媵)臣妾、衣器当收,且畀夫?畀夫。(171)

10. 女子为隶臣妻,有子焉,今隶臣死,女子北其子,以为非隶臣子殹(也),问女子论可(何)殹(也)?或黥颜頯为隶妾,或曰完,完之当殹(也)。(174)④

第1条简文是讲吏偿还所欠官府债务的问题,但其所欠债务止于自身,不涉及妻子与其余同住的家人。第6、7条是关于受迁刑者妻子的处置办法。从第7条来看,一般情况下,受迁刑者的妻子即使自告,亦须随夫迁徙。但从第6条的规定来看,受刑者若为啬夫,则其妻可不受牵连。上述三条都是秦律对负责基层事务的啬夫皂吏的优待,体现在了其妻子身上。

----

① 《秦简牍合集(壹)》,第99页。
② 《秦简牍合集(壹)》,第200—202页。
③ 《秦简牍合集(壹)》,第219、220页。
④ 《秦简牍合集(壹)》,第264、265页。

第 2—5 条简文是关于盗窃者妻子的各种处置办法,不论知情与否,妻子都要受到株连,其中暗含令妻子告发之意。从第 8 条简文来看,若妻子告发丈夫,则自身及其财产皆得保存。商鞅在变法之初,即"令民为什伍,而相牧司连坐",设重禁曰:"不告奸者腰斩,告奸者与斩敌首同赏,匿奸者与降敌同罚。"① 而从上述简文来看,《商君书·禁使》所言"故至治,夫妻交友不能相为弃恶盖非而不害于亲,民人不能相为隐"②,也落实到了法律实践之中,丈夫有罪,妻子必须向官府揭发,否则无论知情与否,都要受到株连。

第 9 条简文规定:若妻子有罪被收为官奴,其财产都要交给其丈夫。从第 10 条简文可知:庶民女子嫁与隶臣,则其所生之子亦为隶臣,若趁夫死而藏匿其子之隶臣身份,则当受完刑。另据《法律答问》简 116:"隶臣将城旦,亡之,完为城旦,收其外妻、子。"③ 隶臣之妻虽为庶民,但若隶臣有罪,则其妻、子仍要被没为官奴。

上述十条简文,都是秦律关于涉及犯罪时对妻子一方的规定。从中可以看出,妻子会受到丈夫的牵连,而丈夫则不受此牵连。据第 9 条简文可知,丈夫非但不会受到妻子罪行的牵连,反而可继承其财产。而且从第 6、7 条简文来看,妻子是否可以减免惩罚,也要视丈夫的身份地位而定。此外,从第 10 条简文来看,子嗣的身份与父亲挂钩。这些都是秦律维护男权秩序的体现。

堪称秦朝施政纲领的《韩非子》有言:"臣事君,子事父,妻事夫,三者顺则天下治,三者逆则天下乱。此天下之常道也。"④ 秦人对于等级秩序问题一向看重,在夫妻关系上,妻要事夫,这在出土秦律中多有体现,除上述几条外,还有如下保障夫权的规定:

> 女子甲为人妻,去亡,得及自出,小未盈六尺,当论不当?已官,当论;未官,不当论。(166)

> 女子甲去夫亡,男子乙亦阑亡,相夫妻,甲弗告请(情),居二岁,生子,乃告请(情),乙即弗弃,而得,论可(何)殹(也)?当黥城旦舂。

---

① 《史记》卷六八《商君列传》,第 2230 页。
② 蒋礼鸿:《商君书锥指》,中华书局,1986 年,第 135 页。
③ 《秦简牍合集(壹)》,第 243 页。
④ [清]王先慎集解,钟哲点校:《韩非子集解》卷二〇《忠孝》,中华书局,1998 年,第 466 页。

(167)

　　甲取(娶)人亡妻以为妻,不智(知)亡,有子焉,今得,问安置其子?当畀。或入公,入公异是。(168)①

简 166 文前已提及,除能体现婚姻登记的规定严格外,也体现了对夫权的重视。简 167 与简 168 对照可知,若男子不知其妻为他人之逃妻,则其所生子仍可归己,且可推知该男子并不受秦律制裁。秦律还规定:

　　以其乘车载女子,可(何)论? 赀二甲。以乘马驾私车而乘之,毋论。(175)②

据整理者言,乘车乃安车,只有七十以上的大夫才可乘坐③,是一种身份地位的象征,若径以此车载女子,则是逾制,将予以惩罚。由此可见,当时的妇女地位是比较低的,甚至没资格享受丈夫的某些特权待遇。

妇女在法律上的弱势地位贯穿整个封建王朝时代,这是不争的事实,但这并不能说明秦律对妻子权力的绝对打压。相反地,由于严格推行析户政策,在新兴的独立小家庭中,妻子的地位还有所提高。

成篇于战国中期的《礼记·内则》④曰:"妇将有事,大小必请于舅姑。子妇无私货,无私蓄,无私器,不敢私假,不敢私与。"⑤子妇顺从公婆、没有私产,这是建立在当时中原地区父子兄弟同居的大家庭制度基础之上的礼法原则,反映了妻子在家庭中的从属地位。但这并不适用于商鞅变法之后的秦国,如前文贾谊所述,秦人"妇姑不相悦,则反唇而相稽",妻子敢与婆婆斗嘴,其重要原因就是在独立的小家庭中,"每一个成年男子与妇女都成为家庭事业的直接主人,打消了子弟对父兄的依赖性"⑥,子妇自己是小家之女主,故敢与婆婆争吵。又据上引第 8 条简文以及巴寡妇清之事可知,秦人做妻子的还有独立财产权和家庭财

---

①　《秦简牍合集(壹)》,第 263 页。
②　《秦简牍合集(壹)》,第 266 页。
③　《尚书大传》:"乘车輬轮。"注曰:"乘车,安车也。"《礼记·曲礼上》:"大夫七十而致事。若不得谢,则必赐之几杖,行役以妇人,适四方,乘安车……"
④　《礼记·内则》成书年代,参考王锷:《〈礼记〉成书考》,中华书局,2007 年,第 194 页。
⑤　《礼记正义》卷三七《内则》,第 1129 页。
⑥　《秦制研究》,第 479 页。

产的继承权。而且张家山汉简《二年律令·置后律》有"死毋子男代户,令父若母,毋父母令寡,毋寡令女……"①的规定,妻子在丈夫死后,若无子男及公婆,自可代夫为户主,此事亦当为秦律所许可,于出土秦简中亦多见其例,如:

  今见一邑二里:大夫七户,大夫寡二户,大夫子三户,不更五户,□□四户,上造十二户,公士二户,从廿六户。☑(8-1236+8-1791)

  十三户上造:寡一户,公士四户……(9-2341)

  南里户人大女子分☑子小男子施☑(8-237)

  东成户人大夫寡晏☑子小女子女巳☑子小女子不唯☑(9-566)②

其中的"大夫寡""上造寡""大女子分"等皆为女子户主,据其子女皆小男子、小女子可知,以上女户主皆丈夫死后无子或其子男年幼而承袭夫产,女子代户之条件似较汉律更为宽松。

而且,从秦律的规定来看,秦人夫殴妻,其法律责任远较后世为大。参考三条秦律:

  妻悍,夫殴治(笞)之,夬(决)其耳,若折(支)肢指,胅膿(体),问夫可(何)论?当耐。(79)

  律曰:斗夬(决)人耳,耐。(80)

  或斗,啮断人鼻若耳若指若唇,论各可(何)也?议皆当耐。(83)③

秦人殴妻,若撕裂妻子的耳朵或打折肢指,其量刑无异于同等程度的斗殴伤害。而唐律与宋律都规定:"诸殴伤妻者,减凡人二等;死者,以凡人论。"④明清律除相关规定与之相同外,还附加"折伤以下勿论",只有"折伤以上""且须妻亲告"才会论罪。⑤ 与之相较,显然秦人妻子的地位要高得多。

---

① 《二年律令与奏谳书》,第238页。

② 张春龙:《里耶秦简中户籍和人口管理记录》,《里耶古城·秦简与秦文化研究》,科学出版社,2009年,第190—191页。上引为典型事例,尚有其他文例。原文无标点,引用时有删节。

③ 《秦简牍合集(肆)》,第228—229页。

④ [唐]长孙无忌等著,刘俊文点校:《唐律疏议》卷二二《斗讼》"殴伤妻妾条",中华书局,1983年,第409页;[宋]窦仪等著,薛梅卿点校:《宋刑统》卷二二《斗讼律》"夫妻妾媵相殴并杀"条,法律出版社,1999年,第394页。

⑤ 转引自瞿同祖:《中国法律与中国社会》,中华书局,1981年,第107页。

此外,虽然史无明文,但从一些蛛丝马迹判断,秦妇女改嫁与再嫁也是平常之事。《战国策·秦策》陈轸说秦惠王有言曰"出妇嫁乡曲者,良妇也",而秦王"以为然"。① 据此可推知,秦国遭休之"出妇"亦可再嫁,其中嫁与乡曲者可被视为良妇,而秦始皇会稽刻石所贬斥的也仅仅是"有子而嫁"者。由此可见,秦妇女的婚姻自主权远胜后世。

故相对而言,虽然秦律所体现的仍是男权主义的婚姻秩序,但因秦人自战国中期即奉行小家庭制度,且结婚、离婚都必须到官府登记,所以秦人的妻子具备了法律上的女主地位,凡事不必请教舅姑,在生产与生活中也发挥了更大的作用②,故其在婚姻中的地位远较后世为高。她们拥有独立财产权与一定限度的继承权,丈夫殴打妻子也要承担同等程度的殴伤罪,而且当时的社会风气宽松,改嫁与再嫁之事也属平常。

综上所述,战国秦王室后妃等级体系可考者为"良人—八子—王后—太后"四等,《汉书》所列"美人、良人、八子、七子、长使、少使"称号并非严格按照等级排序,至少"八子"的地位高于"良人"。春秋时期,秦国的后妃仅见某夫人及某姬之称呼,至商鞅变法后称谓骤增且渐成等级序列,应与秦国爵制官僚等级体系的发展有关。秦君行冠礼和娶妻的年龄在春秋早期是十五岁左右,之后行冠礼年岁有所推迟,至战国中后期的秦惠文王时期前后,秦君生二十二年而冠已成定制。与其他国家相同,秦国的婚姻也具有浓厚的政治色彩,皆服务于现实政治的需要,只不过其通过婚姻所要达到的目的,由早期的求生存谋发展,渐渐上升为结同盟争霸业,最终演变为顺形势谋利益。而值得称道的是:秦国公室上层的重要联姻,从来没有同姓而婚的现象发生,并且长期实行媵妾制度,其恪守周礼的态度远胜他国。

目前可以确知的秦系婚嫁择日术主要有建除、星宿、丛辰、牝牡月日和帝、反

---

① 《战国策集注会考》卷三《秦策一》,第 204 页。
② 秦朝妇女从事的行业比较广泛,主要有纺织、农业生产、商业、矿业、运输等,可参崔锐:《略论秦汉女性的经济地位》,《秦汉史论丛(第 9 辑)》,三秦出版社,2004 年,第 437 页;桑秋杰、陈健:《略论秦朝妇女的经济地位》,《长春师范学院学报》(人文社会科学版)2008 年第 1 期。另据里耶秦简"卅五年三月庚寅朔丙辰,贰春乡兹爱书:南里寡妇憼自言:谒垦草田故桑地百廿步,在故步北,恒以为桑田"(摘自宋少华、张春龙、郑曙斌、黄朴华编著:《湖南出土简牍选编》,岳麓书社,2013 年,第 202 页),则秦人之寡妇户主甚至还能独立垦荒。

支、四时土忌、十二律占等。秦人全年各个时节皆可行嫁娶之事,并不限于郑玄"仲春说"和王肃的"秋冬说",而与束皙所谓"通年听婚"的说法相合。商鞅实行析户政策的目的之一即为别男女,增强秦人男女之别的意识。秦始皇统一天下之后,对别男女婚姻之礼的要求进一步提高。为了加强对新兴小家庭的控制,秦人援礼入法,开创了中国历史上最早的婚姻登记制度。秦人娶妻休妻皆须上报官府,此外尚有涉及夫妻权责的律令维护、调节婚姻秩序,夫妻间的地位也相对平等。

第二章　宾礼

《周礼·春官·大宗伯》:"以宾礼亲邦国,春见曰朝,夏见曰宗,秋见曰觐,冬见曰遇,时见曰会,殷见曰同,时聘曰问,殷頫曰视。"①再参以郑玄注,则此八礼虽皆臣见君之礼,却各抱宾礼之一端,不尽相同。不过,在实际的文献记载中,朝、宗、觐、遇可统称为朝礼,且已不限于王,而延及诸侯;会、同和问、视则可等同视之为会同与聘问两大类礼节。

有关秦国宾礼的研究比较零散,除盟誓制度以外,还未见对秦国宾礼各方面的长时段研究。前代与前辈学者的相关研究主要见于《春秋会要》《战国会要》《秦会要》"宾礼"条、《秦集史》"使节表"和"会盟表"、《春秋大事表·宾礼表》②,以及李无未《周代朝聘制度研究》中,仅田兆元、龙敏就秦国的盟誓制度进行了专门的研究③。

我们将通过对秦国聘问和会盟活动的空间与时间特点的考察,尽力复原其邦交活动的程序和礼仪,同时也注意考察随着政治形势的变化,秦国邦交目的的转变:从努力学习效仿东方各国外交礼仪,到将各种外交活动转变为统一策略与手段。

---

① 《周礼注疏》卷一九,第 666—668 页。
② [清]孙楷著,徐复订补:《秦会要订补》(修订本),中华书局,1959 年;马非百:《秦集史》,中华书局,1982 年;[清]姚彦渠:《春秋会要》,中华书局,1955 年;杨宽、吴浩坤:《战国会要》,上海古籍出版社,2005 年;[清]顾栋高著,吴树平、李解民点校:《春秋大事表》,中华书局,1993 年。
③ 田兆元、龙敏:《秦国崛起与盟誓制度研究》,《国际观察》2007 年第 5 期。

第一节　秦国朝聘活动的基本情况

朝聘之礼,据《大戴礼记·朝事》:"天子之所以明章著此义者,以朝、聘之礼。……及其将币也,公于上等,所以别贵贱、序尊卑也。奠圭,降,拜,升,成拜,明臣礼也。奉国地所出重物而献之,明臣职也。"①《礼记·祭义》云:"朝觐,所以教诸侯之臣也。"②《礼记·经解》云:"朝觐之礼,所以明君臣之义也。"③其先乃周王室用以向诸侯申明统治权力、明确尊卑等级秩序与义务的礼仪,是周天子用以控制各诸侯国的重要手段。春秋以降,随着周的衰落与各诸侯国势力的壮大,天子与诸侯之间的朝聘礼日渐减少,而诸侯国间的朝聘活动则日益频繁,新的朝聘礼制也逐渐形成。如《周礼·秋官·大行人》所云:"凡诸侯之邦交,岁相问也,殷相聘也,世相朝也。"④《礼记·曲礼下》:"诸侯使大夫问于诸侯曰聘。"⑤《仪礼·聘礼》贾公彦疏引郑玄《三礼目录》云:"大问曰聘,诸侯相于久无事,使卿相问之礼。小聘使大夫。"⑥

秦国自春秋初年襄公立国,开始以诸侯国的身份"与诸侯通使聘享之礼",成为新的朝聘礼制的实践者。不过,大概是秦国起初避居西土且忙于与西戎争夺生存空间的缘故,史书迟迟没有记载秦国的朝聘活动,及至秦德公即位后迁都雍城,才有"梁伯、芮伯来朝"⑦之载,稍后十余年,二伯又来朝秦新君成公⑧。梁、芮皆邻近秦之小国,秦势力东扩,二者自然成为其附属,故行"世相朝"之礼。这

---

① 黄淮信主撰,孔德立、周海生参撰:《大戴礼记汇校集注》卷一二《朝事》,三秦出版社,2005年,第1277、1284页。
② 《礼记正义》卷五六《经义》,第1854页。
③ 《礼记正义》卷五八《经解》,第1908页。
④ 《周礼注疏》卷四四《秋官·大行人》,第1557页。
⑤ 《礼记正义》卷七《曲礼下》,第189页。
⑥ [汉]郑玄注,[唐]孔颖达疏,王辉整理:《仪礼注疏》卷八《聘礼》,上海古籍出版社,2008年,第573页。
⑦ 《史记》卷五《秦本纪》,第184页。
⑧ 这正如《周礼·秋官·大行人》所云:"凡诸侯之邦交,岁相问也,殷相聘也,世相朝也。"

与东方曹、杞、邾国国君即位朝鲁同属"世相朝"之正礼。① 但从成公前后的宣公和穆公即位时二伯未来朝的情况来看,当时秦与其近邻间的朝聘之礼尚未完全定型。而在此期间,未见他国遣使来聘,这表明秦国的影响仍仅限于西周故地。

而随着秦穆公的崛起和插手东方事务,秦与中原诸国也开始了友好聘问往来。《吕氏春秋·不苟》:"秦缪公相百里奚,晋使叔虎、齐使东郭蹇如秦。"②这是中原大国遣使来秦的最早记录。秦国也很快融入了新的诸侯间互聘体系中,《国语·晋语三》:"惠公既即位,乃背秦赂。使丕郑聘于秦,且谢之。"③而当年冬,秦伯也遣使答报,"冬,秦伯使泠至报、问,且召三子"④。而且据冀芮所言"郑之使薄而报厚"⑤来看,秦国贵族已相当熟悉"往而不来,非礼也;来而不往,亦非礼也"⑥的礼仪原则,而泠至报丕郑之聘,也是秦国遣使聘问他国的首次记载。《礼记·曲礼》载:"诸侯使大夫问于诸侯曰聘。"⑦《仪礼·聘礼》序言引郑玄《三礼目录》云:"大问曰聘,诸侯相于久无事,使卿相问之礼。小聘使大夫。"⑧此次秦晋两国互遣大夫相聘,正合礼经所言,也进一步证明,春秋早期秦国对邦交礼仪的熟悉和运用程度已不逊于中原大国。

随着秦国势力的进一步发展,秦穆公末年,还得到了周天子的遣使致贺,"(秦穆公)三十七年,秦用由余谋伐戎王,益国十二,开地千里,遂霸西戎。天子使召公过贺缪公以金鼓"⑨。不过就秦与中原诸侯间的互聘而言,终穆公一世,秦国遣使聘问尚限于邻国。而到了其子秦康公时代,方才越方岳相聘,即"(秦

---

① 《左传·文公十一年》:"秋,曹文公来朝,即位而来见也。"《左传·文公十二年》:"杞桓公来朝,始朝公也。"杜预注:"公即位,始来朝。"《左传·成公十八年》:"八月,邾宣公朝,即位而来见也。"
② 许维遹撰,梁运华整理:《吕氏春秋集释》卷二四《不苟论》,中华书局,2009年,第642页。
③ 《国语集解》卷九《晋语三》,第306页。
④ 《春秋左传正义》卷一三,阮元校刻《十三经注疏》本,中华书局,1980年,第1802页。
⑤ 《国语集解》卷九《晋语三》,第306页。
⑥ 《礼记正义》卷二《曲礼上》,第22页。
⑦ 《礼记正义》卷七《曲礼下》,第189页。
⑧ 《仪礼注疏》卷八《聘礼》,第573页。
⑨ 《史记》卷五《秦本纪》,第194页。

康公六年)秦伯使西乞术来聘,且言将伐晋"①。

此外,春秋二百余年间,秦与诸侯间尚有数次聘问活动,详见表8。总体而言,春秋时期秦国的聘问活动符合《周礼》"凡诸侯之邦交,岁相问,殷相聘也,世相朝也"的礼仪规定,并无违礼之事。不过,从秦穆公以来的历次秦使出聘情况来看,秦国与中原诸国聘问礼制活动的演变趋势相同:"礼尚往来"的邦交礼仪色彩逐渐弱化,交换信息和商讨国事的政治色彩日益明显。

这一趋势延续至战国,且愈演愈烈,秉承西周传统的聘问制度遭到严重破坏:天子朝聘礼在被诸侯大国彻底榨干其利用价值之后,最终被废弃;基于"礼尚往来"原则的报聘行为消失于史籍之中,烦琐的朝聘礼仪也被大大简化,王权至上的本质却进一步凸显。长期以来,朝聘礼制活动的主要目的在于维护天子统领诸侯的等级秩序,随着周天子的彻底沉沦和七国并立局面的形成,旧有的朝聘礼制已失去其生存土壤,取而代之的是更加适应战国兼并战争需要的遣使外交制度。秦国作为战国时期迅速崛起并统一天下的最终胜者,自然在朝聘礼制的畸变与遣使外交制度的建立过程中,发挥了关键性的推动与整合作用。

天子朝聘礼的废弃,与秦国的推波助澜有关。战国时期,中原诸侯最早称王者是魏惠王。起初,他还"从十二诸侯朝天子",欲借周天子之名而"令行天下","以西谋秦",尚与春秋霸主的行为类似,不见其有明显的称王之举。秦孝公为此寝食难安,大修战备"以待魏氏"。卫鞅自请为使,为增加魏国之敌,游说魏惠王"先行王服,然后图齐、楚"。魏惠王果然中计,"魏王说于卫鞅之言也,故身广公宫,制丹衣柱,建九斿,从七星之旟。此天子之位也,而魏王处之"②,从而迈出了称王实质性的第一步。

而最终发生在公元前334年的"魏齐会徐州相王"之举,也有魏惠王面对强秦的打击,不得不与中原诸国交好的因素在内。马陵之战后,虽然有齐、宋、赵、秦等国相继入侵魏国③,但相对而言,还是秦国对魏国的打击最大,魏国为避秦

---

① 《春秋左传注·文公十二年》,第588页。
② [西汉]刘向集录,范祥雍笺证,范邦瑾协校:《战国策笺证》卷一二《齐策五》,上海古籍出版社,2006年,第675—676页。
③ 《史记·魏世家》索隐引《纪年》:"(梁惠成王)二十九年五月,齐田盼伐我东鄙。九月,秦卫鞅伐我西鄙。十月,邯郸伐我北鄙。王攻卫鞅,我师败绩。"

国锋芒,甚至不得不割地迁都①,且因魏国地处秦国东进的必由之径,从长远来看,显然秦国对魏国的威胁更大。所以魏惠王"变服折节而朝齐",朝齐侯再三②,与齐威王"徐州相王",除欲祸水东引"以楚毁齐"之外,交好东方各国以集中力量对抗秦国东扩也是其重要考虑因素。这也是战国诸侯正式称王的开端,之后各国君相继称王,公元前325年,秦惠文君也"更为元年"而称王。随着各诸侯称王,周王名义上的天下共主地位也受到强烈冲击,各诸侯国更没有朝周天子的必要了。

以秦国为例,在孝公二十年(前342),还因去岁的"天子致伯",故"使公子少官率师会诸侯逢泽,朝天子"③,而《后汉书·西羌传》中也有"时秦孝公雄强,威服羌戎。孝公使太子驷率戎狄九十二国朝周显王"的记载,说明在各诸侯未正式称王之前,周天子仍具有率众朝觐以号令天下的现实价值。但随着各诸侯相继称王,再无类似的朝天子之事见载。相反,面对秦国的强势崛起,周天子还越发频繁地贺秦及致胙,当秦军直接威胁到两周国的存亡时,周君甚至不得不屈尊朝秦,如《史记·秦本纪》载:

(秦献公)二十一年,与晋战于石门,斩首六万,天子贺以黼黻。

(秦孝公)二年,天子致胙。

(秦惠文君)二年,天子贺。

(秦惠文君)四年,天子致文武胙。

(秦昭襄王)十七年,城阳君入朝,及东周君来朝。

(秦昭襄王)二十九年,大良造白起攻楚,取郢为南郡,楚王走。周君来。④

战国前中期,面对再次崛起的秦国,据《史记·秦本纪》所载,周天子曾两次遣使贺秦,两次遣使致胙。而到了秦国能直接威胁周天子安危的战国晚期,分立的东、西周国君甚至亲自入朝秦君,第一次是分裂出的东周君朝秦以示亲附,十余年后,面对秦国白起入郢的巨大声势,周天子也不得不折节亲往。到了周王赧

---

① 《史记·魏世家》:"(魏惠王)三十一年,秦、赵、齐共伐我,秦将商君诈我将军公子卬而袭夺其军,破之。秦用商君,东地至河,而齐、赵数破我,安邑近秦,于是徙治大梁。"

② 《战国策笺证》卷二三《魏策二》,第1337页。

③ 《史记》卷五《秦本纪》,第203页。

④ 《史记》卷五《秦本纪》,第201、203、205、212、213页。

五十九年时,面对秦兵压境,西周君再次入秦,则已是顿首谢罪,尽献其土地与人民,与普通藩臣无二。①

《史记·秦本纪》对于战国时周天子数次贺、致胙与来朝情况的记载,相较于秦穆公时周天子贺秦所示信息之完整,更显示出周天子在朝聘礼制活动上地位的下降。据上文可知,秦穆公时周天子贺秦,记载有原因("三十七年,秦用由余谋伐戎王,益国十二,开地千里,遂霸西戎")、使者姓名(召公过)和礼品(金鼓)。战国初期周天子首次贺秦,也记载有原因和礼品,但之后所载秦孝公和秦惠文君时期周天子三次遣使贺或致胙之事,则并未言明原因、使者姓名与赠贿之礼品。而出土之大良造庶长游瓦书则载有明文:"四季(年),周天子使卿大夫辰来致文武之酢(胙)。"②正对应惠文君四年"天子致文武胙"之事,但使者卿大夫辰并未见载,很可能其身份与名字在《秦纪》(秦人的官方史书)编纂过程中即已被忽略。这表明:周天子遣使致胙与庆贺之事在秦人心目中的重要性明显降低,故只记其事之大概而已。

参照上文所述秦昭襄王时周天子亲自朝秦之记载,每况愈下的周天子很可能还有数次贺秦与致胙之事,但秦人对此已不以为然,故皆不见载。甚至在秦昭襄王时,西周君还曾被秦征召入朝,竟如秦之藩臣。后西周君以韩"兵于南阳"为辞,得免朝秦。③ 但周天子实际上的小国诸侯地位已暴露无遗,其表面上的利用价值也不复存在,在这种情况下,天子朝聘礼也不再有存在的意义。

此外,从有记载的周天子两次贺秦礼物之变化,也可看出周天子对秦君重视程度的加大。

春秋前期,周天子赏赐秦穆公金鼓。据《周礼·地官·鼓人》:"鼓人,掌教六鼓、四金之音声,以节声乐,以和军旅,以正田役。"④则金鼓乃"六鼓、四金"之

---

① 《史记·周本纪》:"(周王赧五十九年)使将军摎攻西周。西周君奔秦,顿首受罪,尽献其邑三十六,口三万。"

② 李学勤:《战国秦四年瓦书考释》,载《联合书院三十周年纪念论文集》,香港联合书院,1984 年,第 71 页。

③ 《史记·周本纪》:"(周赧王时)秦召西周君,西周君恶往,故令人谓韩王曰:'秦召西周君,将以使攻王之南阳也,王何不出兵于南阳?周君将以为辞于秦。周君不入秦,秦必不敢逾河而攻南阳矣。'"

④ 《周礼注疏》卷一三《地官·鼓人》,第 443 页。

省称,可视为周天子对秦穆公赫赫军功的一种激励与赏赐,"贺"之名恐为秦穆公史官自矜之词,《史记·周本纪》对此亦无记载。

而赏赐黼黻的意义则大得多。古人以衣服的纹饰划分等级,大体如《伪古文尚书·益稷》孔安国注所云:"天子服日月而下,诸侯自龙衮而下至黼黻,士服藻火,大夫加粉米。上得兼下,下不得僭上。以五采明施于五色,作尊卑之服。"①黼黻为诸侯之服,战国前期,因秦穆公取得了对当时中原霸主的一次重大军事胜利,面对重新崛起的秦国,周天子为表达对其的重视,故贺秦献公以黼黻,再次确认其诸侯地位。《史记·周本纪》对此有明文记载:"显王五年,贺秦献公,献公称伯。"②此亦证明周王室对此事的重视程度不同以往。秦献公由此称伯,说明秦国已经突破了称霸西戎的局限,进入争霸中原的行列。《史记》的《秦本纪》与《周本纪》皆言"贺",也印证了当时周天子弱小诸侯的实际地位。而周王室在此后数十年间,也的确是小心事秦,不敢怠慢。

> 九年,致文武胙于秦孝公。二十五年,秦会诸侯于周。二十六年,周致伯于秦孝公。三十三年,贺秦惠王。三十五年,致文武胙于秦惠王。③

相较于上文所引《秦本纪》相关内容,《周本纪》多了"周致伯于秦孝公"的记载,这应该是《秦纪》所不屑于记录的。在当时的秦人看来,孝公的称伯得自商鞅变法之后秦国势力的崛起,而非周天子的赏赐,周天子致伯,不过是弱小诸侯的一次示好,不值一提。周人事秦的小心谨慎还深刻体现在遣词上,除已提及的"贺"之外,还有《秦本纪》中所载秦孝公时使公子少官率诸侯朝天子之事,在《周本纪》中被记录为"秦会诸侯于周",周人亦不敢以天下共主之名自居,承认了朝天子礼事实上已被废弃。

总而言之,伴随着各诸侯相继称王和周王室的分裂,周天子已失去朝聘的现实意义,退出了战国朝聘的舞台。为了适应日渐激烈的兼并战争形势,以各国国君为中心的新朝礼迅速形成。其最主要的特点就是礼尚往来功能显著淡化,功

---

① [汉]孔安国传,[唐]孔颖达正义,黄怀信整理:《尚书正义》卷五《益稷》,上海古籍出版社,2007年,第166页。

② 《史记》卷四《周本纪》,第160页。

③ 《史记》卷四《周本纪》,第160页。

利色彩则十分浓郁。其具体表现主要是报聘行为的消失,朝聘礼适用对象的扩大,以及朝聘礼仪的删繁就简和突出王权,这在迅速崛起的秦国表现得尤为突出。

首先,从现有史料来看,战国秦自孝公二十年之后再无报聘行为。从表8可知,战国时期,各国朝秦者颇多,且不乏国君、太子的身影。对此《史记》有明文记载:

> (秦孝公十四年)(韩昭侯)十一年,昭侯如秦。①
>
> (秦惠文王后)三年,韩、魏太子来朝。
>
> (秦武王)四年,魏太子来朝。
>
> (秦昭襄王)五年,魏王来朝应亭,复与魏蒲阪。②
>
> (秦昭襄王五年)(韩襄王)十年,太子婴朝秦而归。③
>
> (秦昭襄王)十年,楚怀王入朝秦,秦留之。
>
> (秦昭襄王)十七年,城阳君入朝,及东周君来朝。
>
> (秦昭襄王)二十九年,大良造白起攻楚,取郢为南郡,楚王走。周君来。
>
> (秦昭襄王)五十三年,天下来宾。魏后,秦使摎伐魏,取吴城。韩王入朝,魏委国听令。④
>
> (齐王建)二十八年,王入朝秦,秦王政置酒咸阳。⑤

各国国君或太子亲自朝秦,规格不可谓不高,但遍寻《史记》,却不见秦王或太子回聘甚至是遣使报聘的记载,这也从一个侧面显示了秦国实力已远超他国。⑥从典籍记载来看,从秦孝公二十年因去岁"天子致伯",故"使公子少官率师会诸侯逢泽,朝天子"之后,再无秦人报聘之记载。而据出土材料来看,自秦

---

① 《史记》卷四五《韩世家》,第1869页。
② 《史记》卷五《秦本纪》,第207、209、210页。
③ 《史记》卷四五《韩世家》,第1872页。
④ 《史记》卷五《秦本纪》,第210、212、213、218页。
⑤ 《史记》卷四六《田敬仲完世家》,第1902页。
⑥ 《史记·楚世家》"(楚怀王二十七年)楚王至,则闭武关,遂与西至咸阳,朝章台,如蕃臣,不与亢礼"的记载则直接证明了这一事实。

孝公二十二年(前340)"秦客公孙鞅聘于楚"①之后,尚无材料证明此后秦国仍有类似的友好聘问活动,且此简为楚人所记,也不排除此实为秦君派遣商鞅至楚商议国事的一种遣使外交行为。

而这种新型邦交方式与传统朝聘礼制的最大区别,即在于其"礼尚往来"的邦交礼仪色彩淡化,转而将重心放在兼并战争的政治现实之上,是国与国之间通过派遣使者而实现某些政治目标的一种事务性交涉,大多是为了解决某些政治问题或达到派遣国的政治目的。它的出现也预示着传统的朝聘礼制活动将大为减少,其朝聘过程也相应简化。而在这方面,秦国所做的变革也是较为彻底的。

遣使外交的形式在春秋时期即已存在,在秦国当时的外交活动中亦可见其端倪,如:晋献公二十六年(秦穆公九年),献公卒,里克杀奚齐、卓子,吕甥告大夫请君于秦,"大夫许诺。乃使梁由靡告于秦穆公"②;秦穆公三十四年(前626),"戎王使由余于秦",穆公贤之,欲得,"而后令内史廖以女乐二八遗戎王"③;"楚公子午使于秦,秦囚之"④;秦哀公三十一年(前506),吴军入郢,"楚大夫申包胥来告急"⑤,等等。此类遣使外交皆未见有聘问之表,实为目的性极强的政治外交活动。及至战国乱世,各国为适应兼并战争之需,更多抛开朝聘礼制的外衣,而径自遣使以达其所欲,秦亦是如此。

战国秦较早的遣使外交活动即前文所述商鞅自请使至魏之事。与残存的友好聘问活动不同,这次商鞅出使带有极强的目的性。商鞅怂恿魏王"先行王服",目的就是要令魏国成为众矢之的,削弱魏国,从而减轻秦国的军事压力。而最终的结果正是如此,魏王处天子之位,"于是齐楚怒,诸侯奔齐,齐人伐魏,杀其太子,覆其十万之军"⑥,魏国元气大伤,秦国趁机夺取西河之地,完全达到了出使的政治目的。

---

① 简文出自秦家嘴 M99 第 15 简,详见晏昌贵:《秦家嘴"卜筮祭祷"简释文辑校》,《湖北大学学报》(哲学社会科学版)2005 年第 1 期。聘问时间采自李学勤:《有纪年楚简年代的研究》,见《文物中的古文明》,商务印书馆,2008 年,第 439 页。
② 《国语集解》卷八《晋语二》,第 293 页。
③ 《史记》卷五《秦本纪》,第 193 页。
④ [汉]刘向撰,向宗鲁校证:《说苑校证》卷一三《权谋》,中华书局,1987 年,第 339 页。
⑤ 《史记》卷五《秦本纪》,第 197 页。
⑥ 《战国策笺证》卷一二《齐策五》,第 675 页。

此外，典籍未见魏王遣使报秦之记载，这也是与传统聘问礼制活动大相径庭的，但这种单向的、目的性极强的遣使行为，因其符合战国时期错综复杂的兼并战争形势，故而迅速成为各国邦交的主要形式。而往返于两国的使者，其自身能力的高低往往直接决定了外交使命的完成情况。与秦有关的典型事例，除著名的完璧归赵之外，还有谅毅贺秦之事。《战国策·赵策四》载：秦昭襄王五十年（前257），"秦攻魏，取宁邑，诸侯皆贺。赵王使往贺，三反不得通。赵王忧之"，恐秦加兵于己，左右以为"使者三往不得通者，必所使者非其人也"，推荐辩士谅毅，谅毅果然不负众望，献书、面见皆得秦王之意，故"秦王乃喜，受其币而厚遇之"，谅毅出色地完成了使命。①

正因此类使者在新外交形势下发挥了巨大作用，故其能享受到的礼遇，往往远高于传统朝聘活动中的使者。《战国策·秦策二》载：

> 秦武王谓甘茂曰："寡人欲车通三川，以窥周室，而寡人死不朽乎？"甘茂对曰："请之魏约伐韩。"王令向寿辅行。甘茂至魏，谓向寿："子归告王曰：'魏听臣矣，然愿王勿攻也。'事成，尽以为子功。"向寿归以告王。王迎甘茂于息壤。②

甘茂为助秦武王达成窥周室之愿望，自请使魏，归国途中得到秦王的亲自迎接。这是超出《仪礼·聘礼》所定规格的。据礼经所定，行聘问礼毕归国之使者，"及郊，请反命"，之后还需完成"朝服，载旜，襓"等准备工作方可入城，然后还要依礼陈列对方国君、卿大夫赠送的币帛。如此一番烦琐的礼仪程式完成之后，使者及上介（副使）才可得卿之引进，面君复命，处处彰显出君尊臣卑的等级理念。而今如甘茂者，仅凭一虚言即可得国君之亲迎，可见在新形势下使者地位得到极大提高。且不唯使者归国，出使他国者亦有得对方国君亲迎之例，如甘茂孙甘罗十二岁时出使赵国，就得到"赵襄王郊迎"③的礼遇。

不仅如此，据《仪礼·聘礼》，聘问归来的使者所受国君赏赐不过是币帛而已，而战国时期的使者受到的赏赐则要丰厚得多。如上文所述甘罗使赵，圆满完成任务，其所受赏赐为封为上卿，"复以始甘茂田宅赐之"。再如，主动请缨破解

---

① 《战国策笺证》卷二一《赵策四》，第1222—1223页。
② 《战国策笺证》卷四《秦策二》，第251—252页。
③ 《史记》卷七一《樗里子甘茂列传》，第2320页。

四国合力击秦的姚贾,其出使时"乃资车百乘,金千斤,衣以其衣,冠舞以其剑",完成使命后,赏赐更是"封千户,以为上卿"①。

使者地位的显著提高和国家间局势的复杂多变,催生了多种出使外交的新形式,这在战国秦的外交活动中体现得淋漓尽致。除频繁出使与接待各国使臣之外,秦还广泛、灵活地运用了质使、相使等外交形式以达成其政治目的。

质使以质子为主,其大概发端于春秋初年的"周郑交质",是礼崩乐坏之下信用危机的产物,乃特殊事件背景下的非常规外交手段,在春秋初年尚不多见,但从春秋中叶以降,随着争霸形势的日益激烈,质子开始作为一种较为常见的外交手段出现在《左传》的记录之中。

参考许鸿洋的统计,春秋242年间,《左传》记载了18次成功出质的例子,其中尤以夹于晋楚两霸间的郑宋两国居多。②涉及秦国者,仅鲁僖公十七年(前643),此前在韩地战败被俘的晋怀公在被秦放归后,乃以此年夏出"晋大子圉为质于秦",此后三百年间,再无秦质子之载。及至战国,《史记》与《战国策》共记载质子21次③,其中就有13次与秦国相关(详见表9、10),质子俨然成为秦国一种重要的外交形式,而秦也晋升为国家间质子事件的主要参与国,战国秦的强盛与活跃由此可见一斑。除此之外,秦国还先后扣留了楚使景鲤甚至是楚怀王本人④,赵悼襄王太子春平君也是被秦召去并"因而留之"的⑤,这都可以视作秦国强权背景下质使的一种变例。

相使是一种为某国利益而去他国为相的行为,是合纵连横甚嚣尘上的战国晚期外交环境下的特殊产物。秦国作为战国中后期国家间外交活动的中心,自

---

① 《战国策·秦策五》:"四国为一,将以攻秦。秦王召群臣宾客六十人而问焉,曰:'四国为一,将以图秦,寡人屈于内,而百姓靡于外,为之奈何?'群臣莫对。姚贾对曰:'贾愿出使四国,必绝其谋,而安其兵。'乃资车百乘,金千斤,衣以其衣,冠舞以其剑。姚贾辞行,绝其谋,止其兵,与之为交以报秦。秦王大悦。贾封千户,以为上卿。"

② 详参许鸿洋:《两周人质问题研究》,西北大学2010年硕士论文,第13页。

③ 详参许鸿洋:《两周人质问题研究》,第27页。

④ 《战国策·秦策四》:"楚王使景鲤如秦。客谓秦王曰:'景鲤,楚王所甚爱,王不如留之以市地。楚王听,则不用兵而得地;楚王不听,则杀景鲤,更不与。不如景鲤留。是便计也。'秦王乃留景鲤。"《史记·楚世家》:"(楚怀王二十七年)秦因留楚王,要以割巫、黔中之郡。楚王欲盟,秦欲先得地。楚王怒曰:'秦诈我而又强要我以地!'不复许秦。秦因留之。"

⑤ 《史记·赵世家》:"(赵悼襄王二年)秦召春平君,因而留之。"

然也接受并充分运用了这种手段。如张仪曾先后相魏与楚,皆为秦连横之策。《史记·张仪列传》载,"(张仪)相魏以为秦,欲令魏先事秦而诸侯效之",但起初并未达目的,"魏王不肯听仪",而秦仍"阴厚张仪益甚",四年后张仪说新君哀王,亦不听,"于是张仪阴令秦伐魏。魏与秦战,败"。第二年,"秦复欲攻魏,先败韩申差军,斩首八万,诸侯震恐",张仪趁机再说魏哀王,"哀王于是乃倍从约而因仪请成于秦。张仪归,复相秦"。① 张仪为秦相魏五年有余,历经两代魏王,终于说动魏国事秦,完成使命。《史记·张仪列传》又载,秦惠文王时,"秦欲伐齐,齐楚从亲,于是张仪往相楚",而楚王亦"乃以相印授张仪,厚赂之。于是遂闭关绝约于齐,使一将军随张仪"。② 张仪相楚,果然达到了拆散齐楚联盟的目的。此外,秦国也接受其他国家遣使至秦为相,如《战国策·秦策二》载:"楚之相秦者屈盖,为楚和于秦,秦启关而听楚使。"③再如张仪死后,其对手,魏人公孙衍亦曾入相秦。④

战国新兴的遣使外交制度具有立竿见影的效果和灵活多变的形式,极为适应战国中后期兼并战争背景下国家间交往空前增多的新形势,因而迅速取代了传统的友好朝聘制度,晋升为占主导地位的外交形式。这种遣使外交制度也逐渐形成了一些原则,并设立了专门的职官应付往来。

遣使外交制度因其初创,故并无严格的制度规定,但从上文所述事实亦可看出,所有遣使行为,皆需经国君许可,这无疑是最重要的原则。如上文所述卫鞅向秦王自请使魏之事,亦需"秦王许诺"方可成行。⑤ 再如范雎见秦昭襄王时,言明穰侯最突出的擅权行为就是"出使不报"⑥,即谓穰侯遣使不经王允可,最终穰侯遭逐。此外,遣使外交制度还有返国必报的原则,如前文所载甘茂"向寿归以告王"之事。

---

① 《史记》卷七〇《张仪列传》,第 2284—2287 页。
② 《史记》卷七〇《张仪列传》,第 2287—2288 页。
③ 《战国策笺证》卷四《秦策二》,第 272 页。
④ 《史记》卷七〇《张仪列传》,第 2304 页。
⑤ 《战国策·齐策五》:"卫鞅谋于秦王曰:'夫魏氏其功大,而令行于天下,有十二诸侯而朝天子,其与必众。故以一秦而敌大魏,恐不如。王何不使臣见魏王,则臣请必北魏矣。'秦王许诺。"
⑥ 《战国策笺证》卷五《秦策三》,第 314 页。

在构建君权至上的遣使制度原则之外，秦人还以秦王为中心，设置了一系列比较专业化的外交职官，除身兼多项职能的相邦之外，还有御史、行人、典客、谒者等。

(1) 御史。《史记·廉颇蔺相如列传》载，秦赵渑池之会，"秦王饮酒酣，曰：'寡人窃闻赵王好音，请奏瑟。'赵王鼓瑟。秦御史前书曰'某年月日，秦王与赵王会饮，令赵王鼓瑟'"①。则御史参与秦赵会盟时有记事之职。且从《战国策·赵策二》"张仪为秦连横，说赵王曰'弊邑秦王使臣敢献书于大王御史……'"②的记载来看，赵国御史还兼有接受他国使臣献书之职，想来秦国御史亦当兼此职。《史记·蒙恬列传》又有胡亥"遣御史曲宫乘传之代。令蒙毅曰……"③的记载，则秦御史又有为君臣传话之用，不独为后世监察之官。

(2) 行人。行人为春秋战国时期各诸侯国普遍设立的外交礼宾之官，《周礼》即载大小行人之官，大行人"掌大宾之礼及大客之仪"，小行人"使适四方，协九仪"。④《左传·襄公四年》正义进一步解释："诸侯行人当亦通掌此事，故为通使之官也。"⑤秦国亦不例外，至迟到春秋中叶，秦已设行人之官，《左传·文公十二年》即有"秦行人夜戒晋师"⑥的明确记载。战国时期其通使之职一仍其旧，《韩非子·说林上》："秦武王令甘茂择所欲为于仆与行事，孟卯曰：'公不如为仆。公所长者使也，公虽为仆，王犹使之于公也。公佩仆玺而为行事，是兼官也。'"⑦甘茂擅长出使之事，"犹使之于公"和"为行事"，说明战国秦之行人仍有出使之职。此外，出土秦封泥有"泰行"印章⑧。《史记·礼书》索隐曰："大行，秦官，主礼仪。"⑨《史记·叔孙通列传》："汉七年，长乐宫成，诸侯群臣皆朝十月。

---

① 《史记》卷八一《廉颇蔺相如列传》，第 2442 页。
② 《战国策笺证》卷一九《赵策二》，第 1041 页。
③ 《史记》卷八八《蒙恬列传》，第 2568 页。
④ 《周礼》卷四四《秋官·小行人》，第 1441、1460 页。
⑤ 《春秋左传正义》卷二九，第 1932 页。
⑥ 《春秋左传正义》卷一九下，第 1852 页。
⑦ 《韩非子集解》，第 170—171 页。
⑧ 周晓陆、路东之：《秦封泥集》，三秦出版社，2000 年，第 122 页。
⑨ 《史记》卷二三《礼书》，第 1157 页。

……大行设九宾,胪传。"①汉高帝七年去秦未远,其朝贺时间当延续秦朝之制②,且叔孙通之朝仪理念乃"颇采古礼与秦仪杂就之"③,则秦国及秦朝大行之朝仪执掌当亦为设九宾礼。

(3)典客。《汉书·百官公卿表》载:"典客,秦官,掌诸归义蛮夷,有丞。景帝中六年更名大行令,武帝太初元年更名大鸿胪。属官有行人、译官、别火三令丞及郡邸长丞。"④典客是秦为执掌归附蛮夷事务而专设之官,其官名入汉后又两变,并设诸属官。现已出土秦之"郡左邸印"与"郡右邸印"⑤,当即秦之左右郡邸长丞印章,其执掌当如颜师古注所云"主诸郡之邸在京师者也"⑥。秦时或已为典客属官。但秦之行人是否为典客属官则未必,典客乃执掌归附蛮夷之官,行人为执掌外交礼仪兼出使职能之官,二者职能不尽相同。此外,尚有秦之"典达"印章,周晓璐、路东之疑其为"典客之属官,掌引荐"。⑦

(4)谒者。《史记·秦始皇本纪》:"谒者使东方来,以反者闻二世。"《集解》引《汉书·百官公卿表》曰:"谒者,秦官,掌宾赞受事。"⑧《史记·叔孙通列传》载:"汉七年,长乐宫成,诸侯群臣皆朝十月。仪:先平明,谒者治礼,引以次入殿门,廷中陈车骑步卒卫宫,设兵张旗志。传言'趋'。"⑨秦谒者的朝仪执掌当类此。另据《史记·范雎列传》"当此时,秦昭王使谒者王稽于魏"⑩,则至少战国秦之谒者尚有出使职能。此外,出土秦封泥又有"中谒者"及"西方谒者"印章。⑪

---

① 《史记》卷九九《刘敬叔孙通列传》,第2723页。
② 《史记·秦始皇本纪》:"朝贺皆自十月朔。"
③ 《史记》卷三九《刘敬叔孙通列传》,第2722页。
④ 《汉书》卷一九上《百官公卿表上》,第730页。
⑤ 《秦封泥集》,第155、156页。
⑥ 《汉书》卷一九上《百官公卿表上》,第730页。
⑦ 《秦封泥集》,第220、221页。
⑧ 《史记》卷六《秦始皇本纪》,第269—270页。
⑨ 《史记》卷九九《刘敬叔孙通列传》,第2723页。
⑩ 《史记》卷七九《范雎蔡泽列传》,第2402页。
⑪ 《秦封泥集》,第222、223页。

表8　秦国朝聘表

时间	使者身份与姓名	去聘国	来聘国	事略	出处
德公元年	梁伯、芮伯		梁、芮	德公元年,初居雍城。梁伯、芮伯来朝。	《史记·秦本纪》
成公元年	梁伯、芮伯		梁、芮	成公元年,梁伯、芮伯来朝。	《史记·秦本纪》
穆公时	晋大夫郤豹、齐使东郭蹇		晋、齐	秦缪公相百里奚,晋使叔虎、齐使东郭蹇如秦。	《吕氏春秋·不苟》
穆公十一年	大夫丕郑		晋	惠公既即位,乃背秦赂。使丕郑聘于秦,且谢之。	《国语·晋语》
	大夫泠至	晋		冬,秦伯使泠至报、问,且召三子。	《左传·僖公十年》
穆公二十八年	秦人	周		二十八年,会晋伐楚朝周。	《史记·十二诸侯年表》
穆公三十七年	召公过		周	三十七年,秦用由余谋伐戎王,益国十二,开地千里,遂霸西戎。天子使召公过贺缪公以金鼓。	《史记·秦本纪》
康公六年	西乞术	鲁		秦伯使西乞术来聘,且言将伐晋。	《左传·文公十二年》
景公十三年	公子鍼	晋		春,秦伯之弟鍼如晋修成。	《左传·襄公二十六年》
哀公十四年	令尹子瑕		楚	(鲁昭公十九年,夏,)令尹子瑕聘于秦,拜夫人也。	《左传·昭公十九年》
厉共公二年			蜀	厉共公二年,蜀人来赂。	《史记·秦本纪》

续表

时间	使者身份与姓名	去聘国	来聘国	事略	出处
厉共公五年			楚	楚人来赂。	《史记·六国年表》
厉共公六年			义渠	义渠来赂。	《史记·六国年表》
厉共公十四年			晋、楚	晋人、楚人来赂。	《史记·六国年表》
献公二十一年			周	二十一年,与晋战于石门,斩首六万,天子贺以黼黻。	《史记·秦本纪》
孝公二年			周	二年,天子致胙。	《史记·秦本纪》
孝公十四年	韩昭侯		韩	十一年,昭侯如秦。	《史记·韩世家》
孝公十八年	卿大夫众		齐	十八年,齐遣卿大夫众来聘。	大良造鞅升
孝公二十年	公子少官	周		二十年,诸侯毕贺。秦使公子少官率师会诸侯逢泽,朝天子。	《史记·秦本纪》
孝公二十二年	公孙鞅	楚		秦客公孙鞅聘于楚。	秦家嘴M99第15简
惠文君元年			楚、韩、赵、蜀	惠文君元年,楚、韩、赵、蜀人来朝。	《史记·秦本纪》
惠文君二年			周	二年,天子贺。	《史记·秦本纪》
惠文君四年	卿大夫辰		周	三年,王冠。四年,天子致文武胙。四季(年),周天子使卿大夫辰来致文武之酢(胙)。	《史记·秦本纪》秦封宗邑瓦书
惠文王后三年	韩、魏太子		韩魏	三年,韩、魏太子来朝。	《史记·秦本纪》

续表

时间	使者身份与姓名	去聘国	来聘国	事略	出处
惠文王后十四年			韩、魏、齐、楚、越	惠王卒,子武王立。韩、魏、齐、楚、越皆宾从。	《史记·秦本纪》
武王四年	魏太子		魏	魏太子来朝。	《史记·秦本纪》
昭襄王五年	魏王		魏	五年,魏王来朝应亭,复与魏蒲阪。	《史记·秦本纪》
昭襄王五年	韩太子婴		韩	(韩襄王)十年,太子婴朝秦而归。	《史记·韩世家》
昭襄王十年	楚怀王		楚	十年,楚怀王入朝秦,秦留之。①	《史记·秦本纪》
昭襄王十七年	城阳君			十七年,城阳君入朝。	《史记·秦本纪》
昭襄王十七年	东周君		东周	及东周君来朝。	《史记·秦本纪》
昭襄王二十九年	周赧王		西周	二十九年,大良造白起攻楚,取郢为南郡,楚王走。周君来。	《史记·秦本纪》
昭襄王五十年	辩士谅毅		赵	秦攻魏,取宁邑,诸侯皆贺。赵王使往贺,三反不得通。……谅毅亲受命而往。	《战国策·赵策四》
昭襄王五十三年	韩桓惠王		韩	五十三年,天下来宾。魏后,秦使摎伐魏,取吴城。韩王入朝,魏委国听令。	《史记·秦本纪》

---

① 《史记·六国年表》:"八年,楚王来,因留之。"

续表

时间	使者身份与姓名	去聘国	来聘国	事略	出处
秦王政十年			齐、赵	十年,齐、赵来置酒。(齐王建)二十八年,王入朝秦,秦王政置酒咸阳。	《史记·秦始皇本纪》《史记·田敬仲完世家》
秦王政二十六年	齐王建		齐	齐王建入朝于秦。……遂入秦。处之共松柏之间,饿而死。①	《战国策·齐策三》

表9 战国秦出质表

时间	质子	质国	原文	出处
惠文君十年	公子繇	魏	仪因言秦复与魏,而使公子繇质于魏。仪因说魏王曰:"秦王之遇魏甚厚,魏不可以无礼。"魏因入上郡、少梁,谢秦惠王。	《史记·张仪列传》
	公子稷	燕	(赵武灵王)十八年,秦武王与孟说举龙文赤鼎,绝膑而死。赵王使代相赵固迎公子稷于燕,送归,立为秦王,是为昭王。	《史记·赵世家》
昭襄王六年	昭襄王母弟泾阳君	齐	(齐湣王二十四年),秦昭王闻其贤,乃先使泾阳君为质于齐,以求见孟尝君。	《史记·孟尝君列传》
昭襄王四十年	昭襄王太子外②	魏	(秦昭襄王)四十年,悼太子死魏,归葬芷阳。	《史记·秦本纪》

---

① 据《史记·秦始皇本纪》:"二十六年,齐王建与其相后胜发兵守其西界,不通秦。秦使将军王贲从燕南攻齐,得齐王建。"则秦灭齐之际,并无齐王建入朝于秦之事。

② 《史记·魏世家》:"(魏安釐王)十年,秦太子外质于魏死。"按:秦悼太子或名"外"。

续表

时间	质子	质国	原文	出处
	安国君子子楚	赵	安国君中男名子楚,子楚母曰夏姬,毋爱。子楚为秦质子于赵。秦数攻赵,赵不甚礼子楚。	《史记·吕不韦传》
秦王政四年		赵	(秦王政四年)秦质子归自赵,赵太子出归国。	《史记·秦始皇本纪》

表 10　战国秦入质表

时间	质子	质国	原文	出处
惠文王后十一年	太子仓	韩	(韩宣惠王)十九年,大破我岸门。太子仓质于秦以和。	《史记·韩世家》
昭襄王四年	太子横	楚	(楚怀王)二十六年,齐、韩、魏为楚负其从亲而合于秦,三国共伐楚。楚使太子入质于秦而请救。秦乃遣客卿通将兵救楚,三国引兵去。	《史记·楚世家》
昭襄王三十五年	太子元	楚	(楚顷襄王)二十七年,使三万人助三晋伐燕。复与秦平,而入太子为质于秦。楚使左徒侍太子于秦。	《史记·楚世家》
	公子郚	赵	秦攻赵,蔺、离石、祁拔。赵以公子郚为质于秦,而请内焦、黎、牛狐之城,以易蔺、离石祁于赵。	《战国策·赵策三》
庄襄王三年	太子增	魏	(魏安釐王)三十年,无忌归魏,率五国兵攻秦,败之河外,走蒙骜。魏太子增质于秦,秦怒,欲囚魏太子增。	《史记·魏世家》
秦王政四年	太子春平君	赵	(赵悼襄王二年)秦召春平君,因而留之。	《史记·赵世家》

续表

时间	质子	质国	原文	出处
秦王政十五年	太子丹	燕	(燕王喜)二十三年,太子丹质于秦,亡归燕。	《史记·燕世家》

第二节 秦国会盟活动的概况及特点

会盟,严格意义上应区分为"会""盟"二礼,二者又分别可分为"会、同"与"盟、誓"两种。《周礼·春官·大宗伯》云:"时见曰会,殷见曰同。"郑玄注曰:"时见者,言无常期,诸侯有不顺服者,王将有征讨之事,则既朝觐,王为坛于国外,合诸侯而命事焉。……殷犹众也。十二岁王如不巡守,则六服尽朝,朝礼既毕,王亦为坛,合诸侯以命政焉。所命之政,如王巡守。殷见,四方四时分来,终岁则遍。"①则"会"本指周天子为讨伐叛逆诸侯而临时召聚诸侯并分派任务的盟会,而"同"则有相对固定的时间安排②,但二者无疑都强调了周天子统领诸侯的绝对权威。

另外,《礼记·曲礼下》载:"相见于邻地曰会。……约信曰誓,莅牲曰盟。"③何休云:"古者诸侯将朝天子,必先会间隙之地,考德行,一刑法,讲礼义,正文章,习事天子之仪,尊京师,重法度,恐过误。"④据此可以理解为,诸侯相见于间

---

① 《周礼注疏》卷一九《春官·大宗伯》,第666页。
② 《礼记·曲礼下》云:"天子当宁而立,诸公东面,诸侯西面,曰'朝'。"孔疏进一步补充:"一是'时见曰会'者,若诸侯有不服者,王将有征讨之事,若东方诸侯不服,则与东方诸侯共讨之;若南方诸侯不服,则与南方诸侯共讨之;诸方皆然。朝竟,王乃为坛于国外,与之会盟。春于国东,夏南,秋西,冬北。会则随事,无有定期,有时而然,故曰'时见曰会'也。二曰'殷见曰同'者,天子十二年一巡守,或应巡守之岁而天下未平,或王有他故不获自行,则四方诸侯并朝京师,朝竟,亦于国外为坛,以命之政事。殷,众也,其来既众,故曰'殷见曰同'也。"
③ 《周礼注疏》卷七《曲礼下》,第189页。
④ [汉]何休解诂,[唐]徐彦疏,刁小龙整理:《春秋公羊传注疏》卷二六,上海古籍出版社,2014年,第1117页。

隙之地，只不过是为朝觐天子的先期准备。① 孔颖达疏后两句曰："'约信曰誓'者，亦诸侯事也。约信，以其不能自和好，故用言辞共相约束以为信也。若用言相约束以相见，则用誓礼，故曰誓也。郑注《司寇》云：'约，言语之约束也。''莅牲曰盟'者，亦诸侯事也。莅，临也。临牲者，盟所用也。盟者，杀牲歃血，誓于神也。若约束而临牲，则用盟礼，故云'莅牲曰盟'也。然天下太平之时，则诸侯不得擅相与盟。唯天子巡守至方岳之下，会毕，然后乃与诸侯相盟，同好恶，奖王室，以昭事神，训民事君，凡国有疑，则盟诅其不信者。"② 可知，以言辞相约为誓，而杀牲祭神、临牲而读约书则为盟，后者礼仪更加庄重。不过，孔疏也强调了天子通过盟誓对诸侯的管控，平时诸侯不能擅自约盟，须待天子巡守、大会当方之后才可约盟，其目的仍是维持周天子统领各诸侯的礼制秩序。由此可见，至少在名义上，周天子才是会盟活动的重心，会盟本来的目的应该是维护周天子的权威。但实际上，随着周王室的衰微，会盟礼的下移则成为不可逆转的历史趋势，所以孔疏在强调"然天下太平之时，则诸侯不得擅相与盟"的同时，又指出"约信曰誓"与"莅牲曰盟"皆"诸侯事也"。

周平王东迁之时，有两次赐盟，一是与追随其东迁的七姓贵族的"驿旄之盟"③，另一次就是对秦襄王的封赐，《史记·秦本纪》记曰：

> 西戎犬戎与申侯伐周，杀幽王郦山下。而秦襄公将兵救周，战甚力，有功。周避犬戎难，东徙雒邑，襄公以兵送周平王。平王封襄公为诸侯，赐之岐以西之地。曰："戎无道，侵夺我岐、丰之地，秦能攻逐戎，即有其地。"与誓，封爵之。④

在西周灭亡及平王东迁之际，秦襄公立下大功，故得周平王赐盟，约以岐山以西遭犬戎侵占之地名义上的所有权，秦国在正式立国之初就见证了周天子作为会盟活动主导时代的终结。

自此之后，周天子失去了对会盟活动的控制能力，各诸侯为了自身利益，纷

---

① 参考《礼记》这部分经文围绕诸侯见天子展开叙述，我们认为何休在别处的这一注解可能更符合《礼记》该句文意。

② 《礼记正义》卷七《曲礼下》，第190页。

③ 《左传·襄公十年》："瑕禽曰：'昔平王东迁，吾七姓从王，牲用备具。王赖之，而赐之驿旄之盟。'"

④ 《史记》卷五《秦本纪》，第179页。

纷展开频繁的会盟活动,会盟逐渐成为诸侯间会面协商、缔结同盟的重要方式。据刘伯骥统计,《春秋》所记242年间,经文载会101次,盟89次,同盟16次,共计会盟206次。① 周天子皆非发起者,还迫于新兴霸主的权威,间或遣使参会,甚至亲身与会,再无天下共主之威。春秋时期各诸侯国间不受周天子管控的会盟活动频繁发生,很好地诠释了平王东迁后的礼制下移,而秦国作为新兴的诸侯,自然也参与了诸侯间的会盟活动。不过自秦襄公受封赐之后,整个春秋时期秦国仅有九次参与会盟之事见载,而且其中七次发生在秦穆公时期。春秋近三百年间秦国总体的边缘化地位以及自身实力的浮沉都可从中体现。②

自平王东迁至齐桓、晋文相继崛起,各诸侯国初步展开了相互间的会盟活动,但大多局限于相邻两三国,目的尚止于求成、修好和缔结暂时的军事同盟以及巩固旧日盟友关系,都侧重于维护狭小区域的政治平衡。③ 自齐桓公"北杏之盟"之后④,诸侯间会盟的规模和作用显著扩大,逐渐跳出了区域范畴,演变为盟主维护中原地区稳定和自身霸主地位的重要途径。而秦国在此阶段参会与盟的情况,也大抵符合春秋时期中原诸侯会盟活动的演变规律,但又保有其自身浓厚的地方特征。

自襄公立国领受周平王之誓,秦人竭力与西戎缠斗,至其子文公之时,终于取得了对戎作战的重大胜利,"十六年,文公以兵伐戎,戎败走。于是文公遂收周余民有之,地至岐,岐以东献之周"⑤。秦人夺取了周人失去的岐山一带土地,

---

① 刘伯骥:《春秋会盟政治》,(台北)中华丛书编写委员会,1977年,第216页。

② 另外,从《诅楚文》中秦人批判楚王"兼倍十八世之诅盟"之言可见,至少在秦穆公时期,秦人与楚人还有过一次会盟活动,但典籍并未见载,这亦可体现春秋时期秦国僻处西土的边缘地位。

③ 如《左传·隐公元年》:"三月,公及邾仪父盟于蔑……公摄位而欲求好于邾,故为蔑之盟。"《左传·隐公二年》:"二年,春,公会戎于潜,修惠公之好也。"《左传·隐公九年》:"冬,公会齐侯于防,谋伐宋也。"《左传·桓公十二年》:"(夏)公欲平宋、郑。秋,公及宋公盟于句渎之丘。宋成未可知也,故又会于虚。冬,又会于龟。宋公辞平。故与郑伯盟于武父,遂帅师而伐宋,战焉,宋无信也。"《春秋》经"桓公十四年":"十有四年,春,正月,公会郑伯于曹。"杜注:"修十二年武父之好。"经又载:"夏,五〈月〉。郑伯使其弟语来盟。"《左传·桓公十四年》:"夏,郑子人来寻盟,且修曹之会。"

④ 《春秋》经"桓公十三年":"春,齐侯、宋人、陈人、蔡人、邾人会于北杏。"

⑤ 《史记》卷五《秦本纪》,第179页。

并严格遵守周平王封赐"岐以西之地"的约定,将岐山以东地区又献给周王室,充分表明其遵礼守信的盟誓态度,显示了秦人早期礼乐教化的初步成果。

此后,历代秦君长期致力于丰岐之地的开拓和自身宗教祭祀文化的发展,国力得到了长足的发展,到了秦穆公时期,秦国正式开始了与东方诸侯的会盟活动。当时的中原会盟,正处在齐桓公以霸主身份频繁召集中原各诸侯大举会盟的阶段,但因秦国僻处西土,故其在晋文公崛起之前,并未参与霸主主持的大规模会盟。而因其地接晋国,二者又为姻亲兄弟之国,过从甚密,所以秦国的前四次会盟活动都是与晋国进行的,故其早期会盟的情况与中原诸侯在齐桓公称霸之前的情况相仿,都是致力于维护区域的政治平衡。

如双方在秦穆公十五年(前645)的首次会盟,即是秦晋韩原之战后,背信弃义的晋惠公战败被俘,不及一月,晋国即遣使求和。秦穆公欣然应允,改与晋惠公相盟,并极大地改善了晋惠公的待遇,"乃与晋君盟,许归之,更舍上舍,而馈之七牢",并于次月将其放归晋国,"十一月,归晋君夷吾"。① 在秦晋最初的会盟活动中,秦穆公不计前嫌,放归晋惠公,达成秦晋和解,维护并进一步促成了秦晋的联盟关系。

此后的两次秦晋会盟,"(鲁僖公二十四年二月)辛丑,狐偃及秦、晋之大夫盟于郇","三月,晋侯潜会秦伯于王城"②,也都可视作秦穆公为谋求秦晋联盟而进行的努力,仍不超出秦国早期会盟活动的主旨,只不过支持者由之前的晋君夷吾变为了争夺晋侯之位的公子重耳。而在强秦的支持下,重耳终得晋侯之位,秦晋联盟更加稳固,秦穆公也凭借晋国之力,得以真正插手中原事务。

至此,秦国的早期会盟活动告一段落。此期,新兴的秦国本身实力尚有所欠缺,需要首先谋求区域的和平与合作,故其早期会盟的特点与齐桓公大会诸侯的"北杏会盟"前的中原诸侯会盟类似。同时也说明,刚刚有志于参与中原事务的西垂秦国,对于国家间的政治生活尚处于幼年学习阶段,明显落后于中原诸侯会盟的发展阶段。不过,善于学习的秦人很快便迎头赶上,在十年间走完了中原诸侯大约百余年的前霸主阶段的会盟历程,开始了依托新霸晋文公的霸主会盟之路。

---

① 《史记》卷五《秦本纪》,第189页。
② 《左传·僖公二十四年》,见《春秋左传正义》卷一五,第1816页。

不同于晋君夷吾时期相互防备的松散联盟①，晋君重耳时期的秦晋两国可谓亲密无间。秦穆公先是与晋文公共举尊王攘夷大旗，于公元前636年参与平息周王室王子带引狄入周之乱，接回周襄王，真正参与了中原事务。之后，又于公元前632年遣师在城濮之战中配合晋军击退楚师，并在当年冬遣使参与了晋、齐、宋、蔡、郑等九国在温地的会盟。"（鲁僖公二十八年）冬，公会晋侯、齐侯、宋公、蔡侯、郑伯、陈子、莒子、邾人、秦人于温。"②次年，秦穆公又遣小子慭参与晋国主持的翟泉会盟。"夏，公会王子虎、晋狐偃、宋公孙固、齐国归父、陈辕涛涂、秦小子慭，盟于翟泉，寻践土之盟，且谋伐郑也。"③这两次会盟，皆由新霸晋国发起，多个诸侯国参与，是春秋中期典型的霸主主持下的会盟活动，秦国的加入可视作其参与中原会盟的开始，同时也是其国家地位极大提升的标志。

这时的秦国已经完全与中原各国处于同等的会盟发展阶段，此后一个阶段，秦国的会盟活动一度与中原会盟同步演变，最突出的一点就是盟誓的诚信效应消减，秦君也不再恪守秦穆公时期的尊礼守信原则，而是同当时的中原诸侯一样，开始根据自身利益的需要而背盟。此外，秦国受限于自身政治军事与社会经济发展的相对滞后性，并没有形成东方诸侯那样强国大夫主盟以及日益频繁的内部盟誓现象。

秦国自襄公立国，占据西周故地之后，即开始了对西周文化的全盘吸收，至百余年后，进入中原诸侯视野的秦穆公绝对可称作深受周礼文明熏陶的谦谦君子。其尤为突出者有二，一是在宴请晋公子重耳时表现出的对《诗经》辞令以及拜礼的熟练掌握④，二是在面对出尔反尔的晋君夷吾时所表现出的大度与诚信。公子夷吾借助秦国的支持而回国继位，却"背约不与河西城"⑤。之后，"晋饥，秦输之粟，秦饥，晋闭之籴，故秦伯伐晋"⑥，俘虏晋君后仍"许晋平"，先后与晋阴饴

---

① 这也是中原诸侯在齐桓公主盟之前的盟誓特点之一。
② 《春秋左传正义》卷一六《僖公二十八年》，第1823页。
③ 《春秋左传正义》卷一七《僖公二十九年》，第1830页。
④ 《左传·僖公二十三年》："他日，公享之，子犯曰：'吾不如衰之文也，请使衰从。'公子赋《河水》，公赋《六月》。赵衰曰：'重耳拜赐！'公子降，拜，稽首，公降一级而辞焉。"
⑤ 《史记·秦本纪》："夷吾使人请秦，求入晋。于是缪公许之，使百里傒将兵送夷吾。夷吾谓曰：'诚得立，请割晋之河西八城与秦。'及至，已立，而使丕郑谢秦，背约不与河西城。"
⑥ 《春秋左传正义》卷一四《僖公十五年》，第1805页。

甥和晋君夷吾达成盟誓，之后很快就将夷吾放归，可谓谨守盟约。此后，在与公子重耳定盟之后，依然坚守秦晋联盟之约，尊王攘夷，真正使僻处西垂的秦国开始介入中原事务。

不过，随着与中原各诸侯国接触的增多以及区域政治军事形势的微妙变化，笃信周礼的秦穆公也开始根据本国的利益需求行事，而不再拘泥于与晋国订立的盟约。如公元前632年，秦小子慭参与翟泉之盟，其中的议题之一就是"谋伐郑也"。秦穆公信守盟约，次年将兵伐郑，"九月，甲午，晋侯、秦伯围郑"①。之后，郑国的烛之武往见穆公，言说秦军"越国以鄙远"，损耗颇大，且"亡郑以倍邻"，最终只会促进晋国实力的增长，将滋生其侵占秦土的野心，不如"舍郑以为东道主，行李之往来，共其乏困"。秦穆公权衡利弊，最终转而"与郑人盟"，并"使杞子、逢孙、杨孙戍之，乃还"。另外，据《诅楚文》"昔我先君穆公及楚成王，是僇力同心，两邦若壹，绊以婚姻，袗以齐盟"的记载来看，在此之后，受制于晋国无法东进的秦穆公，甚至转而与晋之仇敌楚国联手对抗晋国。

事实上，春秋中期以降，因为国家间形势日趋复杂多变，各国为自身利益计，多不再信守盟约。郑国的子驷、子展在面对子孔、子蟜"与大国盟，口血未干而背之，可乎？"的质问时，所做"吾盟固云'唯强是从'"的回答，可谓背盟理论基础形成的标志。其文如下：

> 楚子伐郑。子驷将及楚平，子孔、子蟜曰："与大国盟，口血未干而背之，可乎？"子驷、子展曰："吾盟固云'唯强是从'。今楚师至，晋不我救，则楚强矣。盟誓之言，岂敢背之？且要盟无质，神弗临也。所临唯信。信者，言之瑞也，善之主也，是故临之。明神不蠲要盟，背之可也。"乃及楚平。公罢戎入盟，同盟于中分。②

在当时盛行的强权政治面前，国与国之间订立盟约本就基于国家实力的强弱，而这种被要挟订立的盟约也并无诚信可言，神灵也并不会降临，因此弱小国家屈服于不同的强权改立盟约也就无可厚非了，尽力维护本国利益才是会盟礼制活动中的头等大事。故郑国虽之前屈服于强晋而与之结盟，但鉴于楚国大兵压境而晋人不救，郑国执政者为了维护本国利益，毫不犹豫地转而与强楚结盟。

---

① 《春秋左传正义》卷一七《僖公三十年》，第1830页。
② 《春秋左传正义》卷三〇《襄公九年》，第1943页。

而这也正是齐桓公殁后,春秋会盟信用下降的形象缩影。

在国家利益面前,各国盟约誓言的约束力已显著下降。执政数十年,久与中原诸侯交往的秦穆公,开始从国家利益出发,做出违背晋秦盟约之事,也就成为一种政治上日趋成熟的表现,而这也正是与春秋时期会盟活动的发展趋势同步演变的。这之后,穆公的继任者桓公和景公,也从秦国利益出发,同样做出了违背与晋国盟誓之事。秦桓公在"令狐之会"后"归而背晋成"①,秦景公"晋韩起如秦莅盟,秦伯车如晋莅盟,成而不结"②。

秦穆公末年,因秦晋交恶以及几次东进战事的巨大损失,秦国国策被迫发生转变,更专注于向西发展,寻求称霸西戎。加之此后国力的衰退与内政不宁,秦逐渐减少了与中原诸侯的接触与交流,甚至自秦景公之后,长期断绝了与中原诸侯的会盟活动,以至出现了"秦僻在雍州,不与中国诸侯之会盟,夷翟遇之"③的情况,秦国会盟礼制活动在春秋战国之际出现了一段空档期。

在这期间,中原诸国的会盟礼制活动继续发展,并呈现出新的特色,其最突出的表现在于:随着各诸侯国卿大夫势力的日渐壮大,诸侯会盟中出现了越来越多的大夫主盟的现象。而随着卿大夫渐成尾大不掉之势,甚至出现了"君臣不相听"的情况④,故而春秋末年的中原大国逐渐无心也无力发动大规模的争霸战争,各国间的会盟活动也大为减少。而随着中原各国内部权臣世族间争夺权力与封地的斗争日趋激烈,甚至家族内部矛盾也日渐激化,约束效力更低、仪节更为粗疏的国内盟誓活动日渐高涨起来。

但与此同时,发展受挫、僻处西土的秦国,因相对孤立发展,加之宗法意识淡薄,故并未形成周式的宗法分封体制。因此,不同于中原诸侯的社会结构剧变,秦国此期间虽然也曾多次出现大庶长操纵国君废立的现象,但并没有形成诸

---

① 《春秋左传正义》卷二七《成公十一年》,第 1910 页。

② 《春秋左传正义》卷三〇《襄公二十五年》,第 1986 页。

③ 《史记》卷五《秦本纪》,第 202 页。此外值得注意的是,《史记》所言东方各国乃以夷狄视秦,恰恰说明秦国并非夷狄。对比《国语》卷一四《晋语八》对楚国的描述:"昔成王盟诸侯于岐阳,楚为荆蛮,置茅蕝,设望表,与鲜卑守燎,故不与盟。"语气迥异,西周时期楚国就已经被明确指出为荆蛮,而且春秋前中期在中原诸侯间盛行的"攘夷"旗号也并非针对秦国,那时的秦人已经成为华夏文明圈的一员。

④ 《国语集解·晋语六》,第 394 页。

如鲁三桓、齐田氏、晋六卿、郑七穆那样手握大量封地的卿大夫世族集团,所以仍旧大体维持了君强臣弱的固有社会结构,也并未出现卿大夫主盟以及国内频繁盟誓的礼制活动。

将春秋时期中原各国与秦国自身会盟礼制活动进行对比研究,可初步得出以下结论:春秋时期秦国的会盟礼制活动,起步较中原诸侯稍晚,但进展颇为迅速,惜乎后程乏力。秦人在秦穆公中期才重启了和中原诸侯的会盟活动,起初尚局限于松散的地域性联盟,十余年后开始踊跃参加跨地区的大型会盟活动,迅速完成了会盟礼制中原化的过程,并在穆公末年就已能熟练运用这一外交手段服务于国家利益,而不再严格遵循盟约。善于学习的秦人,仅用二三十年时间,就在礼仪仪程和礼仪内核两方面,全面追赶上了中原各诸侯百余年的会盟礼制活动发展进程。而在此期间,秦国的国力也得以飞速发展。但穆公薨后,秦国逐渐式微,僻处西土,中断了与中原诸侯会盟礼制活动同步发展的步伐,加之本不同于东方诸国的社会结构与意识形态,使其并未出现大夫主盟与国内频繁盟誓的现象。

不过,值得庆幸的是,相对简单落后的社会结构,使得秦国不必再走战国前期中原诸侯国君主集权的道路,大大减少了战国秦变法时来自旧贵族的阻力,使其经商鞅变法而一举由弱转强,重启与中原诸国的会盟之路,并凭借其日益强大的政治军事力量,成为战国后期国家间会盟活动的主导国,进而将此礼制活动转变为自己吞并六国的外交手段,最后又将其抛却不用。

春秋末年至战国前期,随着吴越霸权的相继衰落,各诸侯国内部的权力斗争成为这一时期的历史主流。基于卿权鼎盛带来的国家分裂(三家分晋)和政权相代(田氏代齐),各国纷纷加强君权建设,这反映在会盟礼制活动中就是:各国君主重新成为国家间会盟活动的主体参与者,而本就君权强盛的秦国也不例外。据表11可知,整个战国时期,有明确记载参与者的秦国与他国的会盟活动共22次,其中秦国君主亲自参会19次,占绝对优势。

此外,随着生产力的发展,各国对土地的需求日益高涨,昔日的争霸战争不可避免地被以占领土地为首要目的的兼并战争所取代,国与国之间相互倾轧,会盟礼制的诚信原则几乎完全丧失,正如顾炎武所言:"春秋时犹尊礼重信,而七国则绝不言礼与信矣。"①彼时的会盟礼制活动已然蜕变为国家间攫取或维护自身利益的权宜之计甚至是手段。以秦国为例,《史记·商君列传》载:

> 其明年,齐败魏兵于马陵,虏其太子申,杀将军庞涓。其明年,卫鞅说孝公曰:"秦之与魏,譬若人之有腹心疾,非魏并秦,秦即并魏。何者?魏居领厄之西,都安邑,与秦界河而独擅山东之利。利则西侵秦,病则东收地。今以君之贤圣,国赖以盛。而魏往年大破于齐,诸侯畔之,可因此时伐魏。魏不支秦,必东徙。东徙,秦据河山之固,东乡以制诸侯,此帝王之业也。"孝公以为然,使卫鞅将而伐魏。魏使公子卬将而击之。军既相距,卫鞅遗魏将公子卬书曰:"吾始与公子欢,今俱为两国将,不忍相攻,可与公子面相见,盟,乐饮而罢兵,以安秦魏。"魏公子卬以为然。会盟已,饮,而卫鞅伏甲士而袭虏魏公子卬,因攻其军,尽破之以归秦。魏惠王兵数破于齐秦,国内空,日以削,恐,乃使使割河西之地献于秦以和。而魏遂去安邑,徙都大梁。梁惠王曰:"寡人恨不用公叔座之言也。"卫鞅既破魏还,秦封之於、商十五邑,号为商君。②

公元前 340 年,卫鞅劝秦孝公趁魏国去岁新败于齐之机出兵,以得东进通道。孝公赞同其说,令其领兵伐魏。卫鞅利用与魏将公子卬的旧识关系,诈与其会盟修好而俘虏之,趁机大破魏军,收河西之内,取得了进军中原和退保关中的要塞,奠定了日后秦并六国的重要地理基础。

卫鞅公然在会盟仪式结束之后,俘虏对方参会主官,以达到其政治军事目的,可见在其眼中,所谓会盟礼制不过是手段而已。而秦孝公亦不追究其背盟败约之事,并因其军功而赏赐其封地,可知盟约在孝公看来亦无神圣性可言。

不独秦国违背与他国之盟,他国亦不甚遵守与秦国之约,最突出者乃《吕氏春秋·淫辞》所载的秦赵"空雒之遇":

> 空雒之遇,秦赵相与约,约曰:"自今以来,秦之所欲为,赵助之;赵之所欲为,秦助之。"居无几何,秦兴兵攻魏,赵欲救之。秦王不悦,使人让赵王曰:"约曰:'秦之所欲为,赵助之;赵之所欲为,秦助之。'今秦

---

① [清]顾炎武著,[清]黄汝成集释,栾保群、吕宗力点校:《日知录集释》卷一三之《周末风俗》,上海古籍出版社,2006 年,第 749 页。

② 《史记》卷六八《商君列传》,第 2232 页。

欲攻魏,而赵因欲救之,此非约也。"赵王以告平原君,平原君以告公孙龙。公孙龙曰:"亦可以发使而让秦王曰:'赵欲救之,今秦王独不助赵,此非曰也。'"①

秦赵两国在空雄订立盟约,一国所欲为之事,另一国当助之。但不久之后,秦军攻魏,赵国不但不出兵相助,反而想救助魏国。秦王遣使指责赵王背盟败约,而赵之公孙龙子反而认为赵王也可以遣使斥责秦王不助赵之所欲。公孙龙子以秦赵盟约而行诡辩之言,可见时人眼中国与国之间的盟辞条约已完全丧失了约束力,国与国之间的会盟礼制活动,仅仅作为军事之外的辅助手段而残存于战国时期的政治舞台上。这一点在秦国破解合纵的策略上体现得尤为明显。

战国后期,伴随着秦国的日趋强大,其与六国的均势逐渐被打破,山东诸国不得不采取联合抗秦政策,即所谓合纵。秦国为破解六国合纵,除派遣张仪相楚、与楚联姻甚至是割让土地等办法之外,也灵活运用了会盟手段。如:"(楚怀王)二十五年,怀王入与秦昭王盟,约于黄棘。秦复与楚上庸。二十六年,齐、韩、魏为楚负其从亲而合于秦,三国共伐楚。楚使太子入质于秦而请救。秦乃遣客卿通将兵救楚,三国引兵去。"②秦昭襄王与楚怀王通过黄棘之会,使秦楚两国结盟,将祸水南引,从而打破了六国对秦的合围态势。但两年之后,秦国就联合齐、韩、魏三国击楚,此后又连续发动对楚的军事打击③,令楚国实力大大削弱,再无力与秦国抗衡。

破解了六国合纵之后,在军事手段之余,秦国仍然施展其外交手段,会盟仍占重要的一席之地。

楚怀王死后,秦国转而用兵三晋与齐国,于是再度谋求与楚国和解,两国再度频繁会盟。"(楚顷襄王)十四年,楚顷襄王与秦昭王好会于宛,结和亲。十五年,楚王与秦、三晋、燕共伐齐,取淮北。十六年,与秦昭王好会于鄢。其秋,复与秦王会穰。"④秦楚复合并结亲,两国君主相继会于宛、鄢、穰,在此期间,秦昭襄

---

① 《吕氏春秋集释》,第 490 页。

② 《史记》卷四〇《楚世家》,第 1727 页。

③ 《史记·楚世家》:"(楚怀王)二十八年,秦乃与齐、韩、魏共攻楚,杀楚将唐眛,取我重丘而去。二十九年,秦复攻楚,大破楚,楚军死者二万,杀我将军景缺。怀王恐,乃使太子为质于齐以求平。三十年,秦复伐楚,取八城。"

④ 《史记》卷四〇《楚世家》,第 1729—1730 页。

王还相继与赵王、魏王、韩王会盟,谋求与燕国合击齐国。

> 二十八年,燕国殷富,士卒乐轶轻战,于是遂以乐毅为上将军,与秦、楚、三晋合谋以伐齐。齐兵败,湣王出亡于外。燕兵独追北,入至临淄,尽取齐宝,烧其宫室宗庙。齐城之不下者,独唯聊、莒、即墨,其余皆属燕,六岁。①

最终齐国险些亡国,从此一蹶不振,而燕国也因齐国的反扑而损失惨重。在齐国不再是秦国的强敌后,秦昭襄王转而采取远交近攻战略,马上又发动了对三晋的军事打击,而这也是建立在与楚国会盟结好的前提之下的。"(秦昭襄王二十四年)秦取魏安城,至大梁,燕、赵救之,秦军去。……二十五年,拔赵二城。"之后,秦王又与韩魏通过会盟和解,"与韩王会新城,与魏王会新明邑",之后又大肆用兵楚国。直至秦赵渑池之会后,秦与三晋逐个达成和解,之后发兵大破楚军,攻下郢都,迫使楚王再度与秦王会。"二十七年,错攻楚。赦罪人迁之南阳。白起攻赵,取代光狼城。又使司马错发陇西,因蜀攻楚黔中,拔之。二十八年,大良造白起攻楚,取鄢、邓,赦罪人迁之。二十九年,大良造白起攻楚,取郢为南郡,楚王走。周君来。王与楚王会襄陵。"②但从后续秦楚两国不间断的战争来看,这次很可能是会而不盟,而这也是战国秦的最后一次会盟活动。

秦昭襄王将历代秦王的会盟手段运用到了极致,使秦国能在相对平稳的外交环境下集中更多军事力量,取得重大的胜利果实。但随着秦与六国均势被彻底打破,以及国家间会盟礼诚信效用的彻底丧失,史书不再有秦王外出与其他诸侯国国君会盟之载,皆是六国往朝秦君。而其他诸侯国间,除了"(赵悼襄王)三年,赵相、魏相会柯,盟"③,商讨合纵击秦之事外,亦再无会盟之载。战国末年,会盟礼制活动暂时退出了历史舞台。

综观春秋战国时期秦国的会盟礼制活动,从一开始的后起之秀到中间很长一段时间的"不与中国诸侯之会盟",再到战国中后期频繁参与乃至成为会盟的中心国家,可以清楚地看到秦国实力的沉浮,由最初的奋起直追到后来的"僻在雍州",再到后来的东进扩张、并吞天下。而此期间会盟礼制活动的变化,也能

---

① 《史记》卷三四《燕召公世家》,第 1558 页。
② 《史记》卷五《秦本纪》,第 212—213 页。
③ 《史记》卷一五《六国年表》,第 751 页。

深切反映社会形势的发展对于礼仪制度的引导作用,而会盟礼仪制度的本质也从中得以彰显。

会盟从西周时期作为周天子统领诸侯的礼仪制度,到春秋时期成为大国争霸的重要工具,再到后来成为战国秦军事活动之外的辅助手段,可以清楚地说明:就国家层面而言,会盟礼仪制度的本质乃是国家间协调矛盾与调整利益关系的高级社会活动,其最高目的乃是形成一种较为稳定的社会秩序,而这是基于当时国家间实力强弱对比之上的,当国家间的实力对比发生变化以致打破这一平衡时,必然会引来更多的会盟活动以调整集团关系与实力对比,以谋求新的平衡,而一旦天平完全倾斜,那这种礼制活动就不再适用于当时的社会。

战国中后期,国家间的会盟礼制活动是围绕秦国进行的,六国利用会盟来对抗或交好秦国,而秦国也利用会盟来拆解抗秦联盟或暂时拉拢邻国,但随着秦并六国态势的形成,会盟礼制活动已无法实现其通过调整政治集团利益关系来构筑新的社会平衡秩序的目标,其被废弃也就在所难免。

表 11　秦国会盟表

时间	地点	参会者	原文	出处
襄公元年	雒邑	周平王、秦襄公	周避犬戎难,东徙雒邑,襄公以兵送周平王。平王封襄公为诸侯,赐之岐以西之地。曰:"戎无道,侵夺我岐、丰之地,秦能攻逐戎,即有其地。"与誓,封爵之。	《史记·秦本纪》
穆公十五年	王城	晋阴饴甥、秦穆公	十月,晋阴饴甥会秦伯,盟于王城。	《左传·僖公十五年》
穆公十五年	雍	晋君夷吾、秦穆公	乃与晋君盟,许归之,更舍上舍,而馈之七牢。十一月,归晋君夷吾,夷吾献其河西地,使太子圉为质于秦。	《史记·秦本纪》

续表

时间	地点	参会者	原文	出处
穆公二十四年	郇	狐偃及秦、晋之大夫	辛丑,狐偃及秦、晋之大夫盟于郇。	《左传·僖公二十四年》
穆公二十四年①	王城	晋文公、秦穆公	三月,晋侯潜会秦伯于王城。	《左传·僖公二十四年》
穆公二十八年	温	晋文公、秦穆公、鲁、齐、宋、蔡、郑、陈、莒、邾等国君	冬,公会晋侯、齐侯、宋公、蔡侯、郑伯、陈子、莒子、邾人、秦人于温。二十八年,会晋伐楚朝周。	《左传·僖公二十八年》《史记·十二诸侯年表》
穆公二十九年	翟泉	鲁僖公、王子虎、晋狐偃、宋公孙固、齐国归父、陈辕涛涂、秦小子慭	夏,公会王子虎、晋狐偃、宋公孙固、齐国归父、陈辕涛涂、秦小子慭,盟于翟泉,寻践土之盟,且谋伐郑也。	《左传·僖公二十九年》
穆公三十年	氾南	秦穆公、烛之武	秦伯说,与郑人盟。使杞子、逢孙、杨孙戍之,乃还。	《左传·僖公三十年》
穆公末年			昔我先君穆公及楚成王,是僇力同心,两邦若壹,绊以婚姻,衿以齐盟,曰:"世万子孙,毋相为不利。"	《诅楚文》
桓公二十四年	河东河西	秦桓公、史颗、晋厉公、郤犨	(冬)秦、晋为成,将会于令狐。晋侯先至焉。秦伯不肯涉河,次于王城,使史颗盟晋侯于河东。晋郤犨盟秦伯于河西。归而秦倍盟,与翟谋伐晋。	《左传·成公十一年》《史记·晋世家》

① 据《左传·僖公二十五年》可知,秦穆公二十五年(前635),秦人尚有一伪盟,因此盟非真,姑列原文于此:"秋,秦、晋伐鄀。楚斗克、屈御寇以申、息之师戍商密。秦人过析隈,入而系舆人以围商密,昏而傅焉。宵,坎血加书,伪与子仪、子边盟者。商密人惧曰:'秦取析矣,戍人反矣。'乃降秦师。因申公子仪、息公子边以归。"

续表

时间	地点	参会者	原文	出处
景公二十七年或二十九年	晋	秦景公、晋平公或晋韩起、秦伯弟伯车	二十七年,景公如晋,与平公盟,已而背之。其五月,秦、晋为成。晋韩起如秦莅盟,秦伯车如晋莅盟,成而不结。	《史记·秦本纪》《左传·襄公二十五年》
孝公七年	杜平	秦孝公、魏惠王	七年,(秦孝公)与魏惠王会杜平。	《史记·秦本纪》
孝公十二年	彤	秦孝公、魏惠王	二十一年,与秦会彤。	《史记·魏世家》
孝公二十年	逢泽	公子少官	十九年,天子致伯。二十年,诸侯毕贺。秦使公子少官率师会诸侯逢泽。	《史记·秦本纪》
孝公二十二年		秦将卫鞅、魏将公子卬	会盟已,饮,而卫鞅伏甲士而袭虏魏公子卬,因攻其军,尽破之以归秦。	《史记·商君列传》
惠文君九年	应	秦惠文君、魏襄王	八年,魏纳河西地。九年,渡河,取汾阴、皮氏。与魏王会应。	《史记·秦本纪》
惠文君十二年	龙门		十二年,初腊。会龙门。	《史记·六国年表》
惠文王更元二年	啮桑	秦相张仪、齐楚魏执政者	(楚怀王六年)燕、韩君初称王。秦使张仪与楚、齐、魏相会,盟啮桑。	《史记·楚世家》
惠文王后十二年	临晋	秦惠文王、魏哀王	十二年,王与梁王会临晋。	《史记·秦本纪》
武王元年	临晋	秦武王、魏哀王	武王元年,与魏惠〔哀〕王会临晋。	《史记·秦本纪》

续表

时间	地点	参会者	原文	出处
武王三年	息壤	秦武王、甘茂	王(秦武王)曰:"寡人不听也,请与子(甘茂)盟。"于是与之盟于息壤。	《战国策·秦策二》
武王三年	临晋外	秦武王、韩襄王	三年,与韩襄王会临晋外。	《史记·秦本纪》
武王三年	应	秦武王、魏哀王	十一年,与秦武王会应。	《史记·魏世家》
昭襄王三年	黄棘	秦昭襄王、楚怀王	三年,王冠。与楚王会黄棘,与楚上庸。	《史记·秦本纪》
未知何年	空雄		空雄之遇,秦赵相与约,约曰:"自今以来,秦之所欲为,赵助之;赵之所欲为,秦助之。"	《吕氏春秋·淫辞》
昭襄王二十二年	宛	秦昭襄王、楚顷襄王	二十二年,与楚王会宛。	《史记·秦本纪》
昭襄王二十二年	中阳	秦昭襄王、赵惠文王	与赵王会中阳。	《史记·秦本纪》
昭襄王二十三年	宜阳①	秦昭襄王、魏昭王	二十三年,尉斯离与三晋、燕伐齐,破之济西。王与魏王会宜阳。	《史记·秦本纪》
昭襄王二十三年	新城②	秦昭襄王、韩釐王	与韩王会新城。	《史记·秦本纪》
昭襄王二十四年	鄢	秦昭襄王、楚顷襄王	二十四年,与楚王会鄢。	《史记·秦本纪》

---

① 《史记·魏世家》:"(魏昭王)十二年,与秦、赵、韩、燕共伐齐,败之济西,湣王出亡。燕独入临菑。与秦王会西周。""西周",张守节《正义》曰:"即王城也,今河南郡城也。"

② 《史记·韩世家》:"(韩釐王)十二年,与秦昭王会西周而佐秦攻齐。"

续表

时间	地点	参会者	原文	出处
昭襄王二十四年	穰	秦昭襄王、楚顷襄王	又会穰。	《史记·秦本纪》
昭襄王二十五年	新城①	秦昭襄王、韩釐王	二十五年,拔赵二城。与韩王会新城。	《史记·秦本纪》
昭襄王二十五年	新明邑	秦昭襄王、魏昭王	与魏王会新明邑。	《史记·秦本纪》
昭襄王二十八年	黾池	秦昭襄王、赵惠文王	(赵惠文王)二十年,与秦会黾池,蔺相如从。	《史记·六国年表》
昭襄王二十九年②	襄陵	秦昭襄王、楚顷襄王	二十九年,大良造白起攻楚,取郢为南郡,楚王走。周君来。王与楚王会襄陵。	《史记·秦本纪》

此外,战国秦尚有一诅楚文,李模将之归入"刻石为盟"之列③,但鉴于其并未用于秦楚两国的实际会盟活动中,故未将其归入秦会盟表。诅楚文三刻石乃记秦王使宗祝向巫咸、大沈厥湫、亚驼三神诅咒楚王之事,笔者更赞同杨宽的观点,将其归入巫术范畴。④

---

① 《史记·韩世家》:"(韩釐王)十四年,与秦会两周间。"
② 《后汉书·南蛮西南夷列传》还载有秦昭襄王与夷人盟之事。因其未见于之前的史书,且所述经过颇有传闻之嫌,故不列入秦会盟表。附原文如下:"板楯蛮夷者,秦昭襄王时,有一白虎,常从群虎数游秦、蜀、巴、汉之境,伤害千余人。昭王乃重募国中有能杀虎者,赏邑万家,金百镒。时,有巴郡阆中夷人,能作白竹之弩,乃登楼射杀白虎。昭王嘉之,而以其夷人,不欲加封,乃刻石盟要,复夷人顷田不租,十妻不算,伤人者论,杀人者得以倓钱赎死。盟曰:'秦犯夷,输黄龙一双;夷犯秦,输清酒一钟。'夷人安之。"
③ 详见李模:《先秦盟誓的种类及仪程》,《学习与探索》2000年第4期。
④ 详见杨宽:《秦〈诅楚文〉所表演的"诅"的巫术》,《文学遗产》1995年第5期。

第三节 秦国的外交礼仪程式及其演变

一 秦国朝聘礼仪的基本程式及其演变

(一)秦国的朝礼

前文已述,《周礼·春官·大宗伯》中的朝、宗、觐、遇四目可统称为朝礼。其"目的主要是区分君臣关系,在礼制要求严格的西周时期,朝礼仅限于定期觐见周天子"①,诸侯间无周天子首肯不得相朝,所谓"寰内诸侯非有天子之命,不得出会诸侯,不正其外交,故弗与朝也"②,其间或相朝也是为了"修王命"③。

诸侯朝觐天子的具体行礼仪节,据《仪礼·觐礼》所载,大体可分为七大步骤:1.郊劳;2.天子赐舍;3.觐见天子;4.三享王;5.肉袒告听事、王劳之;6.赐诸侯车服;7.飨、食、燕礼,乃归。繁复的仪程,其主要目的如何休所说,在于"别君臣之义"④,彰显周天子天下共主的地位。

进入春秋时期之后,周天子天下共主的地位逐渐丧失,朝礼在诸侯间也频繁发生,尤其是弱国对强国霸主的朝见屡见不鲜,"别君臣"的朝礼被各诸侯强国加以利用,正如张大亨所言"春秋之时,小国则朝,大国则否,故经所书朝事不一,皆以小事大之礼也"⑤。

以秦国为例,秦德公东迁,近邻梁、芮二国君主十余年间两度朝秦新君,但之后秦国东扩的势头受挫,之后近三百年再无诸侯朝秦之记载。不过随着战国秦因商鞅变法而强大,秦君再未亲朝或遣使朝他国,而朝秦的列国国君、太子则纷至沓来,甚至连周天子都曾亲自来朝。而秦国仅在秦孝公二十四年由公子少官率领各路诸侯朝觐过一次周天子,并未践行"诸侯之于天子也,五年一朝"⑥的礼

---

① 《楚国礼仪制度研究》,第299页。
② 《春秋穀梁传注疏·隐公元年》,阮元校刻《十三经注疏》本,第2366页。
③ 《左传·文公十五年》:"诸侯五年再相朝,以修王命,古之制也。"
④ 《春秋公羊传注疏·庄公二十九年》何休注,阮元校刻《十三经注疏》本,第2240页。
⑤ [宋]张大亨:《春秋五礼例宗》卷八《宾礼上·朝》,国家图书馆出版社,2006年。
⑥ 《礼记正义》卷一六《王制》,第488页。

制规定。商鞅变法后,战国秦较之东方六国在国力上的优势日趋明显,俨然未受命之天子,坐等万邦来朝,这种高人一等的地位优势,在扣押楚怀王之事上体现得淋漓尽致。

秦军先是对楚国施加军事压力,之后秦昭襄王又遗书约楚怀王在武关会盟,"楚王至,则闭武关,遂与西至咸阳,朝章台,如蕃臣,不与亢礼"①。秦昭襄王派兵裹挟楚怀王入朝咸阳,又不在朝廷上接待,而是如其日后的"坐章台见相如"②,不以见他国国君之礼对待,如"(齐王建)二十八年,王入朝秦,秦王政置酒咸阳"③,径视楚王如蕃臣,并未以飨礼接待,秦楚两国地位之高下立见。

(二)秦国的聘礼

除了突出以小事大、强调尊卑之别的朝礼之外,诸侯间还频繁进行旨在维系国与国间友好关系的聘问礼,或朝或聘,自可见相互间之关系与地位。如《左传·襄公元年》所载:"九月,邾子来朝,礼也。冬,卫子叔、晋知武子来聘,礼也。凡诸侯即位,小国朝之,大国聘焉。以继好、结信、谋事、补阙,礼之大者也。"④邾国乃鲁之附庸,故国君亲自来朝鲁新君,而卫晋则是与鲁地位相当的与国,故只派卿大夫来表示亲近友好。

若以秦国为例,大抵也是如此。春秋初年,秦国作为新兴的诸侯大国,仅在德公和成公即位时接受过近邻小邦梁、芮两国国君的朝新君之礼,当秦穆公相继灭掉二国之后,也就再无他国君主来朝之载。而秦与其余中原大国在地位上基本相当,整个春秋时期,秦与中原大国的外交活动,都以"如""聘""问"的形式载于史册,并无秦君入朝或他国国君来朝的记载。

秦派遣卿大夫出聘的原因也以"谋事"和"继好"为主,如:"(秦康公六年)秦伯使西乞术来聘,且言将伐晋。"⑤"(秦景公十三年)春,秦伯之弟鍼如晋修成。"⑥此外,从"泠至报、问"和"襄仲辞玉"二事中,也可感知春秋前期的秦国即已具备足够的朝聘礼仪素养。

---

① 《史记》卷四〇《楚世家》,第1728页。
② 《史记》卷八一《廉颇蔺相如列传》,第2440页。
③ 《史记》卷四六《田敬仲完世家》,第1902页。
④ 《春秋左传正义》卷二九,第1928页。
⑤ 《左传·文公十二年》,见《春秋左传正义》卷一九下,第1851页。
⑥ 《左传·襄公二十六年》,见《春秋左传正义》卷三七,第1988页。

前者发生在秦穆公十一年,"(晋)惠公既即位,乃背秦赂。使丕郑聘于秦,且谢之"①,"冬,秦伯使泠至报、问"②。晋惠公得益于秦穆公的支持,才终于结束流亡生涯,回国即位,于是遣使聘秦,表示友好与感谢。当年冬天,秦穆公就派遣使者入晋报聘。在春秋时期礼崩乐坏的大背景下,秦穆公仍遵循"礼尚往来"原则,凸显了尚处于向中原学习阶段的秦人坚守西周古礼的决心。

后者发生在上文提及的西乞术聘鲁之时。原文如下:

> 秦伯使西乞术来聘,且言将伐晋。襄仲辞玉,曰:"君不忘先君之好,照临鲁国,镇抚其社稷,重之以大器,寡君敢辞玉。"对曰:"不腆敝器,不足辞也"。主人三辞。宾客曰:"寡君愿徼福于周公、鲁公以事君,不腆先君之敝器。使下臣致诸执事,以为瑞节。要结好命,所以藉寡君之命,结二国之好,是以敢致之。"襄仲曰:"不有君子,其能国乎?国无陋矣。"厚贿之。③

据李无未总结,春秋时期诸侯间遣使聘问的礼仪程式应与西周一致,分为十二大步骤:(1)任命使与介;(2)授币;(3)假道;(4)誓于其境;(5)谒关;(6)迎宾、郊劳、致馆;(7)聘享;(8)辞玉;(9)私面;(10)飨宾;(11)赠贿;(12)复命。④"辞玉"即为其中一环,乃是使者至所聘之国,向主国国君奉送本国国君所送之圭,此圭需先交由主国负责接待宾客的上摈,由上摈入告主国国君赠圭之事,之后下堂辞让此圭,以示尊让,三辞乃受,不过主国国君最终仍然会在宾客归国时将圭玉归还并赠予礼物。此玉为各国国君所宝,在聘问礼仪中充当"贽",用来彰显来聘之盛意,最终虽不会真正收受,却能在辞让之间体现出主国上摈与来国宾客的外交辞令水平。襄仲作为鲁国权臣,其外交辞令自然合礼,而秦使西乞术亦是谦让有礼,同时充分表达了与鲁国交好之心,无怪乎襄仲赞叹秦国的礼仪水平已经"不陋"了。

这种秦与东方诸侯平等交聘的情况一直延续到秦孝公之时,出土的天星观

---

① 《国语集解·晋语三》,第306页。
② 《左传·僖公十年》,《春秋左传正义》卷一三,第1803页。
③ 《左传·文公十二年》,《春秋左传正义》卷一九下,第1851页。
④ 详见《周代朝聘制度研究》,第204—206页。

M1 简和秦家嘴 M99 简,简文有以"秦客公孙鞅聘于楚之岁"①来纪年者。当时商鞅变法刚刚完成,卫鞅尚未受封商君,仍以秦之客卿身份称"公孙鞅"。在此之后再无秦人聘问他国之记载,而多见他国国君、太子来朝之事。想来战国中后期以后,国势日盛的秦人自视地位远超他国,与东方六国的交往已无平等可言。

不过放宽标准来看,国与国之间的宾客往来并没有中断,而是顺应了战国兼并战争的形势,更多演变为遣使外交,聘礼四目中的"谋事"环节被空前放大,"礼尚往来"的成分则被极大削弱。这一新兴外交制度在战国中后期合纵连横的大背景下迅速发展,并逐渐形成了一套新原则与礼仪规程,而秦国作为合纵连横的中心国家,对这种新制度的形成起到了重大作用。

战国中后期新兴的这种遣使外交制度,除本章首节已提及的"所有遣使行为,皆需经国君许可"和"返回必报"原则之外,还逐渐形成一套召见外国使臣的礼仪程式,这从与秦直接相关的"完璧归赵"和"荆轲刺秦王"两件事中便可看出。前者出自《史记·廉颇蔺相如列传》,后者出自《史记·刺客列传》,事实不必细表,仅略述二者相关礼仪信息。

蔺相如初入秦,"秦王坐章台见相如",而蔺相如指斥秦王"今臣至,大王见臣列观,礼节甚倨"②,由此看来,所谓章台乃一般宫殿,并非正廷,是秦王见一般使臣的场所,正式接待场所应是后文提到的"廷",可惜《史记》并未记载秦昭襄王举行正式朝礼的场所。而到了秦始皇时期,其行朝礼的场所当是新建的咸阳宫无疑③,《史记·刺客列传》有"见燕使者咸阳宫"④之语。

蔺相如在初见秦王时,提及"赵王乃斋戒五日,使臣奉璧,拜送书于庭",则可能其他国家国君亲往或遣使朝秦时,亦有国书相送。此外,《战国策·赵策四》载:"秦王使使者报曰:'吾所使赵国者,小大皆听吾言,则受书币。若不从吾言,则使者归矣。'"⑤《战国策·秦策二》:"齐助楚攻秦,取曲沃。其后,秦欲伐

---

① 秦家嘴 M99 第 15 简。见晏昌贵:《秦家嘴"卜筮祭祷"简释文辑校》,《湖北大学学报》(哲学社会科学版)2005 年第 1 期。

② 《史记》卷八一《廉颇蔺相如列传》,第 2440 页。

③ 《史记正义》引《三辅黄图》云:"秦始兼天下,都咸阳,因北陵营宫殿,制紫宫象帝宫,渭水贯都以象天汉,横桥南度以法牵牛。"

④ 《史记》卷八六《刺客列传》,第 2534 页。

⑤ 《战国策笺证》卷二一《赵策四》,第 1222—1223 页。

齐,齐、楚之交善,惠王患之,谓张仪曰:'吾欲伐齐,齐楚方欢,子为寡人虑之,奈何?'张仪曰:'王其为臣约车并币,臣请试之。'"①则除去价值重大、意义非凡的和氏璧和樊於期首级、督亢地图之外,当时使者入他国,除需持表达本国国君旨意的国书外,必要的礼物也是不可或缺的。

另外,蔺相如提出要求"赵王送璧时,斋戒五日,今大王亦宜斋戒五日",秦王虽"遂许斋五日",但恐非秦之成礼,而是欲得璧而为之,不过此后的"舍相如广成传"②,则可视为朝礼"赐舍"环节的保留。

秦王政在接见荆轲时,"朝服",如此则秦昭襄王在正式接见蔺相如时亦当穿着正式的朝服。

秦昭襄王和秦王政在朝堂上接见使者时,皆设九宾,不过此礼恐非如《史记集解》引韦昭所云"九宾则《周礼》九仪"。因九仪据《周礼·秋官·大行人》所载,乃大行人职责之一:"以九仪辨诸侯之命,等诸臣之爵;以同邦国之礼,而待其宾客。"③大行人以五命四爵之等差来区别对待来朝宾客④。而《史记正义》引刘伯庄云:"九宾者,周王备之礼,天子临轩,九服同会。秦、赵何得九宾?但亦陈设车辂文物耳。"⑤秦之九宾礼恐是在朝堂之上陈列多种礼器,以示对使者的尊重。不过从《史记·廉颇蔺相如列传》"引赵使者蔺相如"的记载来看,仍然是有傧者迎接、引领使者入朝的。另外,《史记·刺客列传》所载"群臣侍殿上者不得持尺寸之兵;诸郎中执兵皆陈殿下,非有诏召不得上"⑥,当是秦国为了保障秦王安全而做的较严格的规定,不见礼书有相关记载。

最后,从秦昭襄王"卒廷见相如,毕礼而归之"⑦的记载来看,秦国朝见其他使者还有一套"廷见"之礼,只是具体仪程未见记载。

由此总结,秦的直接遣使外交制度的仪节,大体有以下几个环节:(1)由国君亲自任命使者;(2)授予使者国书与礼物;(3)迎接宾客,安排馆舍;(4)在朝堂

---

① 《战国策笺证》卷四《秦策二》,第230页。
② 《史记》卷八一《廉颇蔺相如列传》,第2441页。
③ 《周礼注疏》卷四四,第1445页。
④ 郑玄注:九仪,谓命者五,公、侯、伯、子、男也;爵者四,孤、卿、大夫、士也。
⑤ 《史记》卷八一《廉颇蔺相如列传》,第2441页。
⑥ 《史记》卷八六《刺客列传》,第2535页。
⑦ 《史记》卷八一《廉颇蔺相如列传》,第2441页。

上设九宾待客;(5)返国报君,君厚赐之。

这套遣使外交仪程,省略了告庙、誓道、辞玉、私觌、送宾等礼仪程式,大大提高了出使效率,更适应战国兼并战争的需要和诸侯间波谲云诡的外交关系。从战国中后期秦国的外交情况来看,除了几次他国来贺,再无与秦有关的聘问礼制活动发生,秦外交活动的主要方式已是效率更高、目的更明确、更能体现国君权威的遣使外交制度。

不过,表现各国臣服于强秦的朝礼则得以保留,且其主体还是各国国君或太子,及至秦朝建立,废分封立郡县而仍不废其礼,如秦始皇元年"改年始,朝贺皆自十月朔"①。

二 秦国会盟礼的仪节

本章首节已述,会盟礼制活动的本意在于维护周天子的权威,但春秋战国以来,天子衰微,会盟礼在诸侯国间时有发生。会盟礼可细分为"会""盟"二礼,所谓"有事而会,不协而盟"②。只有诸侯相会,商讨事宜,并且最终歃血为盟,才算是完整的会盟礼。所谓歃血为盟,乃是通过杀牲并涂抹其血于口以"神圣化其口"③,"共同向天神地祇人鬼(包括先民之神)发誓,通过某种共同的方式取信于神祇,以期获得有效的约束力"④,正如子贡所言:"盟,所以周信也。故心以制之,玉帛以奉之,言以结之,明神以要之。"⑤

这种完整的会盟礼制活动,在各国间尚有信义可言的春秋时期尚存在,但到了相互倾轧、尔虞我诈的战国时期则多只见"会"之记而不见"盟誓"之载。以秦国为例,战国时仅在惠文王更元二年记有张仪和楚、齐、魏相的啮桑之盟,而此事在《史记》的"齐、楚世家"及《六国年表》中皆书"会"而已,颇疑其"盟"字是否为错讹。大概此后秦与他国相会,仅需因共同利益而达成暂时一致,并无宣誓环节可言。

---

① 《史记》卷六《秦始皇本纪》,第237页。
② 《春秋左传正义》卷四二《昭公三年》,第2030页。
③ 〔日〕佐藤广治:《釁と盟詛のとに就いて》,转引自吕静:《春秋时期盟誓研究——神灵崇拜下的社会秩序再构建》,上海古籍出版社,2007年,第182页。
④ 陈戍国:《中国礼制史(先秦卷)》,湖南教育出版社,2011年,第316页。
⑤ 《春秋左传正义》卷五九《哀公十二年》,第2170页。

结合《春秋》《左传》《战国策》的有关记载，以及相关学者的研究成果，可考订，春秋时期比较完备的会盟礼制活动大抵有如下七大仪程：（1）约会与请期。遣使邀约别国参加会盟。（2）除地为坛，确立盟会地点。以国与国边境之台地为佳。（3）排定位次。以亲亲为上。（4）杀牲、执牛耳。（5）歃血。（6）宣誓。分口头与书面两种。（7）飨燕与致饩。诸侯会盟已毕，由主会的霸主宴请与盟者并赠送礼物。①

可惜春秋时期秦国未列霸主，故其与盟之会未见相关仪程描写，仅可推断《诅楚文》"世万子孙，毋相为不利"一句或为秦人盟辞之一。

至于战国，秦自商鞅变法之后，国势日盛，终成会盟活动的中心国家，且随着君主权威的加强，秦惠文王之后，秦与他国会盟皆由秦君与他国国君亲自参加，且地点多为秦兵锋所及之地。其中，记载较详细者当属秦赵"渑池之会"。事载《史记·廉颇蔺相如列传》：

> 秦王使使者告赵王，欲与王为好会于西河外渑池。赵王畏秦，欲毋行。廉颇、蔺相如计曰："王不行，示赵弱且怯也。"赵王遂行，相如从。廉颇送至境，与王诀曰："王行，度道里会遇之礼毕，还，不过三十日。三十日不还，则请立太子为王。以绝秦望。"王许之，遂与秦王会渑池。秦王饮酒酣，曰："寡人窃闻赵王好音，请奏瑟。"赵王鼓瑟。秦御史前书曰："某年月日，秦王与赵王会饮，令赵王鼓瑟"。蔺相如前曰："赵王窃闻秦王善为秦声，请奏盆缶秦王，以相娱乐。"秦王怒，不许。于是相如前进缶，因跪请秦王。秦王不肯击缶。相如曰："五步之内，相如请得以颈血溅大王矣！"左右欲刃相如，相如张目叱之，左右皆靡。于是秦王不怿，为一击缶。相如顾召赵御史书曰"某年月日，秦王为赵王击缶"。秦之群臣曰："请以赵十五城为秦王寿。"蔺相如亦曰："请以秦之咸阳为赵王寿。"秦王竟酒，终不能加胜于赵。赵亦盛设兵以待秦，秦不敢动。②

渑池会包含大量有关战国秦会盟礼制的信息。从中可知，秦君在与他国国

---

① 详参郭玉娟：《楚国会盟礼探微》，《社会科学论坛》2012 年第 1 期；吕静：《春秋时期盟誓研究：神灵崇拜下的社会秩序再构建》，第 170—184 页。

② 《史记》卷八一《廉颇蔺相如列传》，第 2442 页。

君相会之前,仍需遣使相约,并确定地点,而从"秦王竟酒"的记载来看,在会礼之后,尚保留有比较完备的主国飨宴与会国之礼,这些都是战国秦在会盟礼制活动中仍保留的春秋会盟旧制。而宴饮时两国剑拔弩张、斗智斗勇之局则不同于春秋时期霸主主持的会盟活动。会盟发起国本有其政治目的,如此次渑池会,秦即是为来年大规模伐楚而与赵修好,且会盟地点在两国边境之地,各自都会做好军事上的准备,故不同于他国国君、太子深入咸阳的朝觐之礼,秦赵在会上的地位尚大体平等。

随着秦国势力的日益扩张,其与东方六国的不平等性进一步加强,秦国已无须为了某些政治目的而与他国约会修好,故在渑池会次年的秦楚"襄陵之会"后,秦再未发起或参与会盟活动。

有关战国秦会盟礼制仪节的材料仅限于此,并不知其是否还保留有排定位次及杀牲、歃血、宣誓等环节。另据《史记·平原君虞卿列传》:"毛遂谓楚王之左右曰:'取鸡狗马之血来。'毛遂奉铜盘而跪进之楚王曰:'王当歃血而定从,次者吾君,次者遂。'"①可知战国末期赵楚两国仍保留有大国间会盟的这三个环节。稍前秦相张仪与齐楚魏三国执政者的会盟如果是真实存在的,则对此三仪节也当有所保留。

另外,值得注意的是,在已出土的秦简材料中,除睡虎地秦简《日书》甲、乙种篇首的"除"篇有某日"说盟诅"的记载之外,再无有关"盟诅"之事的记载,而上述两篇"除"已被学者指出其文化指向乃是楚系②,故此推断,有别于东方六国,秦国内部恐因其简单的社会结构而一直未盛行盟诅之风,或即因此而秦律对盟诅之事不曾提及。

综上所述,秦国的朝聘之礼始于春秋初年秦襄公立国,起初仅限于西周故地。至秦穆公时期,秦与中原诸国也开始了友好聘问往来,并逐渐与中原诸国聘问礼制活动的演变趋势相同:"礼尚往来"的邦交礼仪色彩逐渐弱化,交换信息和商讨国事的政治色彩日益明显。至战国时代,朝聘礼发生畸变。在此期间,秦

---

① 《史记》卷七六《平原君虞卿列传》,第2367—2368页。
② 详见李学勤:《睡虎地秦简〈日书〉与楚、秦社会》,《江汉考古》1985年第4期;刘信芳:《秦简中的楚国〈日书〉试析》,《文博》1992年第4期;李家浩:《睡虎地秦简〈日书〉"楚除"的性质及其他》,《著名中年语言学家自选集·李家浩卷》,安徽教育出版社,2002年,第363—387页。

国发挥了关键性的推动与整合作用,周天子朝聘礼的废弃就与秦国的推波助澜有关。战国秦自惠文君之后再无报聘行为,而是各国国君和太子纷纷朝秦,显示了秦在战国中后期的霸主地位。为了适应战国复杂的外交形势,遣使外交制度得到较快发展,使者的地位空前提高,质使、相使等外交形式也被灵活运用。

秦国的会盟礼制活动始于春秋初年周天子对秦襄公的赐盟。到了秦穆公时期,秦国正式开始了与东方诸侯的会盟活动。起初致力于维护区域的政治平衡,之后依托新霸晋文公,参与霸主会盟。此后盟誓的诚信效应消减,秦国亦不例外,开始出于自身利益的需要而背盟。自秦景公之后,秦国一度断绝了与中原诸侯的会盟活动,东方诸国大夫主盟和内部盟誓活动愈益频繁,而秦国自始至终未发生此类事情,已公布的秦系秦简材料中,皆无盟诅之载。

战国时期,各国君主重新成为国家间会盟活动的主体参与者,秦国也仍以国君参会为主。会盟礼制的诚信原则几乎完全丧失,已然蜕变为国家间攫取或维护自身利益的权宜之计甚至是手段,秦国也不例外,充分利用会盟手段破解六国合纵。至秦昭襄王时,秦国的会盟礼制活动达到顶峰,但随着秦与六国均势的彻底被打破,以及国家间会盟礼诚信效用的彻底丧失,秦王不再外出与其他国君会盟,皆是六国往朝秦君。

宾礼仪节方面,秦国在春秋前期即表现出足够的朝聘礼仪素养,"谋事""继好""报问""辞玉"皆合乎周礼。这种与东方诸侯平等交聘的情况一直延续到秦孝公之时,之后被遣使外交制度所取代。这种新兴的外交制度需遵守"所有遣使行为,皆需经国君许可"和"返国必报"原则。秦国的直接遣使外交制度仪节,大抵包括国君亲自任命使者、授予使者国书与礼物、迎接宾客并安排馆舍、在朝堂上设九宾待客、返国报君然后君厚赐之五个环节,其仪节较之朝聘礼仪大为简省,更适应战国中后期复杂的外交形势,且更能体现国君权威,因此迅速成为秦国主要的外交形式。

第三章 丧礼

因为考古材料的极大丰富,有关秦人丧葬制度与习俗的研究颇多,主要包括秦公帝王陵墓制度、秦国上层贵族墓葬制度与特点、秦人中小型墓葬制度与特点、葬式和从死殉人习俗等几大方面。学界已经基本搞清楚了秦公帝王陵墓的发展演变脉络,并根据青铜器与随葬品对西周至汉初的秦文化墓葬进行了较为细密的分析,还达成了秦人葬式不同代表其来自不同族群以及嬴秦的殉葬习俗源自东夷的共识。不过,学界的研究主要基于秦人丧葬制度与习俗中的某些具体问题的研究,尚缺乏针对秦人丧葬礼制诸方面的综合研究。针对这一缺憾,本章将以"三礼"所载的丧葬礼仪程序为主要线索,依次展开对秦人丧葬礼仪情况的探讨,主要包括讣告、吊丧、敛尸礼俗、下葬礼俗与棺椁制度等丧礼环节,尽力复原秦人丧葬礼仪的具体仪节,并将其与"三礼"文献的相关材料对读,探讨秦人在丧葬环节上对周礼的尊崇和作为西部边陲之邦在丧葬方面的独特之处,探讨秦与各诸侯国在丧葬礼仪文化上的双向渗透。

第一节 "三礼"所见丧礼仪节概述

《仪礼》的《丧服》《士丧礼》《既夕礼》《士虞礼》四篇,详细叙述了依照与死者关系的亲疏远近,服丧者所穿服装的不同及居丧时间的长短,以及士从临终、始死、小大殓、下葬、葬后安魂祭直至三年期满的禫祭等全部丧葬礼仪环节。此外,《礼记》中的部分篇章也对丧葬礼仪进行了解释和补充,如《大传》《间传》《丧大记》《杂记》《丧服小记》《曾子问》《问丧》《服问》《檀弓》《丧服四制》《奔丧》等。下面综合上述篇章,先对丧礼仪节进行简要阐述。

完整的丧礼依照时间顺序,可划分为临终、死后、入葬和葬后四大部分。

一　临终

士将死,需移居正寝(即堂后西室)以待寿终。在此期间,国君和亲朋根据各自身份等级对临终之士进行或多或少的探访,家人也要为之斋戒、洒扫。将死之时,家人尚须祷告门、户、行、灶、中霤等五祀,在临终者鼻前放少许丝绵以判断其有无气息(属纩)。

二　死后

病人始死,家人即"复"——家中侍者登屋顶为其招魂。此后,将死尸迁于南窗下,并为其用角柶(角质匙)楔齿、燕几缀足,以防死者尸体僵硬,导致无法饭含和不便包裹。同时,还要设奠和帷堂,即在尸体东面供奉脯醢、醴酒以祭奠死者,并用布帷掩尸。然后,丧主要派使者去各处报丧(讣告),而主人和亲属则各入哭位哭泣。此后君使及其余宾客会陆续前来吊丧,并赠送装殓的衣、被(致襚),除国君和尊者所派使者外,丧主皆不必出门迎送。待陆续完成设铭、沐尸、饭含及小殓、大殓与入殡等环节之后,士已死三日,家人终于完成了死者的敛藏工作。然后各级亲属开始依据血缘关系的亲疏穿戴不同形制的正式丧服,分斩衰、齐衰、大功、小功、缌麻五等,各自的服丧时间也依此五等递减。

三　入葬

此部分严格来说,可以称作"葬礼"。关于不同等级的人从死亡到最终落葬入圹的时间间隔,《礼记·杂记下》云:"士三月而葬……大夫三月而葬……诸侯五月而葬。"[①]《礼记·王制》云:"天子……七月而葬。诸侯……五月而葬。大夫、士、庶人……三月而葬。"[②]在选好墓地、棺椁和明器,并卜定下葬之日后,家人会把棺柩下葬日遍告亲友。下葬日前一天的清晨,家人要将死者棺柩从家中堂上暂时停尸的坎穴中抬出(启殡),用輴轴把棺柩运到祖庙中,表示死者前来向祖宗告别(朝祖)。在告别仪式结束之后,国君和亲朋根据与死者关系的远近,陆续前来赠送数量不等的助丧物品及陪葬明器,分别书于"方"(木牍)与

---

① 《礼记正义》卷五二《杂记下》,第1668页。
② 《礼记正义》卷一七《王制》,第512页。

"策"(竹简)之上,谓之"赗书""遣策"。葬日当天天明,首先由主人之史和公史(都是丧主的文吏)分别宣读"赗书"和"遣策",向来宾展示随葬的物品及亲朋赠赠的物品。宣读完后,商祝指挥众人引柩车前往墓地下葬。在此之前,商祝应完成对柩车的装饰。等柩车运到墓穴(圹)前,先陈列明器于墓道两侧,然后按顺序向墓中放随葬品。众人再用绳索提拉灵柩徐徐入圹。之后,覆以棺饰,棺椁间放入陪葬的明器和苞、筲等物,"然后在其上加椁盖板、抗席、抗木,最后封土"①。

四 葬后

"葬毕,主人与众亲、众宾不待墓筑好就先回祖庙哭泣"(反哭)②,之后接连进行三次安神祭(虞祭),分别在入葬日中午、隔一天及其次日。此后再隔一天行卒哭之祭,停止朝夕无间断的哭泣。至此,由凶礼转为吉礼。其明日,奉死者神主入祖庙,依昭穆顺序附于死者祖父之后(班祔)。人死一周年,行小祥之祭;两周年,行大祥之祭;其后隔月合祭宗庙(禫祭),直至三年之丧结束。

第二节 秦人的讣告、吊丧礼仪

有关秦人治丧礼仪的记载少见于典籍史册,需要借助考古资料来推断与补充其中间某些环节。本节将兼采文献与考古发掘成果,尽量复原秦人治丧礼仪之仪程。

一 讣告

《左传·文公十四年》曰:"凡崩、薨,不赴,则不书;祸、福,不告,亦不书。惩不敬也。"③说明若君死不派使者前来讣告,则其死讯必不见于《春秋》经文。秦穆公之死仅见于传文,"(鲁文公)六年,春,……秦伯任好卒"④,而经文不具,则

---

① 《楚国礼仪制度研究》,第80页。
② 钱玄:《三礼通论》,南京师范大学出版社,1996年,第605页。
③ 《春秋左传正义》卷一九下,第1853页。
④ 《春秋左传正义》卷一九下,第1844页。

秦穆公之死并无人去鲁国讣告。

或许秦人当时尚无君死讣告他国之礼,当然,也可能是当时秦鲁尚未成同盟,故无须遣使去鲁国讣告秦君死讯。《左传·隐公七年》经载:"七年,春,王三月……滕侯卒。"不书其名。传文解释道:"七年,春,滕侯卒。不书名,未同盟也。凡诸侯同盟,于是称名,故薨则赴以名,告终、嗣也,以继好息民,谓之礼经。"①则当时秦鲁若为同盟之国,秦君之死依礼当遣使去鲁国讣告。

鲁僖公时期,秦鲁曾参与会盟,《左传·僖公二十九年》载:"夏,公会王子虎、晋狐偃、宋公孙固、齐国归父、陈辕涛涂、秦小子慭,盟于翟泉,寻践土之盟,且谋伐郑也。"②不过,当时的会盟乃是以晋为主,秦鲁皆附晋而已,且此后秦晋关系恶化,难以判断秦鲁是否仍为同盟。秦穆公死后,其子康公重新与鲁交好,并遣使聘鲁。《左传·文公十二年》载:"秦伯使西乞术来聘,且言将伐晋。"③西乞术凭借其熟练的外交辞令,博得鲁国执政东门襄仲的欢心,东门氏厚赐其礼物。秦鲁或在此时得以重续旧盟。

秦康公之死及其名即见诸《左传·文公十八年》经文:"十有八年,春,王二月……秦伯罃卒。"④其子秦共公之死亦见于《左传·宣公四年》经文:"四年,春,王正月……秦伯稻卒。"⑤其孙秦桓公嬴荣也不例外,"(鲁成公)十有四年……冬,十月……秦伯卒"⑥。而其曾孙秦景公嬴石,《春秋》经文更是既载其卒时又载其葬月。只是此时避居西土的秦国已不再与鲁同盟,故《春秋》经文不再书秦伯之名。

不过,值得注意的是,秦景公及其后代国君卒时,其名虽不见诸《春秋》经文,然其死讯仍载于经文。如:《左传·昭公五年》经曰:"秋,七月……秦伯卒。"次年经文又云:"六年,春,王正月……葬秦景公。"传文云:"大夫如秦,葬景公,礼也。"⑦其子秦哀公嬴籍之卒亦见于《春秋》经文:"(鲁定公)九年……秋……

---

① 《春秋左传正义》卷四,第 1732 页。
② 《春秋左传正义》卷一七,第 1830 页。
③ 《春秋左传正义》卷一九下,第 1851 页。
④ 《春秋左传正义》卷二〇,第 1860 页。
⑤ 《春秋左传正义》卷二一,第 1869 页。
⑥ 《春秋左传正义》卷二七,第 1913 页。
⑦ 《春秋左传正义》卷四三,第 2040、2043、2043 页。

秦伯卒。冬,葬秦哀公。"①嬴籍的后继者,其孙秦惠公嬴宁之卒葬亦皆见诸《春秋》经文:"(鲁哀公三年)冬,十月,癸卯,秦伯卒。""四年,春,王二月……葬秦惠公。"②结合"凡崩、薨,不赴,则不书"的礼制规定,既然此时《春秋》经文仍书"秦伯卒",则春秋后期的秦人虽僻处西土,"不与中国之会盟",却仍在君薨之时向鲁国遣使讣告。

在秦景公在位期间去世的霸主晋悼公,其死讯并不见于《春秋》经文,仅见于传文,"(鲁襄公十五年)冬,晋悼公卒"。而上一年之经文记载:"(鲁襄公)十有四年,春,王正月,季孙宿、叔老会晋士匄、齐人、宋人、卫人、郑公孙虿、曹人、莒人、邾人、滕人、薛人、杞人、小邾人会吴于向。"③则鲁与晋之前已是同盟,而晋悼公死后并未遣使到鲁国讣告,可见春秋后期的同盟讣告之礼已不再被严格执行。两相对照,更显秦人恪守周礼之心。

从秦惠公的卒期和葬期来看,正好相距五个月,正合所谓"诸侯五月而葬"之礼。《礼记·王制》:"天子七日而殡,七月而葬。诸侯五日而殡,五月而葬。大夫、士、庶人三日而殡,三月而葬。"④《礼记·礼器》:"礼有以多为贵者。……天子崩,七月而葬,五重八翣;诸侯五月而葬,三重六翣;大夫三月而葬,再重四翣。"⑤而从春秋后期的实际情况看,天子或诸侯的卒葬之期往往不能合于礼制,而此时秦君的薨丧之期却逐渐向礼制靠拢,更显难能可贵。

最后,值得注意的是,《礼记·曲礼》载:"天子死曰'崩',诸侯曰'薨',大夫曰'卒',士曰'不禄',庶人曰'死'。"⑥然考之《左传》,对天子之死称"崩"无异载,然其除对本国国君之死称"薨"外,对其他国君之死皆仅称"卒"。不知是贬低他国以抬高己国,抑或春秋时期此项称谓礼并未真正完备。对此,郑玄认为是异名以与他国区别,"始死书卒,史在国承赴,为君故,恶其薨名,改赴书也"。孔颖达也认可其说法,并做了更详细的解释:"诸侯曰薨,礼之正名。鲁史自书君死曰薨。若邻国亦同书薨,则与己君无别。国史自在己国,承他国赴告,为与己

---

① 《春秋左传正义》卷五五,第 2143 页。
② 《春秋左传正义》卷五七,第 2157、2158 页。
③ 《春秋左传正义》卷三二,第 1960、1955 页。
④ 《礼记正义》卷一七《王制》,第 512 页。
⑤ 《礼记正义》卷三二《礼器》,第 963 页。
⑥ 《礼记正义》卷七《曲礼》,第 209 页。

君同,故恶其薨名。虽赴称薨,皆改赴书卒,略外以别内也。"①

综上可知,春秋时期,秦国至迟从秦康公时期就有了君死讣告的做法,且一直延续下去。战国时期,则有韩王与楚春申君来吊秦昭襄王之记载,可知秦昭襄王之死讯至少遣使讣告了韩、楚两国,其余秦君的情况则不详。不过,从《史记·赵世家》"主父定死,乃发丧赴诸侯"②的记载来看,主父定已退位,而其死后赵国仍讣告诸侯,则战国时期诸侯死而讣告他国仍是理所应当之事。

二 吊丧、赠襚与会葬之礼

诸侯之死讣告他国,他国当遣使来吊,赠送装殓死者的衣服及其他助丧物品,其仪程如《礼记·杂记》所载:"诸侯使人吊,其次含、襚、赗、临,皆同日而毕事者也。其次如此也。"③吊丧,赠送饭含之璧玉、装殓的衣服、助丧财物,使者临尸而哭,五事一天内顺接完成。

这套仪节一般要在入殡前完成,邻国最迟也当在下葬之前赶来助丧,所谓"赠死不及尸……非礼也"④,就是说吊、含、襚、赗之事,若晚于死者下葬,则不合礼仪制度。不过这主要是针对方岳同盟之国而言的,即所谓"诸侯五月,同盟至",非同盟之国本无遣使吊襚的义务,所以才会出现很多既殡甚至下葬后才来吊襚仍称有礼的情况,贾公彦云:"殡后,诸侯遣使致含、襚、赗之礼,主人受之。虽不及事,容致厚意。"⑤

春秋中期,秦人即有葬后才来吊襚之事。《左传·文公九年》载:"(冬)秦人来归僖公、成风之襚,礼也。诸侯相吊贺也,虽不当事,苟有礼焉,书也,以无忘旧

---

① 《春秋左传正义》卷三,第1722页。
② 《史记》卷四三《赵世家》,第1815页。
③ 《礼记正义》卷五二《杂记》,第1668页。
④ 《左传·隐公元年》经:"秋,七月,天王使宰咺来归惠公、仲子之赗。"传:"秋,七月,天王使宰咺来归惠公、仲子之赗。缓,且子氏未薨,故名。"郑玄注:"宰,官;咺,名也。咺赠死不及尸,吊生不及哀,豫凶事,故贬而名之。"孔颖达疏曰:"惠公薨在往年,明年仲子始薨,盖于时有疾,王闻其疾,谓之已薨,故使大宰大夫名咺者来至于鲁,并归惠公仲子之赗。"(《春秋左传正义》卷二,第1714页)
⑤ 语出《周礼·小宰》贾公彦疏。

好。"①此时,鲁僖公已去世十年而文公母成风也已下葬五年。《左传·文公五年》经:"三月,辛亥,葬我小君成风。"②秦人的致禭无疑是晚于入殡了。但因秦鲁本非方岳同盟,且秦鲁虽之前有翟泉之盟,但此后秦与盟主晋交恶,秦鲁亦无同盟可言,秦本无前来吊禭之义务,此时来致禭以示修好,无疑是有礼之举。

在此之前,晋献公去世时,秦穆公曾派人吊丧。《礼记·檀弓》:"晋献公之丧,秦穆公使人吊公子重耳。"不过,当时重耳流亡在翟,并非丧主,故不合用诸侯相吊之礼,重耳深知此点,"稽颡而不拜,哭而起,起而不私",不敢以丧主自居。使者将此事向穆公报告,穆公也称赞重耳:"仁夫公子重耳!夫稽颡而不拜,则未为后也,故不成拜。哭而起,则爱父也。起而不私,则远利也。"③由此也可看出,秦穆公时秦人对于这套诸侯间的相吊礼仪已经十分熟悉了。

另外,从《左传》的记载可知,春秋时期,诸侯及其夫人下葬之时尚有国君、诸侯遣使会葬之礼。前来送葬的使者因死者身份而有所区别,如《昭公三十年》传曰:"先王之制:诸侯之丧,士吊,大夫送葬;唯嘉好、聘享、三军之事,于是乎使卿。"④而事实上,春秋时期,天子、诸侯遣卿为诸侯及其夫人送葬之事多见,鲁国依礼派大夫为秦景公送葬之事反而被当作守礼典范而记录在册,《左传·昭公六年》:"大夫如秦,葬景公,礼也。"⑤

及至战国时期,还有秦人参与他国君主下葬礼仪之事见载,只不过,当时已不只是遣使,还会派军队会葬。《史记·赵世家》:"二十四年,肃侯卒。秦、楚、燕、齐、魏出锐师各万人来会葬。"⑥而此事礼书未见记载。

此外,仅见韩王与春申君吊秦昭襄王之事,《史记·秦本纪》:"(秦昭襄王)五十六年秋,昭襄王卒,子孝文王立。……而合其葬于先王。韩王衰绖入吊祠,诸侯皆使其将相来吊祠,视丧事。"⑦《史记·楚世家》:"(楚考烈王)十二年,秦

---

① 《春秋左传正义》卷一九上,第 1847 页。
② 《春秋左传正义》卷一九上,第 1842 页。
③ 《礼记正义》卷一二《檀弓下》,第 359 页。
④ 《春秋左传正义》卷五三,第 2125 页。
⑤ 《春秋左传正义》卷四三,第 2043 页。
⑥ 《史记》卷四三《赵世家》,第 1803 页。
⑦ 《史记》卷五《秦本纪》,第 218—219 页。

昭王卒,楚王使春申君吊祠于秦。"①其赗襚情况不明,但一君一卿前来吊丧,早已逾越了"诸侯之丧,士吊"的先王之制,反映出吊丧礼制在战国时期的新发展以及秦国实力的强大。

关于服丧期,从现有史料来看,先秦时期的诸侯为了治理国家的需要,并不能实行"三年之丧",《礼记·丧大记》云:"君,既葬,王政入于国,既卒哭而服王事。"②杜预总结为:"天子诸侯除丧当在卒哭。"③

另据《礼记》可知,大夫以上贵族的虞祭与卒哭祭并不在同一个月,《礼记·杂记》:"士三月而葬,是月也卒哭。大夫三月而葬,五月而卒哭。诸侯五月而葬,七月而卒哭。士三虞,大夫五,诸侯七。"④据此推断,春秋时期天子七月而葬,当九月而卒哭,此后即可除丧,而一般的诸侯国君则是五月而葬,七月卒哭并除丧。

《史记·秦本纪》:"(秦昭襄王)五十六年秋,昭襄王卒,子孝文王立。尊唐八子为唐太后,而合其葬于先王。韩王衰绖入吊祠,诸侯皆使其将相来吊祠,视丧事。孝文王元年,赦罪人,修先王功臣,褒厚亲戚,弛苑囿。孝文王除丧,十月己亥即位。"⑤另据睡虎地秦简《编年记》"五十六年,后九月,昭死"⑥可知,秦昭襄王乃上一年闰九月去世。则秦孝文王当是昭襄王卒后整一年才除丧,则战国时期秦君当是为前任国君服一年之丧。

另据《史记·秦始皇本纪》:"七月丙寅,始皇崩于沙丘平台。丞相斯为上崩在外,恐诸公子及天下有变,乃秘之,不发丧。……行从直道至咸阳,发丧。太子胡亥袭位,为二世皇帝。九月,葬始皇郦山。"⑦秦始皇死后,李斯担心其崩在外,公布后恐有变故,乃秘不发丧,到了咸阳后才发丧,此后很快下葬。即使从秦始皇崩之日算起,其卒期与葬日也不足两月。由此再看秦孝文王在其父昭襄王死后,紧接着追尊其母并将其与父王合葬的情形,可以说明秦昭襄王死后也是在月

① 《史记》卷四〇《楚世家》,第 1736 页。
② 《礼记正义》卷五四《丧大记》,第 1752 页。
③ 《春秋左传正义》卷四七,第 2078 页。
④ 《礼记正义》卷五二《杂记》,第 1668 页。
⑤ 《史记》卷五《秦本纪》,第 218—219 页。
⑥ 《秦简牍合集(壹)》,第 10 页。
⑦ 《史记》卷六《秦始皇本纪》,第 264—265 页。

余之内即下葬,且秦孝文王在其父死后即已袭位并主政,只是服丧满一年后方正式行即位礼仪。

由此可知,战国中后期的秦君已不再遵循"天子七月而葬或诸侯五月而葬"的旧礼,代之以秦君卒后月余即葬,之后继任国君为前代国君服一年之丧。前代国君的停殡日期大大缩短,有助于新任秦君迅速主政,以应对日趋激烈的兼并战争形势与国家间外交关系纷繁复杂的局面。而服丧时间有所延长则有助于维持、强化前代国君的宗法礼仪地位,这套改良的秦君服丧礼仪,兼顾现实政治的实用性与宗法礼仪的权威性,故而在秦朝时期依然被遵行。

第三节 秦人的敛尸礼俗

一 沐尸

停尸期间,需用淘米水沐浴尸体。仪节颇多,推断其中可适用于秦人的至少有以下两条:

首先,《仪礼·士丧礼》载:"士有冰,用夷槃可也。"①郑玄注:"谓夏月而君加赐冰也。夷槃,承尸之槃。"又《周礼·凌人》亦云:"大丧,共夷槃冰。"②《礼记·丧大记》云:"君设大槃,造冰焉。大夫设夷槃,造冰焉。士并瓦槃,无冰。设床襢笫,有枕。"③则人死后依据等级置冰于尸床下,以防尸体腐烂,到士一级一般不用冰,今因君加赐,固可于夏月用冰。1976年,陕西凤翔姚家岗发掘出一座大型春秋时期秦国凌阴遗址。该遗址呈倒长方形,主体为方形窖穴,四周设回廊,其西回廊正中有一通道,其中平行设置五道槽门,并设有水道以利冰消排水,其外围又有1米宽、0.5米厚的土墙,藏冰、排水设施完备,颇符合"藏之也周"的贮冰原则④,也在实物上证明了秦人至迟在春秋时期就具备了比较完备的藏冰

---

① 《仪礼注疏》卷三六《士丧礼》,第1074页。
② 《周礼注疏》卷五《天官·凌人》,第176页。
③ 《礼记正义》卷五三《丧大记》,第1725页。
④ 《春秋左传正义》卷四二《昭公四年》,第2034页。

系统,其用冰制度也应在国君、大夫间流行,那么,国君、大夫以及部分得到加赐的士在死后停尸期间是可以享受到以冰寒尸之礼的。

其次,给尸体沐浴时要梳理头发,沐浴完毕,还要把死者的手足指甲与胡须修剪得如生前一般(蚤揃如他日),再用丝带为死者束发髻并插笄。另据《仪礼·士丧礼》"巾、栖、鬠、蚤埋于坎"①可知,在为死者穿好衣服之后,为死者饭含和沐浴用的巾、楔齿的栖、梳头时梳下的乱发以及为死者剪下的手足甲最后都要埋到堂下阶间的坎穴里。可见时人对于死者发须指甲的爱惜与重视。不过到目前为止,暂无叙述死者头发与指甲状况的考古报告或简报发表,但从出土秦律对毁伤他人头发、须眉的严苛惩罚规定来看,秦人对下葬死者的须发指甲等也应该是非常爱惜的,梳理头发、修剪胡须指甲应该是必不可少的。睡虎地秦墓竹简《法律答问》规定:

或与人斗,缚而尽拔其须麋(眉),论可(何)殹(也)?当完城旦。(81)

拔人发,大可(何)如为"提"?智(知)以上为"提"。(82)

或斗,啮断人鼻若耳若指若唇,论各可(何)殹(也)?议皆当耐。(83)

士五(伍)甲斗,拔剑伐,斩人发结,可(何)论?当完为城旦。(84)②

简81讲和别人私斗时,捆绑他人并尽拔其胡须和眉毛,要被判"完城旦",即保全其身体完整,不加肉刑,罚去做筑城的刑徒。简82则讲解了拔人头发到了其他人能觉察的程度就算"提",会有相应的处罚。简83讲和别人私斗中,咬断了别人的鼻、耳、指、唇,要被判处剃去鬓发、胡须的耐刑。简84讲和别人私斗时,拔剑削去了别人的发髻,也要被判"完城旦"。对比咬断鼻、耳、指、唇的惩罚,显然扒光胡须眉毛和斩人发髻的刑罚要更重一些,体现出秦人对发须的高度重视。此外,睡虎地M11还出土了丝帽与竹笄,证明秦人死后沐浴完毕会盘发髻。③

---

① 《仪礼注疏》卷三六《士丧礼》,第1082页。
② 《秦简牍合集(壹)》,第229—230页。
③ 《礼记正义》卷一二《檀弓下》,第362页。

《孝经·开宗明义》言曰："身体发肤,受之父母,不敢毁伤,孝之始也。"①秦律中对伤人发须及鼻耳唇行为的严厉惩罚,以及在沐尸阶段对于发须的爱惜,都体现了战国秦人对于儒家精神的肯定,证明秦法确如《商君书·壹言》所言"因世而为之治,度俗而为之法。故法不察民之情而立之,则不成",乃是审度民俗、民情所为。

二 饭含

饭含之俗起源很早,新石器时代晚期的大汶口文化即有发掘实证,饭含初衷,当是亲人不忍死者在另一个世界挨饿,即《礼记·檀弓》所言:"饭用米、贝,弗忍虚也。不以食道,用美焉尔。"②不过,随着社会文明程度的提高,饭含不再使用平常饮食,而是改用比较珍贵的稻米及作为货币的贝壳,并且这一含贝习俗还渐渐有了等级规定。《礼记·杂记》:"天子饭九贝,诸侯七,大夫五,士三。"③不过,据郑注"此盖夏时礼也。周礼,天子饭含用玉"可知,随着社会的进一步发展,含贝习俗已非周代贵族之常礼,饭含之物也变得更加珍贵。

在周礼系统中,饭与含已经有了区分。《周礼·典瑞》云:"大丧,共饭玉,含玉,赠玉。"④郑玄注曰:"饭玉,碎玉以杂米也。含玉,柱左右齻及在口中者。《杂记》曰'含者执璧将命',则是璧形而小耳。"⑤则"饭"乃以碎玉混合谷物,"含"则是以玉来撑住口腔。其谷物,《礼记·丧大记》云:"君沐粱,大夫沐稷,士沐粱。"⑥《仪礼·士丧礼》云:"稻米一豆,实于筐。沐巾一、浴巾二,皆用绤,于笲。"⑦诸侯国君饭粱,大夫饭稷,天子之士饭粱,诸侯之士饭稻。至于含,孔颖达综合"三礼"及《左传》多处记载,认为天子、诸侯皆含璧,卿大夫用珠,士用贝,并认为含数为天子九、诸侯七、大夫五、士三。⑧此外,何休《春秋公羊经传解诂》云

---

① 《孝经注疏》卷一《开宗明义》,第 2545 页。
② 《礼记正义》卷一二《檀弓下》,第 362 页。
③ 《礼记正义》卷五二《杂记》,第 1668 页。
④ 《周礼注疏》卷二三《春官·典瑞》,第 783 页。
⑤ 《礼记正义》卷五一《杂记》,第 1623 页。
⑥ 《礼记正义》卷五三《丧大记》,第 1722 页。
⑦ 《仪礼注疏》卷三五《士丧礼》,第 1065 页。
⑧ 见《礼记正义·檀弓下》"饭用米、贝"下孔颖达疏。

"天子以珠,诸侯以玉,大夫以碧,士以贝"①,《礼纬·稽命征》云"天子饭以珠,含以玉。诸侯饭以珠,含以璧。卿大夫饭以珠,含以贝"②,《说苑·修文》云"天子晗实以珠;诸侯以玉;大夫以玑;士以贝;庶人以谷实"③。以下结合陇东、关中等秦人统治核心区域的相关考古材料,探讨秦人饭含之礼。

关于秦墓的分期,比较经典的是滕铭予对中小型秦墓等级的四分法:"根据秦文化中小型墓葬中随葬器物的类别,兼及墓葬规模和葬具多寡,将秦文化中小型墓葬划分为四类:(1)A类墓。随葬有青铜礼器,或共出有仿铜陶礼器和日用陶器。这一类墓葬规模往往较大,墓室长度多在4米以上,葬具为一棺一椁或多重棺椁,有的有殉人,或有殉车马。(2)B类墓。不见有青铜礼器,随葬仿铜陶礼器,或共出有日用陶器。墓室长度多在4—2.5米之间,葬具多一棺一椁。(3)C类墓 仅随葬日用陶器。墓室长度多在3—1.8米之间,葬具多为一棺,也有一棺一椁者。(4)D类墓不随葬以上任何一类器物,但或有带钩类的服饰用器。墓室规模及葬具与C类墓并无明显区别,只是其墓室偏小者较多,葬具多为一棺,也有有椁者。"④在讨论秦墓丧葬用玉、石葬俗时,我们将滕文的BCD类型等同视为平民阶层,参考朱歌敏对关中地区出土玉器的秦墓等级划分⑤,做出如下三个层次的划分:

1. A类墓。墓葬规模较大,随葬五鼎及以上铜礼器,有殉人或殉车马,墓主系大夫以上高级贵族阶层。

(1)西周春秋之交的大堡子山秦公大墓M2、M3或许因盗掘之故,未见饭含之物,不知M3墓主胸、颈部位残留的大量琥珀珠是串饰抑或墓主所饭之珠。⑥不过从其后代秦景公只含玉麦粒和玉琀蝉的情况来看⑦,早期秦公即使有饭含也不至于如此僭越。

(2)陕西户县(今西安市鄠邑区)宋村M3系春秋前期五鼎大夫级秦墓,墓

---

① 《春秋公羊注疏》卷一三,《文公五年》,第2268页。
② 并见《礼记正义·檀弓下》"饭用米、贝"下孔疏。
③ [汉]刘向撰,向宗鲁校证:《说苑校证》,中华书局,1987年,第493页。
④ 《秦文化:从封国到帝国的考古学观察》,第22—26页。
⑤ 朱歌敏:《关中地区秦墓葬玉探析》,《文博》2016年第4期。
⑥ 戴春阳:《礼县大堡子山秦公墓地及有关问题》,《文物》2000年第5期。
⑦ 刘云辉:《陕西出土东周玉器》,文物出版社,2006年,第121—124页。

主无口含,但其四个殉人皆有口含。①

（3）陕西凤翔千河（古称汧河）下游的孙家南头共发掘春秋秦墓91座,上限年代为春秋早期晚段到春秋中期,下限年代当在春秋末期。以小型墓葬为主,仅有六座大中型铜器墓,其中规模最大、级别最高的M191,系春秋中晚期大夫级墓葬,"棺内人骨架已腐朽成粉状,依据骨粉迹象可判定是单人直肢葬,头向西"②,应是秦公室成员或国人上层。四壁龛殉6人,其中北壁西龛殉人口含石贝1件。相当于墓主人头部位置发现一石蝉,"白色,表面酥粉。形体特小,体似蝉,阴刻有蝉翼,凸圆目,尖尾,背平齐。长1.5、宽0.8、厚0.5厘米"③,或为口含④。其陪葬车马坑(CMK3)的3号殉人口含一残玉璜。⑤

（4）甘肃礼县圆顶山墓地,系春秋中晚期秦国宗室贵族墓地。目前经两次发掘,共发掘墓葬4座,车马坑1座。98LDM2,其墓主身份大概为"公卿大夫一类的中等贵族"⑥,发掘石琀两块,不过从发掘位置来看,应该是殉人所含。98LDM1,墓主为98LDM2墓主的夫人,殉葬三人皆有口含,X1殉人口含圆柱状石器1件,X2殉人口含圆柱状石饰1件,X3殉人头部置圆柱状石饰1件。⑦

（5）春秋晚期的秦公一号大墓,出土有玉琀蝉、玉麦粒、玉贝⑧,其中玉贝钻有圆孔,可能是串饰或棺椁饰,玉琀蝉和玉麦粒则为饭含无疑。

2. B类墓。墓葬中等规模,随葬三鼎及以下,不见殉人或少量殉人,墓主系

---

① 陕西省文管会秦墓发掘组:《陕西户县宋村春秋秦墓发掘简报》,《文物》1975年第10期。
② 陕西省考古研究院、宝鸡市考古研究所、凤翔博物馆编著:《凤翔孙家南头——周秦墓葬与西汉仓储建筑遗址发掘报告》,科学出版社,2015年,第64—65页。
③ 《凤翔孙家南头——周秦墓葬与西汉仓储建筑遗址发掘报告》,第74页。
④ 《凤翔孙家南头——周秦墓葬与西汉仓储建筑遗址发掘报告》,第66页,图七一。
⑤ 《凤翔孙家南头——周秦墓葬与西汉仓储建筑遗址发掘报告》,第241页,图二四二。
⑥ 甘肃省文物考古研究所、礼县博物馆:《甘肃礼县圆顶山98LDM2、2000LDM4春秋秦墓》,《文物》2005年第2期。
⑦ 甘肃省文物考古研究所、礼县博物馆:《礼县圆顶山春秋秦墓》,《文物》2002年第2期。按:98LDM3,系男性中等贵族墓葬,简报称98LDM1和98LDM3共出土玉琀7件,绿色,圆柱状,两端大小相同。但从两座墓葬的平、剖面图来看,仅前者的三个殉人各有一口琀,其统计恐有偏差。
⑧ 《陕西出土东周玉器》,第121—124页。

士一级中小贵族。

（1）1976年,在北距凤翔县城四公里的雍水南岸的八旗屯,发掘出春秋战国时期秦国墓葬40座,车马坑4座。其中CM2系春秋早期三鼎元士墓①,随葬2殉人②。墓主无口含,其中一个殉人口含玉琀1件。③ 另外,较此稍后公布的BM32春秋早期秦墓,因被盗,不见鼎簋等青铜器,但从其随葬有5个殉人且其墓的长度超过CM2的情况来看,BM32墓主的身份至少也是士。该墓发现石琀8件,玉蝉1件④,因简报没有描述玉蝉的具体形态,也没有给出该墓平、剖面图,故不知其具体位置。结合CM2的口含情况来看,该墓石琀含于殉人口中的可能性较大,至于玉蝉则存在疑问。曲石云:"1976年凤翔八旗屯出有玉璧、戈、环、玦、蝉、珠和殓玉片(内含部分战国秦玉)。这里的一件玉蝉,系圆雕制品,造型逼真,栩栩如生,是秦玉中的珍品。就其工艺而言,与春秋秦玉差别较大,应属战国之作。"⑤查《一九八一年凤翔八旗屯墓地发掘简报》附表三《1976年八旗屯秦国墓葬登记表》,仅见BM32出土1件玉蝉,则曲石所描述的玉蝉当是该墓所出无疑。若其说无误,则制作精良的玉蝉或为墓主人口含,而该墓葬的时代也应下推至战国。可惜目前尚未见详细的考古报告,此问题只能暂且搁置。

（2）1959年至1960年之交,在陕西省宝鸡市西的福临堡镇,发掘出十座春秋早期秦墓,其中M1系三鼎二簋的士级墓⑥,墓主尸体腐朽,大约在其头部位置发现玉鱼、玉蚕各一件,"玉鱼上为线刻,鱼眼有孔,可备穿。长3.8、宽0.7厘

---

① 刘牧认为八旗屯CM2的年代"不早于公元前677年"。详见刘牧:《早期秦文化青铜礼器分期及相关问题研究》,西北大学2009年硕士论文,第63页。

② 陕西省雍城考古工作队:《陕西凤翔八旗屯秦国墓葬发掘简报》,《文物资料丛刊(第3辑)》,文物出版社,1980年,第68页图三。

③ 朱歌敏:《关中地区秦墓葬玉探析》,《文博》2016年第4期。按:简报图片模糊,今取朱歌敏说法。

④ 见陕西省雍城考古队:《一九八一年凤翔八旗屯墓地发掘简报》,《考古与文物》1986年第5期,附表三《1976年八旗屯秦国墓葬登记表》。

⑤ 曲石:《秦玉研究》,《考古与文物》1992年第6期。

⑥ "福临堡M1年代,当不早过宁公三年即公元前713年,也就是春秋早期中段偏晚。"按:宁公当作"宪公"。详见刘牧:《早期秦文化青铜礼器分期及相关问题研究》,第46页。王学理认为福临堡M1"相当于春秋中期偏早阶段",详见王学理、梁云:《秦文化》,文物出版社,2001年,第178页。

米。玉蚕头大尾细,有节,口眼俱备。长 3.9 厘米。以上玉鱼、玉蚕的质地均为淡黄色,很坚硬"①。疑其一或皆为口含,从玉鱼有穿的情况来看,其为单独项饰的可能性大些。

(3)1963 到 1964 年之交,在陕西宝鸡阳平镇东的秦家沟,发掘出 5 座墓葬。其中 M1 系春秋早期的三鼎四簋秦墓②,属于鼎簋配数变通的士级墓③,墓主"口内含有玉玦二件"④。

(4)2006 年,在礼县大堡子山遗址发掘中小型墓葬 7 座,车马坑 1 座,其中幸免于盗的中型三鼎士级墓葬 IM25,根据随葬品判断其时代为"春秋中期偏晚或晚期偏早"⑤。墓主口含 1 块玉蝉⑥。

(5)陕西凤翔孙家南头随葬二铜鼎的 M161,为春秋中晚期秦墓,墓主口部位置发现 1 件玉环,"青玉,透明光亮,有乳白色杂质,环体较厚。直径 2.3、孔径 0.9、厚 0.5 厘米"⑦,疑似口含。

(6)陕西凤翔西村战国秦墓地南边紧邻 23 号秦公大墓,"1979 年和 1980 年两次发掘,计清理墓葬 42 座,车马坑 2 座"。其中战国中期的 80M163,墓室破坏严重,几乎被盗一空,但从其随葬 4 名殉人且皆附较多随葬品来看,墓主人大概

---

① 赵学谦、刘随盛:《陕西宝鸡福临堡东周墓葬发掘记》,《考古》1963 年第 10 期。

② 刘牧认为其年代不晚于公元前 677 年,详见刘牧:《早期秦文化青铜礼器分期及相关问题研究》,第 61 页。

③ 详见陈平:《试论关中秦墓青铜容器的分期问题(上)》,《考古与文物》1984 年第 3 期。俞伟超、高明则认为:"这种与'簋四'相配的三鼎,当有如《仪礼·有司彻》所说,是一种'乃升羊、豕、鱼三鼎,无腊与肤'的用少牢而为三鼎的杀礼。即郑玄所讲的'腊为庶羞,肤从豕。去其鼎者,宾尸之礼杀于初',三鼎所盛是羊、豕、鱼,而不是豕、鱼、腊。"详见俞伟超、高明:《周代用鼎制度研究》,见俞伟超:《先秦两汉考古学论文集》,文物出版社,1985 年,第 88 页。

④ 陕西省文物管理委员会:《陕西宝鸡阳平镇秦家沟村秦墓发掘记》,《考古》1965 年第 7 期。

⑤ 早期秦文化考古联合课题组:《甘肃礼县大堡子山早期秦文化遗址》,《考古》2007 年第 7 期。

⑥ 早期秦文化联合考古队:《2006 年甘肃礼县大堡子山东周墓葬发掘简报》,《文物》2008 年第 11 期。

⑦ 《凤翔孙家南头——周秦墓葬与西汉仓储建筑遗址发掘报告》,第 96 页。

是士一级。其殉人棺内散见一些小石片、石块,有的含于口内。①

3. C 类墓。不见青铜礼器,极少见殉人,墓主多为庶民。②

(1) 1983—1984 年之交,在陕西凤翔八旗屯村东南的西沟道,发掘春秋到秦朝时期墓葬 26 座,春秋时期车马坑一座。其中的 M4 出土两只陶鼎,系战国早期秦平民墓葬,墓主口含一石环,"作环形,白色,质地疏松,径 1.2、孔径 0.5 厘米"③。

(2) 凤翔高庄秦墓,在其中三座平民墓葬中发现了口含物三件,分别是战国中期 M5 的料口含和 M9 的石含以及秦朝 M46 的石含。④

(3) 陕西凤翔西村秦墓,79M40 系战国晚期平民墓,发现石口含 2 件。⑤

(4) 西安半坡墓地,1957 年公布了 112 座战国晚期秦平民墓葬资料。其中 M91 墓主口含玉珠 1 件,"椭圆形,如黄豆大小,乳白色"。M102 墓主口含 1 件残缺的石质角柱物,乳白色,残长 2.6、径 0.5 厘米,"系用研磨很细的石粉制成,形体与石笔相似,惟外表刮削成八角面"⑥。

(5) 1988 年秋,在西安市南郊北山门口村电子城 205 工地,发掘了 11 座战国晚期秦国平民墓葬。口含的相关发现有:石璧 1 件,出土于 M10,石质粗松,直径 2.5、孔径 0.8 厘米,分为 3 节,分置于口及两手内,口里的小于手里的约 1/2。另有 M11 出一小节,置于死者口中。白色小石块 3 块,出土于 M7,为天然白色椭圆形小石块,分别置于口内和两手中,口内的长约 2.2、厚约 0.8 厘米,手里的长约 3.5、厚约 1.2 厘米。⑦

(6) 塔儿坡墓地,位于咸阳市区东郊的塔儿坡村东北侧、李家堡村北边,系战国晚期至秦朝的大型平民墓地,共发掘 381 座秦墓。有如下口含发现:

---

① 雍城考古队:《陕西凤翔西村战国秦墓发掘简报》,《考古与文物》1986 年第 1 期。

② C 类中有出土成套仿铜陶礼器者,可视为平民和贵族的中间阶层,这也在一定程度上造成了秦下层贵族和上层平民的界线模糊。

③ 陕西省雍城考古队:《陕西凤翔八旗屯西沟道秦墓发掘简报》,《文博》1986 年第 3 期。

④ 雍城考古队:《陕西凤翔高庄秦墓地发掘简报》,《考古与文物》1981 年第 1 期。

⑤ 雍城考古队:《陕西凤翔西村战国秦墓发掘简报》,《考古与文物》1986 年第 1 期。

⑥ 金学山:《西安半坡的战国墓葬》,《考古学报》1957 年第 3 期。

⑦ 王久刚:《西安南郊山门口战国秦墓清理简报》,《考古与文物》1994 年第 1 期。

M46385 墓主口部置玉饼一件①；M18037 墓主头部置铜带钩、玉环各一件，其中玉环位置更接近墓主口部，疑为口含②；M34227 墓主头骨处置石塞一枚，报告未描述其具体形态，或即口含③；M14093 无陶器随葬，仅在墓主头部置铜铃 2 件、料珠、料管、铁带钩各 1 件，其中料管的位置更接近口部，或即口含④；M26078 墓主口鼻位置有一钺形配饰，疑为口含⑤；M18040 骨架已朽，从骨灰位置来看，棺内头骨处的 2 件铜残片疑似口含⑥。

（7）2001 年，西安南郊茅坡邮电学院南区发掘 162 座，是秦杜县的一处战国晚期后段平民公共墓地。其中发现了一定数量的口含：M49 出土玉带钩 1 件，断为 4 节，分置于口和双手。"钩首前端残缺，钩面有横向凸棱四道。长 8.3、宽 0.9、厚 0.9 厘米。"M19 墓主口含一件玉口含。"白玉，八棱柱形残节。残长 1.2、径 1.2 厘米。"M15 墓主口含玉管饰 1 件。"白玉，含于口内，圆管形，中穿一孔，孔一端大，一端小。长 1.2、径 0.85、孔径 0.15—0.45 厘米。"M11 出土玉圈 1 件，断为三节，灰白色，"因该墓骨架仅存头骨，按位置原应置于口、手、腰部位置。为片状圆圈形，直径 6、壁宽 1、厚 0.2 厘米"。M106 出土石塞 3 件，"均为残节，分置于口、手、腰下端。其中 2 件可合为一件完整个体。八棱柱形，石色紫兰色。标本 M106：2、3，合为一件，一端大，一端略小。长 4.1、径 0.9—1 厘米"。M51 墓主口鼻位置有完整煤精器塞 3 件，其中 2 件为完整八棱柱形，"两头大小相同，长 2.9、径 0.9—1.1 厘米"。第 3 件是残缺圆柱体。考古报告未出 M51 平、剖面图，据其位置疑第 3 件或全部皆为口含。M47 墓主口部周围有骨器柄 3 件，疑为口含。3 件骨器柄分为两种类型，其一为 B 型，1 件，"体粗矮；略呈喇叭形，小头一端顶面有一圆孔"，"长 1.6、径 1.1—1.4、孔径 0.5、孔深 1.4 厘米"。其余 2 件大小形状相同，为 C 型，"为圆柱体，一端顶面有一圆孔。长 1.5、径 1、

---

① 咸阳市文物考古所编著：《塔儿坡秦墓》，三秦出版社，1998 年，第 20 页。
② 《塔儿坡秦墓》，第 25—26 页。
③ 《塔儿坡秦墓》，第 27 页。
④ 《塔儿坡秦墓》，第 31—32 页。
⑤ 《塔儿坡秦墓》，第 58 页。
⑥ 《塔儿坡秦墓》，第 68 页。

孔径0.3、深0.6"。①

(8)潘家庄世家星城秦墓,共发掘62座战国晚期到西汉武帝之前的秦墓,应当是秦杜县的一处平民墓地。在其中的M121墓主口中发现小玉饼1件,"乳白色,玉质较差,内含杂质,磨制光滑。形状呈圆形,剖面为椭圆形,素面。直径1.7、厚0.7厘米"②。

由上述统计可以看出,出土口含的A类秦墓集中在春秋时期,B类秦墓可从春秋早期绵延至战国中期,C类秦墓则仅见于战国及以后,且以战国晚期至秦朝为主。再剔除殉人的因素,仅根据墓主有无口含统计,则可知:

秦大夫以上的高级贵族,春秋早期尚无口含现象,至春秋中晚期才疑似出现,见凤翔孙家南头M191。至于春秋晚期的秦景公墓,因未见详细考古报告,仅依据出土口含物的精美程度初步判断其为秦景公的口含,尤其是玉麦粒,"白色,玉质晶莹鲜润,其造型酷似麦粒,其生长点十分逼真,抛光光洁,工艺考究"③。战国时期,暂未发现该等级墓主存在口含的情况。士一级的低级贵族,其确定无疑的首例口含出现于春秋早中期之交,到战国早期即已不见。至于平民阶层,至战国早期才开始出现口含现象,并延续至秦朝。

而从现有秦墓发掘情况来看,口含葬俗持续时间最长的是A、B级墓葬中的殉人,时代从春秋早期延续至战国中期,且其口含概率远大于墓主,有的考古简报甚至直接指明"殉奴一般随葬有蚌珞和石珞"④。这群秦统治阶层之外的异族奴隶的口含葬俗,应当是除周代上层礼乐文明之外,秦国早期贵族零星开始采纳口含葬俗的另一大来源。而且,士级以上的秦墓,从殉人口含物的不同,也能看出其层级的差别。

譬如陕西户县宋村(在今西安市鄠邑区)M3大夫级秦墓,其四个殉人口含物情况不尽相同:1号奴隶口含石玦1件,2、4号奴隶各口含蚌珞1件,3号奴隶

---

① 西安市文物保护考古所编著:《西安南郊秦墓》,陕西人民出版社,2004年,第345—348、234页。
② 《西安南郊秦墓》,第7、488页。
③ 《陕西出土东周玉器》,第124页。
④ 陕西省雍城考古工作队:《陕西凤翔八旗屯秦国墓葬发掘简报》,《文物资料丛刊(第3辑)》,第68页。

口含玉玦2件。① 四名奴隶皆男性,大概是年龄决定了各自的层级,1号奴隶50岁左右,2号奴隶约55—60岁,3号奴隶20岁左右,4号奴隶15岁左右。显然,1、2、4号奴隶皆属老幼,生产能力有限,只有3号奴隶年富力强,对主人来说,3号奴隶的价值肯定更大一些,故其死后杀殉时也对该奴隶口含之物有所提升。再如,陕西凤翔孙家南头M191,其墓室四壁随葬6名殉人,只有1人口含石贝,其层级应在其余5人之上,而陪葬车马坑中充当驭手的殉人则更是享受了口含残玉璜的优待,其地位自然更高一等。

下面,再分级讨论一下秦人丧葬所用的口含物。

A类墓,发现春秋中后期两例疑似口含,一例是大夫可能含1件石蝉,另一例是秦景公可能饭玉麦粒、含玉蝉,因其样本过少,很难得出比较客观的结论,姑且认为至迟到春秋晚期秦公下葬开始口含。目前仅可见3件玉玲蝉和1件玉麦粒的资料,3件玉玲蝉的规格分别是"身长1.2、宽0.65、厚0.4厘米""身长0.9、宽0.5、厚0.25厘米""身长1、宽0.5、厚0.3厘米",玉麦粒的规格为"身长1.3、宽0.7、厚0.5厘米"②,4件口含物大小相差无几,看不出饭与含的区别。此外,因其盗掘严重,无法判断其口含物的具体数目是否符合诸侯含七之礼。

B类墓,士一级的口含物目前比较确定的是玉蝉,可能有的是玉蚕、玉鱼和玉环。

综合前两级墓葬,可以大概得出一个结论:从目前的考古发掘情况来看,秦人士以上阶层使用口含的现象很少,证明这一外来礼俗并未被秦人中上层广泛接受,不过少数采纳的情况仍能保持周礼贵族饭玉的规定。

至于秦的庶民阶层,其饭含物的情况颇为驳杂,表现出比较大的随意性,有石环、石口含、玉珠、残缺的石质角柱物、残缺的石璧、玉饼、玉环、石塞或其残节、料珠、钺形佩饰、铜残片、肢解的玉带钩和玉圈、八棱柱形白玉残节、玉管饰、残缺的圆柱体煤精器、骨器柄等。虽然庶民口含物种类繁多,不过从其所在整个墓地来看,出现频率是极低的。以出土口含物最多的西安南郊茅坡邮电学院墓地为例,162座秦墓中仅7座发现了确定或可能的口含,所占比例不到5%。

---

① 陕西省文管会秦墓发掘组:《陕西户县宋村春秋秦墓发掘简报》,《文物》1975年第10期。

② 《陕西出土东周玉器》,第121—124页。

综合秦庶民丧葬出现口含物的时间和极低的口含比例来看，秦人的庶民阶层也是本无口含之俗的，只是受到外来族群丧葬文化的持续影响，才从战国早期开始零星出现口含现象，并一直延续，到了战国末期，随着相互间文化渗透的空前加强，以及人口流动性的大大增加，口含在丧葬中的比例有所上升，但其出现频率仍是微不足道，甚至不能称之为当时秦民的一种葬俗。

至于某些战国晚期平民墓葬中出土玉质口含，其原因大概有两种，其一，可能是战国晚期空前激烈的兼并战争形势下，一些平民随军出征并立有军功，从而改善了自身经济的结果，鉴于某些战国晚期秦平民墓甚至还实行杀殉，这种超出一般认知的部分平民墓葬使用玉质口含的现象也就不足为奇了。其二，也是可能性更大的一种原因，是受到外来文化的影响，商鞅变法之后，随着秦国疆域的急剧扩张，很多不同的文化因素也开始出现在关中秦人核心统治区的墓葬中。中原国家平民墓葬有些也采用玉口含的习俗，不可避免地会影响到远在函谷关以西的秦国庶民丧葬文化。如地处中原腹地的郑州二里岗战国墓中就发现有平民墓葬含玉的现象。① 另外，时代延续至战国中期的上马墓地的平民墓葬中也发现有含玉现象。② 更有甚者，早至春秋时期的淅川下寺竟也发现了平民墓葬含玉的现象。③

不过，需要指出的是，战国墓葬的饭含之风已远不及西周、春秋之盛，其中以涵盖整个晋文化期的天马—曲村墓地最为明显。西周、春秋时期铜礼器墓47座、陶容器墓436座、无随葬铜陶容器墓88座、居住址区墓葬15座，考古报告中明确指出用作口含的，共计有玉、石含136件，蚌含9件，此外还发现有3件玉、石蝉和169件玉、石蚕以及76件砾石，其中相当一部分用作口含；而42座春秋

---

① 共发掘随葬少量仿铜陶礼器或日用陶器的小型战国墓212座，其中12座墓葬出土有可能用作口含的碎玉块或残玉环。详见河南省文化局文物工作队：《郑州二里冈》，科学出版社，1959年，第77页。

② 详见山西省考古研究所编：《上马墓地》，文物出版社，1994年，第157页。

③ M24和M26小型墓葬，分别在墓主口部发现碎玉块6块和3块。详见河南省文物研究所、河南省丹江库区考古发掘队、淅川县博物馆：《淅川下寺春秋楚墓》，文物出版社，1991年，第247页。

中小型陶器墓中,仅在 M5113 墓主口中发现一石含。①两相比较,口含之风在战国的没落是显而易见的。而这也应该是战国中后期秦平民墓中虽然较以往更多出现口含各类玉、石器的现象,但其所占比例仍旧微乎其微的重要原因。

三 握

"设握"是敛尸之仪的重要环节。"握"的形制见《仪礼·士丧礼》"握手,用玄,纁里,长尺二寸,广五寸,牢中旁寸,著,组系"②。"握"乃是"用长 1 尺 2 寸、宽 5 寸,中部收缩 1 寸的玄黑色布做成,红色里子,中间填入棉絮,四周有系结用的组带"③。

其佩戴方法,据《仪礼·士丧礼》"设握,乃连掔"④和《仪礼·既夕礼·记》"设握,里亲肤,系钩中指,结于掔"⑤,可知是将握放在死者手中,里贴着皮肤,用握手上的丝带勾住中指,再缠结于手腕。陈公柔根据春秋战国之交的墓葬中发现的双手交叉于腹部的葬法,设想"古人原有两手交叠的葬法,所谓握手大约即是两手交叠,用握(布带)束缚起来,而束缚的地方约在掔处,即是手掌后手腕的地方"⑥。沈文倬则认为"乃连掔"是指"在设握设决之后,把尸手两掔连起来,形成两手交叠",具体而言就是右手设决,左手设握,然后将各自的组带相互交于另一手腕。⑦

两位前辈学者,虽然对于握的佩戴方法存在争议,但仍存一共同的观点,即握只有一个,陈认为是用一个握包住两只手,而沈则认为是左手设握,右手设决。1982 年发掘的江陵马山一号楚墓的发掘,却对一个握的观点产生了不小的冲击。马山 M1 为战国晚期高阶层士级墓,出土了两件大小、结构相同的握,"用一

---

① 邹衡主编:《天马－曲村(1980—1989)》,科学出版社,2000 年,第 310、314、312—313、976 页。
② 《仪礼注疏》卷三五《士丧礼》,第 1060 页。
③ 《楚国礼仪制度研究》,第 111 页。
④ 《仪礼注疏》卷三六《士丧礼》,第 1080 页。
⑤ 《仪礼注疏》卷四〇《既夕礼》,第 1227 页。
⑥ 陈公柔:《士丧礼、既夕礼中所记载的丧葬制度》,《考古学报》1956 年第 4 期。
⑦ 沈文倬:《对〈士丧礼、既夕礼中所记载的丧葬制度〉几点意见》,《考古学报》1958 年第 2 期;又收入沈文倬:《宗周礼乐文明考论》,人民出版社,1999 年,55—72 页。

条长 25、宽 9 厘米夹层绢巾,中部裹上丝绵,卷成长条状,加以缝合。近中部的两侧处用一根组带系住,并从绢巾缝合处穿过。深棕色绢面,深黄色绢里,舞人动物纹锦缘"。其佩戴方法则是"右手微弯,绢团置于掌中,用大拇指压住;左手握绢团的姿势与右手大致相似,只是中指套入系住绢团的组带中",并且"双手的拇指也被一根朱红色组带的两端用套扣各自系住",也并不是交叠于腹部。[①] 这一考古发现,在一定程度上符合郑玄所谓"握有两个"的说法,但其墓主右手未见决,并不合于郑玄"右手设决又设握"的说法。[②] 并且其年代较为靠后,且此种设握之法目前仅见于战国末及西汉初的楚文化圈墓葬之中(如马王堆汉墓),尚不能代表整个周代全国范围内的设握情况。有关握的佩戴方法尚有赖于来自不同地域、不同时期的新的保留绢布握及其组带的墓葬的发掘。

不过,从目前周代的考古发掘情况来看,绝大多数握都是玉质或石质,倒是颇为符合《释名·释丧制》"握,以物著尸手中,使握之也"的说法。而且所发掘的掘通常是一对,分别置于墓主两手,如沣西西周墓地和北赵晋侯墓地的很多墓葬都是墓主双手各持一握[③],似乎可以说明郑玄的两握之说是相当有依据的。

下面结合零星发现的秦墓手握资料,来分析一下秦人的手握礼俗。

1. A 类墓

礼县圆顶山春秋中后期贵族墓。98LDM1,其中的 X2 殉人左右手各握四棱状石饰 2 件,X3 殉人左手置玉饰 1 件。98LDM2,龛北壁殉人,手握玉片 2 件。X6 殉人左手握玉贝 2 件。X7 殉人右手置玉璜和玉贝各 1 件,左置玉片 1 件、玉环 2 件。98LDM3,北壁殉人左手中握有碎玉块。1 号车御人手持玉手握 1 件,白色,长条形,上部有四道锯割痕,底部有一浅孔。长 2.4、宽 0.6 厘米。[④]

2. B 类墓

---

① 湖北省荆州地区博物馆:《江陵马山一号楚墓》,文物出版社,1985 年,第 25、17、16 页。
② 沈文倬:《对〈士丧礼、既夕礼中所记载的丧葬制度〉几点意见》,《考古学报》1958 年 2 期。
③ 详见张长寿:《西周的葬玉——1983—1986 年沣西发掘资料之八》,《文物》1993 年第 9 期;曹楠:《试论晋侯墓地出土的葬玉》,《考古》2001 年第 4 期。
④ 甘肃省文物考古研究所、礼县博物馆:《礼县圆顶山春秋秦墓》,《文物》2002 年第 2 期。

(1)凤翔高庄秦墓。M10系春秋晚期三鼎二簋士级墓,其一号墓墓主左手旁置青白玉璜1件,"一端作两孔,一端为一孔,均由一面钻入,长7.1、宽2.3厘米",或为手握。M49系战国早期二鼎士级墓,墓主两手各握石饰1件。①

(2)凤翔孙家南头M160系春秋晚期三鼎士级墓,尸体已腐朽,在墓主左手下位置出土玉觿1件。

(3)1984年在咸阳市任家嘴发掘出一座战国早中期之交的秦国元士墓葬,一椁一棺,有殉人两具,其中棺内出土一个成年殉人,一手执两把铜削刀。②

3. C类墓

(1)凤翔高庄秦墓。M46墓主两手旁各有蓝玉璜1件,疑似手握,"全形似月形。两面饰变形回首鸟纹,周边围以斜线纹,长11.8、宽4厘米"③。

(2)陕西凤翔八旗屯西沟道战国早期秦墓。M4墓主左手部出土一圆柱状煤精器,"煤黑色,有光泽,甚坚硬,质细而脆,体呈圆柱状,中腰微束,两端有圆形凹坑,高2.4、径1.5厘米"④。

(3)塔儿坡战国晚期秦国平民墓地。M18037墓主右手部置玉环1件。M18402墓主手部置半两钱11枚。M25099原报告称"墓主人腹部置铜带钩、铁带钩各1件",然据其平面图(图二八),仅置一铜带钩,且与其双手内错位置相近,疑为手握。铁带钩在墓主头上西南侧。⑤

(4)西安南郊茅坡邮电学院战国晚期平民公共墓地。M46出土1件铜带钩,断为4节,分置于口、手、腰部位置。M49出土玉带钩1件,断为4节,分置于口和双手位置。"钩首前端残缺,钩面有横向凸棱四道。长8.3、宽0.9、厚0.9厘米"。M11出土玉圈1件,断为三节,灰白色,"因该墓骨架仅存头骨,按位置原应置于口、手、腰部位置。为片状圆圈形,直径6、璧宽1、厚0.2厘米"。M106,出土3件石塞残节,分置于口、手、腰下端。其中两件可合为一个完整个体。M45墓主左手置一件完整八棱柱体煤精器。M50墓主右手置一件残缺八棱

---

① 雍城考古队:《陕西凤翔高庄秦墓地发掘简报》,《考古与文物》1981年第1期。
② 咸阳市博物馆:《咸阳任家嘴殉人秦墓清理简报》,《考古与文物》1986年6期。
③ 雍城考古队:《陕西凤翔高庄秦墓地发掘简报》,《考古与文物》1981年第1期。
④ 陕西省雍城考古队:《陕西凤翔八旗屯西沟道秦墓发掘简报》,《文博》1986年第3期。
⑤ 《塔儿坡秦墓》,第25—26、29、37页。

柱体煤精器,残长1.2、径1厘米。M63墓主左手置一圆柱体煤精器,一头大一头小,长2.7、径0.8—1.3厘米。①

上述材料的选择范围和玉琀所出墓地基本相同,两相比较可以清楚地看出:就士以上阶层来看,口含现象尚为偶尔出现,手握现象则更是微乎其微,大夫以上级别甚至从未发现手握现象。虽然秦国在春秋早期就开始了对周文化的全盘吸纳,这在墓葬中最明显的证据就是对于姬周列鼎制度的严格效仿,秦人各等级贵族严格依照周人"诸侯七,卿大夫五,元士三"的规格下葬,而这与同时代的东方诸侯国普遍出现的僭越现象形成了鲜明的对比,展现了秦人贵族阶层极力学习并维护周礼的决心,但秦人在口含和手握等敛尸环节上却又相对滞后,大概到春秋晚期,秦公才开始出现口含,而手握则更是绝不见于秦国的大夫以上阶层。此外,西周春秋时各国流行的幎目同样不见于秦墓,这些似乎都可以作为判断秦文化墓葬的依据。

而从春秋及战国早期秦国贵族墓葬中的殉人有手握现象的情况来看,秦人统治区内,尚有部分异族民众是有手握葬俗的,这应该是春秋晚期秦国的士与平民墓葬中开始零星出现手握现象的重要原因。及至战国中后期,秦国与东方诸国的文化交流与渗透日趋加深,这成为战国晚期秦国平民墓葬手握现象有所增加的重要原因。不过,这种在平民墓葬中仍旧极少见的"葬俗"终究没有影响到上层贵族,如同属战国晚期的甘肃平凉庙庄M6、M7两座随葬一车四马的秦国统治阶层墓葬,皆未见玉琀,更遑论手握。② 不仅是口含物,战国秦平民对手握物的选择也具有极大的随意性,铜削刀、煤精器、玉环、半两钱、残缺的铜带钩或玉带钩、玉圈、石塞等物皆可作为手握,而且某些士级墓,如凤翔高庄M49也采取了石手握,这更令研究者无法将手握的材质作为评判秦人墓主或殉人等级的标准。更具有随意性的是,秦庶民在下葬之时,往往会匆匆将某一完整的玉环、玉圈、玉带钩或铜带钩等物断为三到四节,置于死者口、手、腰或足下等部位。

此外,从这些秦国的士与庶民阶层零星出现的手握现象来看,双手握并不比单手握占据优势,这更加说明了周人的手握之礼在秦国的士与庶民阶层中仅是徒具形式而已。

---

① 《西安南郊秦墓》,第328、345—346、248、346页。
② 魏怀珩:《甘肃平凉庙庄的两座战国墓》,《考古与文物》1982年第5期。

四 其他殓尸用具

《周礼·典瑞》："驵圭、璋、璧、琮、琥、璜之渠眉,疏璧琮以敛尸。"说明在周代贵族墓葬中,圭、璋、璧、琮、琥、璜等六种玉器都可用作殓尸之玉,可称其为"殓尸六玉",其操作方法就是用线穿连六玉。郑玄注曰:"以敛尸者,于大敛焉加之也。驵读为组,与组马同,声之误也。渠眉,玉饰之沟瑑也。以组穿联六玉沟瑑之中,以敛尸,圭在左,璋在首,琥在右,璜在足,璧在背,琮在腹,盖取象方明,神之也。疏璧琮者,通于天地。"①进一步解释了敛尸用玉的具体环节和放置位置。这六种玉器是在为死者穿好整套大殓衣之后才加于其身的,六玉分别置于尸体的前后左右和上下,取象诸侯会见天子时所置于坛上的正方体礼器——方明②,赋予其以神明之意。又据《周礼·大宗伯》"以苍璧礼天,以黄琮礼地,以青圭礼东方,以赤璋礼南方,以白琥礼西方,以玄璜礼北方"③,可知璧和琮的礼制功能分别在于礼天和礼地,故置璧于背以象天,置琮于腹以象地,用丝线穿连两玉以象征连通天地。

不过从周代考古发现的棺内玉器来看,六玉大多并未严格按照此种敛尸顺序摆放,而是散布于死者身体各处作为饰物,其中又以具"通天"之能的玉璧最为常见。及至战国后期,墓主周身包裹几件甚至几十件玉璧的做法开始出现并日趋盛行。最典型者是坚守周礼的鲁国,战国中后期的曲阜鲁国故城 M52 和 M58,其墓主身上身下都铺了一层玉璧。④ 另有学者根据周代敛尸用璧的考古发掘情况,总结认为周代敛尸用璧有明显的等级差别,主要见于大夫以上墓葬,大夫以下墓葬则罕见或不见,且"高等级墓葬所使用的敛尸用璧一般多于低等级墓葬,这一点在战国中晚期出现以璧裹尸的现象后更加突出"。⑤

不过,通过对秦人士以上墓葬敛尸用玉的情况进行统计,我们发现,秦国贵

---

① 《周礼注疏》卷二三《春官·典瑞》,第 780—781 页。
② 《仪礼·觐礼》:"坛十有二寻,深四尺,加方明于其上。方明者,木也,方四尺。……设六玉,上圭下璧,南方璋,西方琥,北方璜,东方圭。"
③ 《周礼注疏》卷二〇《春官·大宗伯》,第 687 页。
④ 详见山东省文物考古研究所、山东省博物馆、济宁地区文物组、曲阜县文管会编:《曲阜鲁国故城》,齐鲁书社,1982 年,第 129 页图 80、131 页图 82。
⑤ 孙庆伟:《周代用玉制度研究》,上海古籍出版社,2008 年,第 272 页。

族的敛尸用玉之礼似与周代东方各国贵族的丧葬敛尸常态存在较大的差异。在秦国的贵族墓葬中，往往也会发现很多玉饰物附于墓主人的情况，但与东方贵族有别的是：在战国中期之前，秦国贵族墓葬殓尸器具似乎是玉石并用的，石器占据相当的比重。而且战国中期之后，秦国也没有出现类似东方国家那样用大量玉璧裹身的情况。或许是僻处西部边陲的原因，秦人墓葬礼俗还并未过多地受到战国中后期流行的道家"精气说"以及神仙思想的影响，玉璧始终未能上升为丧礼主角，甚至敛尸用玉数量还进一步锐减。似乎在战国中后期的秦人心目中，依靠耕战带来的今世荣耀与享受远远大于对身后世界的追求。

不过，对于高高在上的秦君来说，显然并非如此。神仙思想已扎根于秦始皇的头脑之中，所以他才会遣使出海寻找蓬莱仙岛。此外，被作为未来秦帝王治国范本的《吕氏春秋》中也出现了精气之说，证明秦始皇已经知晓了东方道教的精气之说①，只是尚未见战国以后的秦王墓葬发掘，故没有相关实证，但从春秋末期秦公一号大墓虽经严重盗墓却仍遗留大量玉器的情况来看，秦始皇墓也应该是一座玉器宝库。

从表 12（见本章末附）的统计来看，在战国中期之前的秦人士与大夫阶层殓尸用具中，石饰物占据相当的比重。大夫级墓葬，如春秋早期的孙家南头 M191，墓主殓尸玉石器共 11 件，其中石饰就有 7 件；同期的孙家南头 M126 殓尸玉器、石器各 1 件；中晚期的礼县圆顶山 98LDM1 更是仅有的两件殓尸物皆为石饰。战国早期之前的士级墓葬殓尸玉石器的情况大抵与之相似，玉饰物并不占有明显优势。而战国中期以后，虽然石饰物在士级墓葬中消失，但此时的秦士已极少有傍身随葬物，有的话也大多仅一两件而已，且出现了一些尸体周围仅置一件武器的情况，这应该与战国中后期的频繁征战有关。商鞅变法之后，秦人的功利性明显增强，更热衷于依靠征战所带来的今世的功名，而不再致力于死后世界的修饰，所以殓尸玉石器数量锐减，其他的随葬器物也越来越粗疏，青铜器已很少见，仿铜陶礼器也往往不成套，出现了越来越多的实用陶器。

---

① 《吕氏春秋·仲秋纪·精通》："故父母之于子也，子之于父母也，一体而两分，同气而异息。若草莽之有华实也，若树木之有根心也，虽异处而相通。隐志相及，痛疾相救，忧思相感。生则相欢，死则相哀，此之谓骨肉之亲。神出于忠，而应乎心，两精相得，岂待言哉？"《吕氏春秋·季春纪·尽数》："精气之集也，必有入也。集于羽鸟，与之飞扬。集于走兽，与为流行。集于珠玉，与为精朗。集于树木，与为茂长。集于圣人，与为琼明。"

其实,这种趋势在春秋中期日渐粗疏简单的随葬青铜器工艺上就已显露端倪。秦人贵族在占据周王畿故地之初,拼命从周余民身上汲取周人礼仪文明的养分,而在融入周文化圈之后,又开始注重更符合自身情况的实用主义思想。

另外,从秦国贵族墓葬的发掘情况来看,敛尸玉璧似乎并不能成为区分大夫上下等级的标志。据表 12 可知,在未被盗掘的六座大夫级秦墓中,春秋早期的宋村 M3、孙家南头 M191 和 M126、秦家沟 M1 和 M2 五座墓葬皆无敛尸用璧,其中宋村 M3 和秦家沟 M2 甚至并无敛尸玉石器,这充分说明春秋早期秦国的高级贵族并未形成比较完备的敛尸用玉之礼。而目前仅见的战国晚期未被盗掘的秦墓庙庄 M7 高级贵族墓中也仅见玉璧 1 件,甚至不及石饰数量多,这也说明即使到了战国晚期,秦高级贵族也并未完全抛弃用石饰敛尸的旧习俗,玉璧在秦国君以下的高级墓葬中一直未占据主导地位,这是与东方贵族迥然不同的丧葬敛尸礼俗。另外,表 13 罗列了 21 座秦士级墓葬敛尸用玉石器情况,也仅在春秋早期的八旗屯 BM27 和秦朝的高庄 M16 墓的墓主尸身周围出土了玉璧,可以说在秦士级墓葬中,敛尸玉璧仅可以称为一种零星的偶发现象。综合两表可知,秦大夫和士级贵族墓葬,自始至终没有演化为东方战国中后期那种以玉璧为主的丧葬礼仪,敛尸玉璧在秦贵族墓葬中始终未能形成类似随葬青铜器那样等级分明的丧礼制度,也就不能将其作为区分秦墓葬等级的一种标志。而且从表 13 还可清楚地看到大量秦士敛尸用玉的现象,说明秦人贵族墓葬中敛尸用玉存在极大的随意性,大夫与士的敛尸用玉界线也并不明晰。

具体而言,11 座春秋士级墓中有 7 座出土有敛尸玉器,春秋早期 5 座未被盗的大夫级墓葬,其中 3 座出土有玉器,两个阶层敛尸用玉所占比例大致相同,显然无法据此判断墓主身份等级。10 座战国至秦朝的士级墓中有 3 座出土有敛尸玉器,反映了战国之后秦士敛尸用玉的观念较之春秋时期明显减弱,而与此同时,秦国部分平民墓葬中却出土了少量随葬玉器,其中有些墓中葬玉的比例甚至接近于战国士级墓地,这也反映出战国秦士与平民墓葬等级界线的模糊,折射出战国秦的社会流动性极强,而这也成为除长期处于险恶的战争状态这一因素之外,另一大催生秦人实用主义与功利主义的重要因素。

西安南郊的茅坡邮电学院战国秦公共墓地,共 162 座秦墓,出土了 31 件玉器,有环、饼、带钩、口含、塞、管饰、佩饰、圈等多种类型。① 接近两成的平民墓葬出土有玉器,这恐怕是东方六国庶民墓葬所难以企及的。

西安南郊潘家庄世家星城墓地,有战国晚期至汉初秦墓 62 座,出土完整玉器共 7 种 13 件,加上残玉片共 18 件,器类有玉环、剑首、剑格、剑摽及残玉片等,以玉剑饰和环为主。这些玉器出土于 M181、M185、M165、M154、M180、M189、M121、M202、M120 等墓葬中②。15% 以上的墓葬出土有玉器,其比例也是相当高的。而且值得注意的是,该墓地出土的玉器占随葬品总数的 2.53%,甚至高过了石器占比的 1.41%。

西安尤家庄战国中晚期到西汉初期早段秦墓,发掘 197 座平民墓③,合计出土 25 件玉器,分玉带钩、玉璧、玉剑摽、玉龙饰、玉塞、玉凿、佩饰、残玉块等几类,分别见于 99 青海 M10、M18;进出口 1#M2;01 纬四车库 M15、M18、6#M4;明珠 6#M25、明珠 7#M1、00 明珠 10#M6、00 明珠 11#M18、明珠 13#M18、M68、99 明珠 5#M8、99 明珠 7#M17、明珠蓄水池 M8;98 壹号公寓 1#M22、99 壹号公寓 4#M10、5#M2、5#M9、5#M12 等 20 座墓葬中。④ 出土敛尸玉器的墓葬约占全部墓葬的 10%,其中尤家庄还有 40% 的无随葬品贫民墓葬,若去除这一部分,则普通平民的随葬玉器占比更是高达 17%。

总体而言,在士与普通平民界线模糊的战国秦时期,敛尸玉器的使用具有较大的随意性,是否随葬玉器并不能径直作为判断阶级的标准,且因随葬玉器占比较低,故而也并不能将之判定为秦的一种丧葬礼仪,目前仅能视其为一种区域性的葬俗。以上出土玉器比例较高的战国秦平民墓地皆位于西安附近,而距离稍远的陇县店子秦墓,包含 54 座春秋中期到秦朝墓,其中就并未发现随葬玉器。

此外,由于除国君以外的秦人墓葬并不盛行敛尸用玉,且战国时期秦贵族还有用玉量减少的现象,秦墓中也并未发现玉覆面的任何痕迹,可见秦人并未普遍借鉴周人的玉覆面制度。不过,值得注意的是,在战国晚期的统治阶层墓葬庙庄

---

① 《西安南郊秦墓》,第 343 页。

② 《西安南郊秦墓》,第 698 页。

③ 其中 98 壹号公寓 1#M36 出土铜鼎 1 件,不过鉴于其仅一棺无椁,且墓葬面积不大,其余随葬品的数量和质量也并不突出,且四周皆平民墓葬,故仍将其划归平民墓葬。

④ 详见陕西省考古研究院编著:《西安尤家庄秦墓》,陕西科学技术出版社,2008 年,第 297 页表 6《西安尤家庄秦墓分期表》。

M6中,发现墓主腿骨附近覆盖有红色丝织物,似绢,均已朽,表面满缀孔雀蓝色的小料珠,这可能是借鉴了战国末期东方高级墓葬中的玉衣制度,似乎随着战国晚期秦与六国文化交流的空前繁盛,秦丧葬文化的坚冰也在逐渐融化。

另外,在敛尸用具中值得注意的是,秦墓出土的两件标示了确切位置的襟钩,或许可以证明秦人着殓衣时是右衽的,这与周礼又是不同的。

陕西凤翔高庄秦墓 M10,在二号人骨架右肩胛骨下方发现金襟钩 1 件,整理者认为据此"可知秦人亦右衽"①,但另有学者提出反对意见,认为金襟钩附近出有串珠、玉瑛、玉泡等玉饰,应为佩饰钩。② 不过 79 凤高 M1 墓主胸部右上方置襟钩 1 件,附近并无饰物,则此襟钩必是用来连接衣服前襟的,证明此墓主必是右衽。如此看来,秦墓中肯定存在一定数量右衽的情况,可能秦人和楚人相同,敛尸之服也并未实行周丧礼"小敛、大敛,祭服不倒,皆左衽"③之制。当然,这一结论尚需更多考古材料的支持。

第四节　秦人的下葬礼俗与棺椁制度

一　筮宅和卜日

完成装殓尸体与停殡环节之后,就要开始准备入圹了。在此之前,还要提前进行筮宅和卜日,就是通过占筮和龟卜来选择墓地和确定葬日。

典籍未有秦人筮宅之载,但联系秦人热衷于祭祀,以及实行较为普遍的公共墓地制度,筮宅应是秦人丧葬礼俗中必不可少的部分。据《周礼·冢人》记载,这种散布在城邑周边、排列整齐、分布较有规律、各自少有打破的公共墓地,当是经过专门的官员精心规划的,这些专职人员依据墓地的等级分为"冢人"和"墓大夫"。

> 冢人掌公墓之地,辨其兆域而为之图。先王之葬居中,以昭穆为左

---

① 雍城考古队:《陕西凤翔高庄秦墓地发掘简报》,《考古与文物》1981 年第 1 期。
② 王仁湘:《古代带钩用途考实》,《文物》1982 年第 10 期。
③ 《礼记正义》卷五三《丧大记》,第 1742 页。

右。凡诸侯居左右以前,卿大夫士居后,各以其族。凡死于兵者,不入兆域。凡有功者居前。以爵等为丘封之度,与其树数。大丧既有日,请度甫竁,遂为之尸。及竁,以度为丘隧,共丧之窆器。及葬,言鸾车象人。及窆,执斧以莅。遂入藏凶器。正墓位,跸墓域,守墓禁。凡祭墓,为尸。凡诸侯及诸臣葬于墓者,授之兆,为之跸,均其禁。

墓大夫掌凡邦墓之地域,为之图,令国民族葬,而掌其禁令,正其位,掌其度数,使皆有私地域。凡争墓地者,听其狱讼。帅其属而巡墓厉,居其中之室以守之。①

冢人和墓大夫分管公墓和邦墓。不过从入葬公墓需"各以其族"和邦墓"令国民族葬"的记载来看,公墓和邦墓的本质都是族坟墓,只是前者入葬人员阶层较高而后者入葬人员阶层较低,公墓"应葬有公室及其以上的贵族,并形成了金字塔式的等级结构。这种宗法贵族墓地是血缘和等级关系的集中表现"②,而邦墓则是多个宗族墓地的聚合体,需划分各自宗族的墓地界线。既然都是聚族而葬,那么各自大抵都要依据昭穆顺序入葬。冢人和墓大夫作为两类墓地的管理者,需在尊重昭穆顺序的前提下,为死者选定墓葬场所,即"大丧既有日,请度甫竁"。其大体仪节是:先由冢人度量墓地;之后挖掘四角的壤土堆在四角之外,墓地中央的壤土堆在墓地南侧;朝哭之后,丧主和众主人(指丧主的庶昆弟)都前往预选墓地的南边面朝北而立,解除绖带;由主人的家宰主持,筮者和记卦者对这块墓地进行占筮;若占筮的结果是吉利,则丧主穿着绖带号哭,但不跳踊,如果占筮结果不吉利,就需另选墓地占筮,仪节与前面相同;从墓地回来,主人和众主人要在殡前面北而哭,也不跳踊。③ 秦人士以上贵族的筮宅仪节当与此大体相同,所不同者,秦人内部族属众多,除周余民外,多奉行西首葬,故朝哭之后,丧主和众主人往往要前往预选墓地的东边面朝西而立。

---

① 《周礼注疏》卷二四《春官·冢人》,第817—824页。
② 印群:《黄河中下游地区的东周墓葬制度》,社会科学文献出版社,2001年,第29页。
③ 《仪礼·士丧礼》:"筮宅,冢人营之。掘四隅,外其壤,掘中,南其壤。既朝哭,主人皆往,兆南北面,免绖。命筮者在主人之右。筮者东面,抽上韇,兼执之,南面受命。命曰:'哀子某,为其父某甫筮宅。度兹幽宅兆基,无有后艰?'筮人许诺,不述命,右还,北面,指中封而筮。卦者在左。卒筮,执卦以示命筮者。命筮者受视,反之。东面旅占,卒,进告于命筮者与主人:'占之曰从。'主人绖,哭,不踊。若不从,筮择如初仪。归,殡前北面哭,不踊。"

葬日的选择需要通过龟卜来进行。据《仪礼·士丧礼》的记载可知，士的卜日仪式在殡宫外进行，由族长亲自莅临主持，宗人负责传达命辞，由三位卜人用楚焞（荆木条）灼烧龟甲来占卜其选定的葬日是否吉利。主妇听到选定葬日吉利的报告后号哭。宗人向卿大夫们报告，并派人通知不在场的众宾。占卜活动结束后，主人仍需着带到殡前哭。宾退出，主人出庙门拜送。若占卜结果不吉利，就要另选一个葬日，按照此前的仪节再行占卜。① 在葬日的选择上，原则上以远日为先②，其目的如《左传·宣公八年》传所言"礼，卜葬，先远日，辟不怀也"③，乃是为了避免让人觉得不思念亲人而早早下葬。

另外，从不断发掘公布的秦简资料来看，秦人庶民阶层对于葬日的选择与宜忌讲究要比典籍所载更为复杂，主要有稷（丛）辰、冈楺（刚柔）日两大系统。

1. 稷（丛）辰

见于睡虎地秦简《日书》和王家台秦简《日书》。其体系每两个月为一个单位，将十二地支和秀、正阳、危阳、敫、禹、阴、觱（彻）、结等八辰相配，其中正阳、阴、结三辰宜埋葬。具体到每两个月份对应的地支日如下表：

---

① 《仪礼·士丧礼》："卜日，既朝哭，皆复外位。卜人先奠龟于西塾上，南首，有席。楚焞置于燋，在龟东。族长莅卜，及宗人，吉服立于门西，东面南上。占者三人在其南，北上。卜人及执燋、席者在塾西。阖东扉，主妇立于其内。席于阑西阈外。宗人告事具。主人北面，免绖，左拥之。莅卜即位于门东，西面。卜人抱龟燋，先奠龟，西首，燋在北。宗人受卜人龟，示高。莅卜受视，反之。宗人还，少退，受命。命曰：'哀子某，来日某，卜葬其父某甫，考降无有近悔。'许诺，不述命，还即席，西面坐，命龟，兴，授卜人龟，负东扉。卜人坐，作龟，兴。宗人受龟，示莅卜。莅卜受视，反之。宗人退，东面。乃旅占。卒，不释龟，告于莅卜与主人：'占曰：某日从。'授卜人龟。告于主妇，主妇哭。告于异爵者。使人告于众宾。卜人彻龟。宗人告事毕。主人绖，入，哭，如筮宅。宾出，拜送。若不从，卜宅如初仪。"
② 《礼记·曲礼》云："凡卜筮日，旬之外曰远某日，旬之内曰近某日。丧事先远日，吉事先近日。"
③ 《春秋左传正义》卷二二，第1874页。

表 14　秦系秦简"丛辰"地支与八辰对照表

	正月、二月	三月、四月	五月、六月	七月、八月	九月、十月	十一月、十二月
正阳	丑戌	卯子	巳寅	未辰	酉午	亥申
阴	巳未	未酉	酉亥	亥丑	丑卯	卯巳
结	亥	丑	卯	巳	未	酉

2. 冈桼（刚柔）日

放马滩秦简《日书》甲乙种皆有"冈桼（刚柔）日"篇，睡虎地秦简《日书》乙种相同篇目称"人日"。放马滩秦简《日书》甲种"冈桼（刚柔）日"篇原文如下：

男日〖子〗卯、寅、巳、酉、戌；女日午、未、申、丑、亥、辰。（甲一贰）以女日病以女日瘳，必女日复之；以女日（甲二贰）死以女日葬，必复之。男日亦如是。（甲三贰）谓冈（刚）桼（柔）之日。（甲四贰）①

简文所谓刚柔日与《礼记·曲礼》"外事以刚日，内事以柔日"②所说不同，不以奇偶相分，而是把十二地支等分为男日、女日两大部分。

表 15　秦系秦简刚柔日与地支对照表

子	丑	寅	卯	辰	巳	午	未	申	酉	戌	亥
男	女	男	男	女	男	女	女	女	男	男	女

死日与葬日不得在同一男女日，即男日死须女日葬。放马滩秦简《日书》乙种"冈桼（刚柔）日"更是把十地支也罗列其中，刚柔日与天干的对应关系正合奇偶。

表 16　秦系秦简刚柔日与天干对照表

甲	乙	丙	丁	戊	己	庚	辛	壬	癸
刚	柔	刚	柔	刚	柔	刚	柔	刚	柔

放马滩秦简《日书》乙种尚有"牝牡月日"篇可与此对照：

正月、二月、六月、七月、八月、十二月为牡月；（乙八四壹）三月、四月、五月、九月、十月、十一月为牝月。（乙八五壹）

---

① 《天水放马滩秦简集释》，第 72 页。

② 《礼记正义》卷五《曲礼》，第 117 页。

卯、巳、酉、戌、子、寅为牡日;(乙八六壹)〖丑、辰、午〗、未、申、亥为牝日。(乙八七)

牝月牡日、牡月牝日取(娶)妻皆吉。(乙八八)牡日死必以牝日葬,牝日死必以牡日葬。不然,必复之。(乙八九)①

表17　牝牡月时间表

正月	二月	三月	四月	五月	六月	七月	八月	九月	十月	十一月	十二月
牡月	牡月	牝月	牝月	牝月	牡月	牡月	牡月	牝月	牝月	牝月	牡月

以十二月为起点,每三个月轮换一次牝牡月,而十二支地和牝牡日的对应关系与男女日相同,其死与葬的对应关系亦同。

表18　地支、牝牡日、男女日对照表

子	丑	寅	卯	辰	巳	午	未	申	酉	戌	亥
牡日	牝日	牡日	牡日	牝日	牡日	牝日	牝日	牡日	牡日	牡日	牝日
男	女	男	男	女	男	女	女	男	男	男	女

睡虎地秦简《日书》甲种尚有"葬日"篇,其地支与男女日的对应关系亦与"刚柔日"体系相同,但其后特意指出:"凡丁丑不可以葬,葬必参(三)。"②

《论衡·讥日》引《葬历》云:"葬避九空、地臽及日之刚柔,月之奇耦。"③或许战国秦庶民也有为避"月之奇偶"而牝、牡月死葬错开的葬俗,只是尚无文本证明。另外,"臽日"在睡虎地秦简《日书》中也有记载,其中《日书》甲种"臽日敫日"篇有"凡臽日,可以取妇、家(嫁)女,不可以行,百事凶"的说法④,可知"臽日"在部分战国秦庶民心目中已是下葬的忌日。睡虎地《日书》乙种有"臽"篇⑤,其每月对应的天干如下:

---

① 《天水放马滩秦简集释》,第129页。
② 《秦简牍合集(壹)》,第377页。
③ [汉]王充撰,黄晖校释:《论衡校释》卷二四《讥日篇》,中华书局,1990年,第989页。
④ 《秦简牍合集(壹)》,第418页。
⑤ 《秦简牍合集(壹)》,第535页。

表 19　臽日表

正月	二月	三月	四月	五月	六月	七月	八月	九月	十月	十一月	十二月
壬	癸	戊	甲	乙	戊	丙	丁	己	庚	辛	己

此外,睡虎地秦简《日书》甲种"十二支忌"篇有"毋〚以〛辰葬,必有重丧"的下葬日期禁忌①,以及很多简文总言"百事凶""勿以作事"等百禁之日,也是不宜下葬之日,各种系统不免相互龃龉,若皆严格避开各种下葬忌日,则恐无吉日可选,故战国秦之庶民在选择下葬日期时,为避免尸体腐烂,应会尽量选择较近的吉日入葬,只是还要避开某些民俗中比较重要的忌日。

二　棺椁制度

(一)棺椁重数

关于各级贵族的棺椁重数,先秦文献主要有两种观点:一种是荀子所论先人之礼:"天子棺椁七②重,诸侯五重,大夫三重,士再重。"③另一种是《礼记·檀弓》所云"天子之棺四重"④。郑玄注曰:"尚深邃也。诸公三重,诸侯再重,大夫一重,士不重。"

钱玄据此认为周代的棺椁制度是"天子五棺二椁;诸侯四棺一椁;大夫二棺一椁;士一棺一椁;庶人一棺无椁"⑤。而赵化成结合考古发现的实际情况以及先辈学者的意见,对《礼记》《荀子》《庄子》等文献记载的周代棺椁多重制度做了通盘考证,认为其含义为:天子三椁四棺(七重),诸侯二椁三棺(五重),大夫一椁二棺(三重),士一椁一棺(再重),庶人单棺无椁;并认为这种制度在西周和春秋早期尚未形成,只是贵族已开始较多地使用重棺,直到春秋中期和战国早期这种制度才开始在黄河流域出现,并逐渐传播到长江流域,而战国中晚期时,该制

---

① 《秦简牍合集(壹)》,第 404 页。
② 原误作"十",据《庄子·天下》"天子棺七重"改。
③ 《荀子集解》卷一三《礼论》,第 359 页。
④ 《礼记正义》卷一一《檀弓上》,第 335 页。
⑤ 《三礼通论》,第 296 页。

度遭到僭越和破坏。① 这一结论已在学界基本达成共识。下面,我们也从考古材料入手,探讨一下秦人的棺椁多重制度。

据赵化成统计,西周至春秋早期,贵族墓葬常使用一椁二棺,也有一棺一椁,并不能很明显地依据棺椁重数判定等级。而僻处西部边陲的秦国,其贵族的棺椁多重制度发展更显滞后,一椁二棺甚至没有在贵族墓葬中占据多数。从表12和表13的统计来看,春秋早期秦高级贵族墓葬的棺椁皆未逾三重,其中五座能辨认棺椁重数的墓葬中有三座是一棺一椁,未列入表中的边家庄周余民的五鼎四簋大夫级墓M1、M5,也仅是一棺一椁。② 而同时代的士级墓葬,除景家庄M1、秦家沟M1和M2、八旗屯AM9及南阳98M2和04M1为一棺一椁外,八旗屯CM2、BM27、CM3、BM102、BM104则是一棺二椁。由此可见,春秋早期秦国卿大夫和士使用两重棺椁和三重棺椁的概率大体相仿,甚至两重棺椁在高等级墓葬中的使用概率还略高于士级墓,足证当时整个秦国范围内,并没有形成与等级相对应的棺椁多重制度。

不过值得注意的是,此时的八旗屯士级墓多一棺二椁,比较特殊的是随葬一只铜鼎两只陶鼎的AM9,仅有一棺一椁,且棺椁尺寸相对较小,疑该墓葬为下士墓。可能在春秋早期的八旗屯士级墓葬中已经形成了一种区分上士和下士等级的棺椁制度,但此后并未延续。八旗屯春秋早期墓葬式可辨者皆仰身直肢,应是嬴秦本族人,因此其丧葬制度格外具有代表性。③

而从整个周王朝范围来看,在此阶段棺椁多重制度发展得相对完备的是秦国的东邻晋国。春秋早期,晋国已经形成了晋侯及其夫人的墓为二棺一椁的制度,晋国邦墓中附葬车马坑的三鼎铜器墓则绝大多数为一椁二棺,一至二鼎铜器墓则减为一棺一椁,少数仅用单棺。④

另外值得注意的是,秦家沟M1、M2的棺外并不是木板结构的椁,而是外套

---

① 赵化成:《周代棺椁多重制度》,《国学研究》第五卷,北京大学出版社,1998年,第27—74页。
② 详见尹盛平、张天恩:《陕西陇县边家庄一号春秋秦墓》,《考古与文物》1986年第6期;陕西省考古研究所宝鸡工作站、宝鸡市考古工作队:《陕西陇县边家庄五号春秋墓发掘简报》,《文物》1988年第11期。
③ 此后转为以屈肢葬为主,或是与戎狄族交融的结果。
④ 宋玲平:《晋系墓葬棺椁多重制度的考察》,《考古与文物》2008年第3期。

椁木。其中M1依托东西两边的填土,并南北放置棚木各一,其上承托东西向的棚木19根;M2则是用枋木叠成直壁,顶上复盖棚木17根,上铺一层芦席。① 两座墓顶上的棚木与《仪礼·既夕礼》中所载加于抗席之上的抗木②类似,其功能皆在于抗土压,只因其并未直接承托于棺,故将其列入椁木之列。这体现了秦墓形制结构的简化与实用的发展趋势,之后的各等级秦墓中常见类似的抗压与护棺结构,位置不限于棺木上下,尤其到了战国大有愈演愈烈之势。如战国晚期至秦朝的塔儿坡秦墓,共43座一棺一椁墓,其椁皆依托四周二层台,辅以盖板、棚木、边框、立柱、枕木等(或可称一棺一椁木墓,本书仍将此种搭建而成的木椁室称作广义上的椁)。由此可见,相对于棺椁重数的等级礼制,秦人更注重增强墓室的抗压性以保护木棺,而秦人这一实用与简化的墓葬形制演变风格在春秋早期的大夫级墓葬中已现端倪。秦景公大墓的所谓"黄肠题凑",当即此种护棺结构的巅峰。

  主椁室位于正中,正对墓道,形同一座长方体木屋。长14.4米,宽5.6米,高5.6米。用直径为21—23厘米的枋木叠筑而成。主椁南北壁长均为14.4米,以两根长7.2—7.4米的枋木衔接叠垒,其首尾衔接处有榫卯结构套合。主椁的东西壁及椁底、椁盖均用长5.6米的枋木南北向叠垒。主椁东、西、南、北四壁及椁底均为双层,椁盖则铺设三层枋木。③

  秦景公木棺之上也是采用堆叠枋木来进行加固,只是已不再依托南北端的夯土台和东西向的填土,而是全用堆叠的木结构来代替,从而形成一座长方体木屋。为了更好地保护木棺,主椁的四壁及椁底均叠铺双层枋木,为了更好地抗击土压,椁盖更是铺设了三层抗木,其抗土压与保护棺木的作用堪比墓室。有学者根据此椁的东西壁和南北两侧皆有凸出的细长"榫头"指向主椁室土圹的南北壁,而对应部分无卯与其套合,认为这种"榫头"没有意义,而秦景公墓所用即早

---

① 陕西省文物管理委员会:《陕西宝鸡阳平镇秦家沟村秦墓发掘记》,《考古》1965年第7期。

② 又见《礼记·礼器》孔颖达疏:"云'葬者,杭木在上,茵在下'者,古者为椁,累木于其四边,上下不周,致茵于椁下,所以藉棺从上,下棺之后,又置杭木于椁之上,所以杭载于土。"

③ 袁胜文:《棺椁制度的产生和演变述论》,《南开学报》(哲学社会科学版)2014年第3期。

期"黄肠题凑",但又指出此与汉代"黄肠题凑"不同,一则黄肠木与椁为整体,二则柏木头皆向外。① 秦公一号大墓的这种长方体屋子似的椁制,相当于《礼仪·既夕礼》中的"茵""椁""折"和"抗席""抗木"的综合体,只是以上护棺措施都用多层的枋木结构代替,且紧密叠垒为长方体,其抗压承棺作用更加显著。这种对椁内空间的实际保护作用,恐怕是其与后世典型礼仪性黄肠题凑的最大区别,也并不能因此认为秦景公椁制逾礼。另外,为了进一步增强抗压能力,秦景公大墓主副椁的底顶及四周与椁室及其外土圹的间隙,皆用木炭填充,其中尤以主椁室顶部的木炭层为厚,达 0.5—0.8 米。

春秋中晚期,已知的 3 座能分辨棺椁重数的大夫级秦墓皆位于礼县圆顶山墓地,三者皆一棺一椁。而上文提到的秦景公大墓因盗掘严重与棺木腐朽,并不知其棺重数,且二椁中的副椁内并不套棺,乃早期的外藏椁,推测其用于放置大件礼乐器。而春秋中晚期的 10 座能分辨棺椁重数的士级秦墓则只有 5 座是三重棺椁,其中春秋中期的孙家南头 M81 和春秋晚期的高庄 M10 皆一椁二棺,与赵化成统计的西周至春秋早期贵族墓葬的常用棺椁重数相同;而春秋中期的洪崖 M1、春秋晚期的孙家南头 M160 和赵家来 M1 则延续春秋早期八旗屯元士级墓葬的二椁一棺之制。

似乎从春秋中晚期起,秦国的大夫级贵族就已形成了一棺一椁之制,只是目前囿于发掘墓葬数量有限,还不能成为定论。而士级墓葬的棺椁重数则比较混乱,但大体维持一棺一椁,且皆未超过三重,秦士墓葬可能从战国早期开始已经形成了一棺一椁之制。从表 13 的统计来看,除战国晚期早段的 79 凤高 M1 无椁一棺之外,其余直到秦朝的士级墓葬皆一棺一椁。

目前暂未发掘出战国早中期大夫级别的秦墓,不过从战国晚期统治阶层墓葬庙庄 M6、M7 分别是一棺二椁和一棺一椁来看,秦国高级贵族的棺椁重数直到战国晚期也没有形成定制,或者说曾经在春秋晚期一度形成一棺一椁的定制,但在战国后期又出现松动。棺椁重数的多寡显然不能作为区分秦国的大夫与士的标准。

此外,秦人的平民墓葬中也有相当数量的一棺一椁墓,直到战国晚期也不曾断绝。例如从春秋前期绵延至秦朝的八旗屯秦国族坟墓,其庶民墓葬多数棺椁

---

① 马振智:《试谈秦公一号大墓的椁制》,《考古与文物》2002 年第 5 期。

皆备，或至少残留有椁，显然也不合于周代"庶人单棺无椁"的普遍现象。再如 1977 年发掘的凤翔高庄 46 座小型墓葬，"不论是竖穴墓还是洞室墓，都普遍使用棺椁。棺椁具备的有 34 座，占总数的 74%"①。去除表 13 中的 7 座士级墓，尚有 27 座棺椁皆备的平民墓。此外，春秋到秦朝时期的凤翔西沟道墓地 26 座墓葬中，有 22 座棺椁皆备；②战国中晚期的凤翔西村墓地 42 座墓葬中，有 36 座棺椁皆备。③ 如此，秦国墓葬中棺外有木椁甚至不能视作贵族的标志，棺椁皆备应该是所有秦人长期坚持的一种丧葬礼制。直到公元前 350 年秦孝公迁都咸阳之后兴建并使用至秦亡的塔儿坡秦平民墓地，才形成以单棺无椁为主的葬制。其 381 座墓葬中有 327 座单棺无椁墓，仅 43 座一棺一椁木墓。④ 这应是在商鞅变法后，秦都咸阳周边居民更多吸收东方诸国尤其是三晋地区葬制葬俗的结果，而故都周边旧秦民葬俗的改变则相对迟缓，这其中关中洞室墓的出现与西传起了决定性作用。

战国中晚期，洞室墓开始在关中地区兴起，据滕铭予考证，最早出现在今西安地区和大荔地区⑤，即战国中晚期秦人的核心统治区。咸阳附近的塔儿坡秦墓有洞室墓 281 座（共 381 座），西安北郊秦墓有洞室墓 88 座（共 123 座）⑥，西安南郊的茅坡光华胶鞋厂墓地有洞室墓 63 座（共 93 座）⑦，茅坡邮电学院墓地有洞室墓 157 座（共 162 座）⑧，潘家庄世家星城墓地有洞室墓 59 座（共 62 座）⑨。洞室墓比重最高的当属临潼新丰墓地，594 座战国中晚期至秦末汉初的小型秦墓，其中竖穴墓 52 座，其余皆洞室墓，"洞室墓占发掘墓葬总数的

---

① 雍城考古队：《陕西凤翔高庄秦墓地发掘简报》，《考古与文物》1981 年第 1 期。
② 陕西省雍城考古队：《陕西凤翔八旗屯西沟道秦墓发掘简报》，《文博》1986 年第 3 期。
③ 雍城考古队：《陕西凤翔西村战国秦墓发掘简报》，《考古与文物》1986 年第 1 期。
④ 《塔儿坡秦墓》，第 5 页。
⑤ 滕铭予：《论关中秦墓中洞室墓的年代》，《华夏考古》1993 年第 2 期。
⑥ 陕西省考古研究所编著：《西安北郊秦墓》，三秦出版社，2006 年，第 16 页。
⑦ 《西安南郊秦墓》，第 100 页。
⑧ 《西安南郊秦墓》，第 286 页。
⑨ 《西安南郊秦墓》，第 653 页。

92%"①。此外,故都雍城附近的高庄墓地战国中晚期到秦朝的墓葬和西沟道墓地战国晚期至秦朝的墓葬也以洞室墓为主。② 以上墓葬除高庄墓地外,洞室墓多仅具一棺,而竖穴墓除西安北郊秦墓外大多使用一棺一椁,因大量出现洞室墓,咸阳附近核心区域的平民墓地已经以单棺无椁的葬制为主了,甚至很多竖穴墓也开始采用单棺无椁葬制。如西安北郊秦墓,共有竖穴土圹墓 32 座,其中 A 型墓有一棺一椁墓 3 座,单棺无椁墓 11 座;B 型墓仅 1 座,单棺无椁;C 型墓有一棺一椁墓 1 座,单棺无椁墓 4 座,另有 7 座无葬具墓;型式不明墓有单棺无椁墓 4 座,无葬具墓 1 座。合计棺椁皆备的竖穴墓仅 4 座。③ 另外,临潼新丰墓地 52 座竖穴土坑墓中也仅 14 座一棺一椁墓。④

不过同属雍城地区的凤翔西村墓地则仅有 1 座洞室墓。千河流域的陇县店子秦墓,战国晚期墓葬共 34 座,其中有 13 座洞室墓,其比例也不可与咸阳核心区相匹敌,故这两座墓地的战国晚期墓葬也更多保留一棺一椁。洞室墓和竖穴墓数量相对均衡的是咸阳黄家沟墓地,其中 20 座竖穴墓皆一棺一椁,而 28 座洞室墓则大多仅一棺,另有 3 座无棺洞室墓。⑤

以上所述足以证明,洞室墓的出现对秦人传统的一棺一椁葬俗造成了强烈的冲击,由于洞室墓的出现,传统棺外架梁的木椁结构已经不再是必要的抗压手段。当然,即使在某些洞室墓中,仍然保留有传统的一棺一椁甚至多重棺椁,尤以旧秦势力强大的故都雍城地区为甚。如 1977 年发掘的凤翔高庄墓地,战国中晚期至秦朝墓葬中有 21 座洞室墓,但其中至少 15 座洞室墓仍是棺椁皆备的,这也再次印证了一棺一椁之制乃秦之固习。

综上所述,秦人自始至终并未形成完备的棺椁多重制度,相反,由于其墓葬形制朝简化与实用方向发展,反而令一棺一椁制在贵族墓葬中占据上风。而且秦国平民墓葬也往往棺椁皆备,从战国中晚期开始,洞室墓在关中国都附近地区

---

① 原始资料未刊,转引自孙伟刚:《临潼新丰秦墓研究》,西北大学 2009 年硕士论文,第 82 页。
② 战国晚期三座墓葬 M6、M7、M11 皆洞室墓,秦代三座墓葬 M19、M2、M10,仅 M19 是竖穴墓。
③ 《西安北郊秦墓》,第 44 页。
④ 《临潼新丰秦墓研究》,第 77 页。
⑤ 秦都咸阳考古队:《咸阳市黄家沟战国墓发掘简报》,《考古与文物》1982 年第 6 期。

逐渐流行并西传,才使得简易的木椁室不再被需要,只在残留的竖穴墓中得以保留,咸阳圈以西地区的平民墓葬则仍以竖穴一棺一椁制墓为主。

(二)棺椁材质与尺寸

关于周代贵族的棺椁材质与尺寸,《礼记·丧大记》载:"君松椁,大夫柏椁,士杂木椁。棺椁之间,君容祝,大夫容壶,士容甒。君里椁、虞筐。大夫不里椁。士不虞筐。"郑玄进一步解释其尺寸:"椁,谓周棺者也。天子柏椁以端,长六尺。夫子制于中都,使庶人之椁五寸。五寸,谓端方也。此谓尊者用大材,卑者用小材耳。自天子、诸侯、卿、大夫、士、庶人,六等,其椁长自六尺而下,其方自五寸而上,未闻其差所定也。"孔颖达疏曰:"君,诸侯也。诸侯用松为椁材也。"[①]可知《礼记》经文中的"君"乃指诸侯。

如此,则周代自诸侯国君到士,其墓用椁的材质,依照礼制分别是诸侯国君用松木,大夫用柏木,士用杂木拼合。不过比较遗憾的是,有关秦墓的考古报告和简报中绝大多数并未对棺椁用木的种类进行测试,故不能判断秦贵族墓葬是否依照等级用不同种类的木材做棺椁。目前仅知的是秦公一号大墓的椁皆用柏木,仅相当于周礼大夫级,由此推测可能秦贵族并无棺椁依等用材之礼。

椁的尺寸,郑玄认为从天子以迄庶人,共六等,椁长自六尺差降至五寸,但并不清楚每个等级的差额。下面我们从秦贵族的外椁长度出发考察其等级差额。

春秋早期5座大夫级墓葬外椁长度分别是:宋村M3长3.1米,户县南关82M1椁残长3.15米,孙家南头M191长4.6米,孙家南头M126长4.1米,南阳98M3长3.1米。可知已出土的春秋早期大夫墓葬的外椁长度在3.1米—4.6米之间。

同时代的士级墓葬外椁长度分别是:秦家沟M1长2.66米、M2长3米,景家庄M1长3.3米,八旗屯CM2长4.3米、BM27长3.6米、AM9长3.19米、CM3长4.1米、BM104长3.8米,南阳98M2长3米、04M1长2.8米。未列入表的南阳98M1也是三鼎二簋士级墓,因被严重破坏,葬式葬具不明,但从墓底长4.5、宽2.7米来看,椁长很可能超过4米。[②]则已出土的春秋早期士墓葬的外椁长度

---

① 《礼记正义》卷五四《丧大记》,第1778—1779页。
② 宝鸡市考古工作队、宝鸡县博物馆:《陕西宝鸡县南阳村春秋秦墓的清理》,《考古》2001年第7期。

在 2.66 米—4.3 米之间。11 座土墓中有 7 座达到了大夫墓椁长,由此可见,春秋早期秦大夫与士墓葬除在椁长下限上存有差距外,在很多情况下二者椁长尺寸差距不大,不能明显区分秦人大夫和士的棺椁尺寸差别。

而西周春秋之交的秦国君级墓葬,则已在椁长上与其下的贵族拉开差距。大堡子山 M2、M3 虽棺椁腐朽不可辨识,但从二者 6.8 米与 6.75 米的墓底长度来看(两座墓葬的墓室皆斗状,墓室尺寸分别为:长 6.8—12.1、宽 5—11.7、深 15.1 米;长 6.75—24.65、宽 3.35—9.8、深 26.5 米),其外椁长度当在 6.5 米以上,与大夫墓葬的最大椁长相差接近 2 米。而且从两座国君墓墓口长度差距巨大(12.1 和 24.65 米)而墓底长度几乎相等来看,秦国君墓的椁长在春秋早期应已形成定制。秦君至上的传统似乎从春秋早期就得以确立,并随着秦的东扩而不断强化。

而同时代的其他诸侯国国君级墓葬的椁长则与此相差甚远。天马曲村遗址北赵晋侯墓地,共发掘 17 座晋侯及其夫人的墓葬,时间为西周早中期至春秋初年。其中唯一为春秋初年的晋侯及其夫人合葬墓 M93 和 M102,椁长分别为 4.1、4.41 米,仅相当于秦国中高级贵族的椁长。椁最长的属西周晚期的 $I_{11}M_{64}$、$I_{11}M_{62}$ 和 $I_{11}M_{63}$ 也不过是 4.2 米、4.9 米和 4.8 米(M64 墓口长 6.6—6.65、宽 5.48、深 7.92 米,墓底长 6.48、宽 5.52 米;M62 墓口长 5.8、宽 4.75、深 7.45 米,墓底长 6.55、宽 5.5 米;M63 墓口长 6.4、宽 4.95—5.03、深 7.37 米,底长 6.5、宽 5.64)[1],也与春秋早期的秦国高级贵族墓葬椁长相差无几,远远不足以和秦国国君墓葬相比。

西周晚期至春秋早期的虢国墓地,国君级 M2001、M2006 的椁长分别是 4.72、3.8 米。(M2001 墓口长 5.3、宽 3.55、深 11.5 米,墓底长 5.4、宽 3.7

---

[1] 整个天马-曲村遗址北赵晋侯墓地的详细情况,可参看《文物》1993 年第 3 期、1994 年第 1 期、1994 年第 8 期、1995 年第 7 期、2001 年第 8 期相关文章。所引两组晋侯及其夫人墓的信息分别来自第五次和第四次发掘资料,即:北京大学考古学系、山西省考古研究所:《天马-曲村遗址北赵晋侯墓地第五次发掘》,《文物》1995 年第 7 期;山西省考古研究所、北京大学考古学系:《天马-曲村遗址北赵晋侯墓地第四次发掘》,《文物》1994 年第 8 期。

米;M2006 墓口长 4.65、宽 3.06 米、深 9.3 米,墓底长 5、宽 3.3 米。)①

春秋早期黄君孟夫妇墓葬,G1、G2 的外椁长度分别为 3.08、3.33 米。(这座合葬墓,墓口东西长 7.9—9.1、南北宽 12.2、深 4.2 米。)②

由此可见,春秋初年,秦国国君墓葬的规模以及椁长就大大超过了山东诸侯的规格,秦国国君建造大型墓葬的传统在此时即已奠定,且其规模日渐向超大型发展,无怪乎春秋晚期的秦景公大墓成为我国目前发现的最大的先秦大墓。

春秋中晚期国君级墓葬秦公 M1 主椁长达 14.4 米。大夫级墓葬礼县圆顶山 98LDM2 椁长 5.5 米、宽 2 米。而礼县圆顶山 98LDM1 和 98LDM3 宽分别为 1.95 米和 2 米,墓室长分别为 4.9 米和 4.8 米,则二者椁长应在 4 米以上。士级墓葬孙家南头 M81 椁长 3.14 米、M83 椁长 2.74 米,礼县大堡子山 IM25 椁长 4 米,孙家南头 M160 外椁长 2.3 米、M161 椁长 3.6 米,高庄 M10 椁长 3.35 米,赵家来 M5 外椁长 3.24 米。③

尚未发掘战国早中期的国君与大夫级墓葬,士级墓葬资料公布若干:高庄 M18 椁长 3.35 米,高庄 M48 椁长 3.08 米,高庄 M49 椁长 3 米,西沟道 M26 椁长 3 米,任家嘴殉人墓木椁东西残长 3.79 米。

未列入表的春秋晚期至战国早期墓葬长武上孟村二鼎墓 M27,其棺椁尺寸未公开,但从其 4.02 米的墓室长度来判断,其椁长也应在 3 米左右。④ 由此看来,除春秋晚期的孙家南头 M83 和 M160 之外,其余士级墓葬的外椁长度多在 3—4 米,而春秋中晚期的三座大夫墓葬椁长皆在 4 米以上,可能当时已经形成了大夫和士级别墓葬在椁长上的等级差别。只是这种模糊的差别,在战国中晚期渐被消弭,也说明圆顶山贵族墓地较长的棺椁可能仅是一个特例,其最终结论的得出尚需仰赖更多考古材料的支撑。春秋晚期至战国早期秦国贵族墓葬椁长的最大改变,是国君墓葬的椁长更加迅猛地延长,由此带来的墓葬面积上的扩大

---

① 河南省文物研究所、三门峡市文物工作队:《三门峡上村岭虢国墓地 M2001 发掘简报》,《华夏考古》1992 年第 3 期;河南省文物考古研究所、三门峡市文物工作队:《上村岭虢国墓地 M2006 的清理》,《文物》1995 年第 1 期。

② 河南信阳地区文管会、光山县文管会:《春秋早期黄君孟夫妇墓发掘报告》,《考古》1984 年第 4 期。

③ 刘随盛:《陕西武功县赵家来东周时期的秦墓》,《考古》1996 年第 12 期。

④ 负安志:《陕西长武上孟村秦国墓葬发掘简报》,《考古与文物》1984 年第 3 期。

和随葬品的极大丰富,也彻底将秦国墓葬分为沟壑明显的国君和臣民两大级。在国君之下,大夫和士墓葬的差别以及士和庶民墓葬的界线则皆不清晰。

战国中晚期至秦朝,目前仅发掘清理了四座大夫级墓葬,庙庄 M6、M7 和上袁家 M6、M7,椁长分别是 3.7、3.2 米和 3.3、4 米,较之春秋中晚期大夫墓明显要短。① 几座士级墓葬的椁长如下:黄家沟 M3 椁长 3.74 米,秦朝的高庄 M16、M17 和 M47 木椁分别长 4.2、4.3 和 4.4 米。

很明显,此阶段大夫椁长降至 4 米及以下,而士级椁长则开始超越 4 米,大夫和士之间的等级差别在椁长上完全体现不出来。

从整个东周乃至秦朝来看,椁长上的等级差别主要体现在国君和其他贵族之间,而贵族中的大夫和士椁长差异并不明显,可能在春秋晚期形成了一定的等级差别,但从整个东周时代看来,椁的长度并不能作为等级评判的标准。

另外,新出的《岳麓书院藏秦简(肆)》中有一条律令记有秦政府为京畿地区因公殉职的小吏所提供棺材的尺寸和密封方式,虽非针对贵族,但对秦下层社会之葬式与棺束、棺覆物的研究皆有帮助,故列其文于下:

内史吏有秩以下□□□□□□为县官事□而死所县官,以县官木为椟,椟高三尺,广一【尺】(0527 正)八寸,袤六尺,厚毋过二寸,毋(无)木者为卖〈买〉,出之,善密致其椟,以枲坚约两敦(橄),勿令解绝。(0531 正)②

简文大意是说:京畿地区百石以下的低级吏员,若因公殉职,则官府提供棺木为其制作小棺材(椟),其尺寸是:高 3 尺,宽 1 尺 8 寸,长 6 尺,厚度不要超过 2 寸。若没有棺木要为其购置,出丧时要好好密封小棺材,用麻布带捆实木棺左右的覆盖物,不要令绳子散断。

睡虎地秦简《秦律十八种·仓律》规定:"隶臣、城旦高不盈六尺五寸,隶妾、

---

① 究其原因,应该与战国之后尤其是商鞅变法之后,在整个秦国大兴的功利主义思想有关。低等级贵族和平民更注重现世的享受,对死后世界的追求降低,薄葬之风盛行。而国君以下的高级贵族,生前依靠征战等手段取得显赫的地位,死后也要随葬大量物品以彰显地位、标榜功劳,但其做工更加粗疏,搭配也多不完整,对于墓室和棺椁也不会花费过多的人力与物力去极尽雕琢。

② 陈松长主编:《岳麓书院藏秦简(肆)》,上海辞书出版社,2015 年,第 215—216 页。

春高不盈六尺二寸,皆为小。"①秦律以身高作为是否成年的判断依据,服罪的男、女身高不超过6尺5寸和6尺2寸皆属未成年人,则此等因公殉职的低级官吏作为成年人,身高必定超过6尺5寸,今棺长仅6尺,则其必为屈肢而葬。这说明,虽然秦国的屈肢葬俗在战国中后期有所消减,但在统一前后,至少部分低级吏员的法定葬式仍是屈肢葬。另外,其捆实木棺覆盖物的麻布带或绳,其作用相当于棺束,证明当时至少部分木棺缚有棺束,这弥补了秦国墓葬未见棺束痕迹的空白。另外,其棺覆物的形制可参考同为秦吏墓葬的睡虎地秦墓M11,详见下文。

(三) 棺饰

在启殡和祖奠等仪节之后,即需准备入圹。在下葬之前,需由专人迅速对柩车进行装饰。其目的当如郑玄所言"饰棺者,以华道路及圹中,不欲众恶其亲也"②,以及"孝子既启,见棺犹见亲之身,既载,饰而以行,遂以葬。若存时居于帷幕而加文绣"③。即装饰遮掩柩车以免众人厌恶死者,以及出于孝子对父母事死如事生的态度,故而仿效死者生前居室中帷幄一类的设施来对柩车进行装饰。

《礼记·檀弓》载:"有虞氏瓦棺,夏后氏堲周,殷人棺椁,周人墙置翣。"④这是说有虞氏时期使用瓦棺来安葬死者,夏代烧砖围于棺之四周,殷代开始用木材制造棺来替代瓦棺,椁来代替堲周,周人则又在灵柩四周加墙柳(木框布屏)、翣(障棺之扇)等饰棺器具。则饰棺之礼起于周代,但《礼记·檀弓》另两条材料又透露了夏殷也当有饰棺行为。

《礼记·檀弓》:"孔子之丧,公西赤为志焉。饰棺墙,置翣,设披,周也;设崇,殷也;绸练设旐,夏也。"⑤公西赤用周、殷、夏三代之礼为孔子饰棺,其中遮挡灵柩的墙柳、障棺的翣以及披(即分批于柩车两侧,行进中有人牵持以防倾斜的

---

① 《秦简牍合集(壹)》,第77页。
② 《礼记正义》卷五四《丧大记》,第1770页。
③ 《周礼注疏》卷八《天官·缝人》,第284页。
④ 《礼记正义》卷八《檀弓上》,第237页。堲周,郑玄注曰:"火熟曰堲,烧土冶以周于棺也。"
⑤ 《礼记正义》卷一〇《檀弓上》,第284页。郑玄注:"墙之障柩,犹垣墙障家。"又云:"夫子虽殷人,兼用三王之礼尊之。披,柩行夹引棺者。崇牙,旌旗饰也。绸练,以练绸旌之杠,此旌葬乘车所建也。旌之旐,缁布广充幅,长寻曰旐。《尔雅》说旌旗曰:'素锦绸杠。'"

长带)乃是周礼;而设崇(在旗上设置齿形边饰)以及用素练缠束于葬车上的旌旗杆、上挑八尺之旐(引魂幡)则分别采用殷夏之礼。《礼记·明堂位》也有类似的记载:"有虞氏之绥,夏后氏之绸练,殷之崇牙,周之璧翣。"①更进一步将饰棺行为追溯到了有虞氏时期。

《礼记·檀弓》又载:"子张之丧,公明仪为志焉。褚幕丹质,蚁结于四隅,殷士也。"②孔门弟子子张学习孔子,用殷礼饰棺。舍弃周礼的墙柳和翣,改以红色的大块布幕覆盖棺柩,四角画上似蚂蚁往来交错的图案。又孔疏云:"'褚幕丹质'者,褚谓覆棺之物,若大夫以上,其形似幄。士则无褚。今公明仪尊敬其师,故特为褚,不得为幄,但似幕形,故云褚幕,以丹质之布而为之也。"③可知殷代覆棺之物的形制已有大夫与士的等级差别,足见彼时的饰棺礼仪已经初成系统,不过比较完备的饰棺之礼仍是周人制定并实施的。

士一级的饰棺之礼,见诸《礼仪·既夕礼》:"商祝饰柩,一池,纽前经,后缁,齐三采,无贝。设披,属引。"④天子的饰棺之礼,见诸《礼记·檀弓》:"天子之殡也,菆涂龙輴以椁,加斧于椁上,毕涂屋,天子之礼也。"⑤

此外,《礼记·丧大记》还分别对上至诸侯国君下迄士的棺钉、漆、棺束、欑、帷以及饰棺之礼和遣车之制、下棺之法进行了详尽描述⑥:

---

① 郑注:"绥亦旌旗之绥也。夏绸其杠,以练为之旐。殷又刻缯为重牙,以饰其侧,亦饰弥多也。汤以武受命,恒以牙为饰也。此旌旗及翣皆丧葬之饰。"

② 《礼记正义》卷一〇《檀弓上》,第286页。郑注:"以丹布幕为褚,葬覆棺,不墙不翣。褚幕,覆棺者。画褚之四角,其文如蚁行往来相交错,蚁,蚍蜉也。殷之蚁结,似今蛇文画。"

③ 《礼记正义》卷一〇《檀弓上》,第286页。

④ 郑注:"饰柩,为设墙柳也。巾奠乃墙,谓此也。墙有布帷,柳有布荒。池者,象宫室之承霤,以竹为之,状如小车笭,衣以青布。一池县于柳前。士不揄绞。纽,所以联帷荒,前赤后黑,因以为饰。左右面各有前后,齐居柳之中央,若今小车盖上蕤矣。以三采缯为之,上朱,中白,下苍。著以絮,元士以上有贝。披络柳棺上,贯结于戴,人居旁牵之,以备倾亏。"《仪礼注疏》卷三十八《既夕礼》,第1161—1163页。

⑤ 郑注:"菆木以周龙輴,加椁而涂之。天子殡以輴车,画辕为龙。斧谓之黼,白黑文也。以刺绣于缪幕,加椁以覆棺,已乃屋其上,尽涂。"《礼记正义》卷一一《檀弓上》,第338页。

⑥ 下引材料见《礼记正义》卷二十二《丧大记》,第1765—1768、1767、1770、1775—1776页。

1. 里棺用朱绿,用杂金鐕。大夫里棺用玄绿,用牛骨鐕。士不绿。①

2. 君盖用漆,三衽三束。大夫盖用漆,二衽二束。士盖不用漆,二衽二束。②

3. 君殡用辁,欑至于上,毕涂屋。大夫殡以帱,欑置于西序,涂不暨于棺。士殡见衽,涂上。帷之。③

4. 饰棺:君龙帷,三池,振容;黼荒,火三列,黼三列;素锦褚,加伪荒;纁纽六;齐,五采,五贝;黼翣二,黻翣二,画翣二,皆戴圭;鱼跃拂池。君纁戴六,纁披六。大夫画帷,二池,不振容;画荒,火三列,黻三列,素锦褚;纁纽二,玄纽二,齐,三采,三贝;黻翣二,画翣二,皆戴绥;鱼跃拂池。大夫戴,前纁后玄,披亦如之。士布帷,布荒,一池,揄绞;纁纽二,缁纽二,齐,三采,一贝;画翣二,皆戴绥。士戴,前纁后缁,二披用纁。④

5. 君葬用辁,四綍二碑,御棺用羽葆。大夫葬用辁,二綍二碑,御棺

---

① 郑注:"鐕,所以琢著里。"
② 郑注:"用漆者,涂合牝牡之中也。"
③ 郑注:"欑,犹菆也。屋,殡上覆如屋者也。帱,覆也。暨,及也。此记参差,以《檀弓》参之,天子之殡,居棺以龙辁,欑木题凑象椁,上四注如屋以覆之,尽涂之。诸侯辁不画龙,欑不题凑象椁,其他亦如之。大夫之殡废辁。置棺西墙下,就墙欑其三面涂之。不及棺者,言欑中狭小,裁取容棺。然则天子、诸侯差宽大矣。士不欑,掘地下棺,见小要耳。帷之,鬼神尚幽闇也。士达于天子皆然。"
④ 郑注:"饰棺者,以华道路及圹中,不欲众恶其亲也。荒,蒙也,在旁曰帷,在上曰荒,皆所以衣柳也。'士布帷,布荒'者,白布也。君、大夫加文章焉。黼荒,缘边为黼又,画荒,缘边为云气。火黻为列于其中耳。伪,当为帷,或作于,声之误也。大夫以上,有褚以衬覆棺,乃加帷荒于其上。纽,所以结连帷荒者也。池,以竹为之,如小车笭,衣以青布,柳象宫室,县池于荒之爪端,若承霤然云。君、大夫以铜为鱼,县于池下。揄,揄翟也,青质五色,画之于绞缯而垂之,以为振容,象水草之动摇,行则又鱼上拂池也。《杂记》曰'大夫不揄绞属于池下',是不振容也。士则去鱼。齐,象车盖蕤,缝合杂采为之,形如瓜分然。缀贝落其上乃旁。戴之言值也,所以连系棺束与柳材,使相值,因而结前后披也。汉礼:翣以木为筐,广三尺,高二尺四寸,方,两角高,衣以白布。画者,画云气,其余各如其象;柄长五尺,车行使人持之而从,既窆,树于圹中。《檀弓》曰'周人墙置翣'是也。绥,当为緌,读如冠蕤之蕤,盖五采羽,注于翣首也。"

用茅。士葬用国车,二绋无碑,比出宫,御棺用功布。①

6. 凡封,用绋去碑负引。君封以衡,大夫、士以咸。君,命毋哗,以鼓封;大夫,命毋哭;士,哭者相止也。②

下面,以上述礼书记载为线索,从秦人各级贵族的丧葬实践入手,探讨秦贵族的下葬礼仪。

上列第一条和第二条,是关于国君、大夫和士的棺椁里棺用漆、棺钉以及棺束的礼制规定,后四条则主要叙述国君、大夫和士等贵族的丧葬用车、饰棺与下棺之法。下面各依文解之。

1. 里棺和用漆

第一条经文中的"里棺",乃"以缯贴棺里"(孔颖达疏)之意,即用丝织品贴在内棺之里;其中的"绿"字,据段玉裁考订为误字,古本作䘼③,则国君、大夫和士的里棺和用漆之法是:

国君内棺用红绸䘼里,大夫内棺用玄色绸䘼里,士的内棺无须䘼里;国君和大夫的棺盖都要刷漆,士则不刷漆,其礼制之外的实际作用乃是涂合棺盖之缝。秦国国君级墓葬大堡子山 M2、M3 皆漆棺。大夫墓葬也多有发现漆棺,如春秋早期宋村 M3 棺内涂红漆,外涂黑漆;礼县圆顶山 98LDM2 棺为漆棺,髹黑、红漆,2000LDM4 个别部位也发现有漆皮;战国晚期的庙庄 M6 在棺椁板灰上附有很薄的黑色漆皮残片;秦朝的上袁家 M6 残留有漆皮,为黑底红彩,绘卷云纹图案。秦国君大夫漆棺的现象合于周礼,但某些士级墓的棺上也有刷漆痕迹,则显然是一种僭越行为。如春秋早期景家庄 M1 棺内外均涂红漆;春秋晚期赵家来 M1 在

---

① 郑注:"大夫废辀,此言辀,非也。辀,皆当为'载以辁车'之辁,声之误也。辁,字或作团,是以文误为国。辁车,柩车也,尊卑之差也。在椁曰绋,行道曰引,至圹将窆又曰绋,而设碑,是以连言之。碑,桓楹也。御棺,居前为节度也。士言比出宫,用功布,则出宫而止,至圹无矣。绋,或为率。"

② 郑注:"封,《周礼》作'窆'。窆,下棺也。此封或皆作敛,《檀弓》曰'公输若方小敛,般请以机封',谓此敛也。然则棺之入坎为敛,与敛尸相似,记时同之耳。咸读为缄。比柩车及圹,说载除饰,而属绋于柩之缄,又树碑于圹之前后,以绋绕碑间之鹿卢,挽棺而下之。此时棺下窆,使挽者皆系绋而绕要、负引,舒纵之,备失脱也。用绋去碑者,谓纵下之时也。衡,平也。人君之丧,又以木横贯缄耳,居旁持而平之,又击鼓为纵舍之节。大夫、士旁牵缄而已。庶人县窆,不引绋也。礼,唯天子葬有隧。今齐人谓棺束为缄绳,咸,或作为'械'。"

③ 《说文·衣部》:"䘼,棺中缣里也。"段玉裁注:"古本三'绿'字,皆正作'䘼'。"

棺板灰上有布帛痕,布纹之外发现有红彩,似是霖漆;战国中晚期的黄家沟 M3 棺上涂有朱漆。目前因士级墓葬发现刷漆痕迹不多,暂且认为秦贵族的漆棺之礼大抵与周礼相合。

国君、大夫和士墓葬用于钉内棺之衽的棺钉也有等级划分:国君用各色金属钉,大夫用牛骨钉,士则无衽故无钉。但秦贵族墓中极少出土棺钉,已发现的也是作为随葬品出现。如秦朝士墓高庄 M17 和战国晚期平民墓黄家沟 M31 皆随葬一枚铁棺钉。另外,战国晚期平民墓高庄 M1 发现五枚掉落在棺木两侧的铁棺钉,其用途当是固封棺木,而非固定棺里之衽。由此大致可以判断,秦大夫、士以及庶民的内棺可能并无附衽之礼。另据新闻报道,秦公一号大墓"有的棺木碎块上,还留有数枚骨钉"①,但因详细考古报告未出,故不可判定其所用者是秦景公还是殉人以及何种用途,若是景公钉衽所用,则秦君的钉衽所用棺钉,仅相当于周礼中的大夫级别。不过,此后韩伟在法国发现了 12 件秦人金箔饰片,并根据其木质提取样本物断定其年代为西周晚期,进而推论其为大堡子山秦公墓葬的棺饰。因该饰片中有孔,又断定其应是一种代替缯贴饰里棺的饰物,并指出"用金饰片装饰棺具的做法,大约在春秋初已不再使用了"②。而从表 12 和表 13 来看,此后包括秦公一号大墓在内的贵族墓葬确实不见金饰片,但铜饰片则遍布于椁盖、棺椁之间和棺底,用途分别为椁饰、棺饰和里棺之饰,其多见于大夫墓,士墓也有零星发现。

至于秦人的束棺之法,因缺乏出土实物,只能暂付阙如。

2. 丧葬用车

国君停殡时即载以辁车,而大夫和士则无此待遇,在朝祖之时才能用车,士则使用规格更低的輁轴车,见《仪礼·既夕礼》:"迁于祖,用轴。"③而送葬之时,国君、大夫、士则皆用轮车(详参上列引文第五条的郑注)。此外,礼书中还提到了丧车、贰车、柩车、乘车、道车、槀车、遣车等丧葬用车,但除遣车外,其他皆属陪

---

① 陈树荣、孟西安:《秦公一号大墓前后椁室清理完毕 墓主棺具已被椁木压为碎片》,《人民日报》1986 年 6 月 13 日第 3 版。

② 韩伟:《论甘肃礼县出土的秦金箔饰片》,《文物》1995 年第 6 期。

③ 郑注:"轴,輁轴也。轴状如转辚,刻两头为轵,輁状如长床,穿程。前后著金而关轵焉。大夫诸侯以上,有四周,谓之辁。天子画之以龙。"《仪礼注疏》卷三八《既夕礼》,第 1151 页。

葬用车。《礼记·杂记》:"遣车视牢具。"①郑注:"言车多少,各如所包遣奠牲体之数也。然则遣车载所包遣奠而藏之者与? 遣奠,天子大牢,包九个;诸侯亦大牢,包七个;大夫亦大牢,包五个;士少牢,包三个。大夫以上乃有遣车。"可知遣车是送葬时载牲之用。《周礼·夏官·校人》:"大丧,饰遣车之马。及葬,埋之。"郑玄注曰:"言埋之,则是马涂车之刍灵。"②又见《礼记·檀弓》郑玄注:"刍灵,束茅为人马,谓之灵者,神之类。"③则送葬的遣车和马皆明器。

从目前的考古发掘情况来看,春秋战国至秦朝的秦文化墓葬,与东方诸侯墓葬情况大体相同,多为随葬真马真车,如春秋时期的宋村、景家庄、边家庄秦墓,礼县大堡子山秦公墓地,圆顶山、八旗屯及其西沟道、孙家南头秦墓,战国时期的宝鸡④、马家庄、上孟村、西村、庙庄和西安市南郊神禾塬上的财经学院新区秦墓⑤,以及秦朝的上袁家、秦始皇陵等多处高规格墓葬,皆发现有数量不等的真马真车的车马陪葬坑。

另外,秦国从春秋中晚期开始,零星出现了用明器车马随葬的现象,如春秋中晚期的圆顶山出土四轮方盒1件⑥,春秋晚期的凤翔高庄出土陶车轮1件⑦,长武上孟村出土陶车1件及泥人泥马⑧,凤翔八旗屯出土2件陶双轮牛车模型⑨。战国晚期早段的塔儿坡M28057的壁龛中出土2件小型灰陶骑马俑。⑩ 秦朝睡虎地M11出土1件木轺车模型及3匹木足彩绘泥马。这在东方诸国是极

---

① 《礼记正义》卷五一《杂记》,第1609页。
② 《周礼注疏》卷三八《夏官·校人》,第1257页。
③ 《礼记正义》郑一三《檀弓下》,第377页。
④ 郭宝钧:《殷周车器研究》"宝鸡3039号车马坑",文物出版社,1998年,第2页。
⑤ 陕西省考古研究所:《陕西神禾塬战国秦陵园遗址田野考古新收获》,《考古与文物》2008年第5期。
⑥ 甘肃省文物考古研究所、礼县博物馆:《礼县圆顶山春秋秦墓》,《文物》2002年第2期。
⑦ 雍城考古队:《陕西凤翔高庄秦墓地发掘简报》,《考古与文物》1981年第1期。
⑧ 负安志:《陕西长武上孟村秦国墓葬发掘简报》,《考古与文物》1984年第3期。
⑨ 陕西省雍城考古工作队:《陕西凤翔八旗屯秦国墓葬发掘简报》,《文物资料丛刊(第3辑)》,文物出版社,1980年,第67—85页。
⑩ 这是我国目前发现最早的骑马俑,详见孙德润:《由咸阳骑马俑谈到战国秦骑兵》,《考古与文物》1996年第5期。

为罕见的,战国初期的洛阳西工区 M6 出铜马 1 件①,却证明《周礼·夏官·校人》所言仍是有现实依据的。战国初期才开始出现的随葬铜马,在秦始皇陵中达到顶峰,秦始皇陵除随葬常规的车马坑外,还仿照当时的骑兵烧制了 2 件骑士俑②,以及 2 乘制作精美的真人真马 1/2 大小的彩绘铜车马。③

3. 饰棺

周代饰棺的基本用具是墙柳,这在秦墓中有所发现。春秋晚期的士级墓赵家来 M1 在棺板灰上有布帛痕,很可能是墙柳遗迹,但也不排除是僭越了诸侯、大夫的"素锦褚",即在正式加棺饰之前,先在棺上和四周铺以素锦,作为衬里。秦朝墓葬云梦睡虎地 M11 就在"棺侧并有素绢与锦裹的草束护棺"④,当即效仿此,而其墓主仅为文法小吏。除此之外的丝布质棺饰构件皆腐朽不可识,但铜鱼和贝等金属与玉石制品则得以保存,不过秦贵族墓中最常见的棺椁饰则是铜铃,遍布椁盖、棺椁之间和棺内,应算作秦系墓葬的一大特色。西周及春秋墓葬中常大量发现的棺饰铜鱼,除秦公一号大墓之外,仅在春秋早期的姜城堡士级墓葬中发现过,且此次发现依照引文第四条属僭越行为,只有大夫以上才可在池下悬鱼。

秦公一号大墓的木椁盖正中发现玉鞋底 1 件,鞋帮可能为丝织品,已朽。饰棺用鞋不见于礼书记载,当是一种祭祀行为。秦大夫和士乃至庶民墓葬的常见饰棺方式是棺盖或椁盖上置圭,常成堆成片出现,排除了其为晏上戴圭的可能性。尤其是春秋早期八旗屯 BM27 和礼县大堡子山 IM25 皆出土上圭下璧,证明其为祭祀行为无疑。秦墓中圭的位置不限于椁盖及棺、椁之间,棺内也有发现,

---

① 洛阳博物馆:《洛阳西工区战国初期墓葬》,《文物资料丛刊(第 3 辑)》,第 118—120 页。

② 皇陵秦俑坑考古发掘队:《秦始皇陵东侧第二号兵马俑坑钻探试掘简报》,《文物》1978 年第 5 期。

③ 秦始皇兵马俑博物馆、陕西省考古研究所:《秦始皇陵铜车马发掘报告·前言》,文物出版社,1998 年,第 3 页。

④ 孝感地区第二期亦工亦农文物考古训练班:《湖北云梦睡虎地十一号秦墓发掘简报》,《文物》1976 年第 6 期。

但其主要作用皆是祭祀,"寄托着他们向天、向日、向祖神祈求福佑的信念"①。不过,这种广泛流行于秦人各阶层的古老葬俗,在战国中期以后的墓葬中急剧减少乃至基本消失不见,这应当与商鞅变法强化了秦人简化、实用的丧葬之风有关。

表20　陇县店子秦墓用圭情况统计表②

分　　期	第一期 (春秋中)	第二期 (春秋晚)	第三期 (战国早)	第四期 (战国中)	第五期 (战国晚)	第六期 (秦朝)
有圭墓(座)	5	7	28	10	3	1
总墓数(座)	6	13	47	52	40	54
比　　例	83.3%	53.8%	59.6%	19.2%	7.5%	1.9%

秦公一号大墓的主棺室两侧散落了大量的玉鱼和雕有秦式龙纹的凸齿斜角长条形玉器,即是池下所悬之鱼,不过仅两池,相当于大夫级别。(按:柳之底部附竹木笼罩曰池,池下悬鱼。不过考古发掘所见,常被蚌贝、陶珠、铜铃等替代。)前文提及秦公一号大墓可能用骨钉钉缯于内棺,相当于大夫级墓葬做法,则秦君采用大夫级棺饰的骨钉和两池棺饰,可能就是春秋晚期秦君墓葬所用定制。

4. 下棺之法

《礼记·杂记》云:"升正柩,诸侯执绋五百人,四绰,皆衔枚;司马执铎,左八人,右八人;匠人执羽葆御柩。大夫之丧,其升正柩也,执引者三百人,执铎者左右各四人,御柩以茅。"③国君乃以五百士分两旁,各执一绋拉引,背对木碑,并以大木贯穿棺盖上的三道棺束之下,辅以辘轳之机,配以鼓点徐徐下棺。

秦公一号大墓主椁室两侧的三层台上即各有一木碑,只不过因周墓南北向而秦墓东西向,为避免在主墓道下棺前不便向椁室内搬运随葬品而改为南北侧树碑,《礼记·丧大记》郑玄注:"凡柩车及圹,说载除饰,而属绋于柩之缄,又树

---

① 祝中熹:《试说秦人葬圭习俗的文化渊源》,雍际春等主编:《秦文化探研:甘肃秦文化研究会第二届学术研讨会论文集》,甘肃人民出版社,2015年,第229页。
② 见孙庆伟:《周代用玉制度研究》,上海古籍出版社,2008年,第110页。
③ 《礼记正义》卷五二《杂记下》,第1669页。

碑于圹之前后。"①据此亦可知,载柩车入圹之前除卸载随葬品外,还要除去柩车上可见的椁饰,而秦公大墓的木椁朴实无华,即合于郑玄所云。

另据上引经文第五条,可知大夫及士下棺皆不用木碑,仅以左右执绋拉引,考之秦君以下墓葬,亦皆未见木碑,而秦朝云梦睡虎地秦墓 M11 发现"盖板近两端处尚有两道麻绳(每道八根)缠缚的痕迹"②,可知秦大夫、士及庶民皆以绳捆结棺束,再左右合力徐徐下棺。

综上所述,在春秋前期,秦君就恪守"同盟死即讣告"的周礼原则,而且秦君薨丧之期也逐渐向周礼的规定靠拢,与其他国家同盟讣告松散、天子或诸侯的卒葬之期往往不合于礼制形成了鲜明的对比,这体现了秦君在丧葬礼制上恪守周礼、学习周礼的决心与态度。从秦穆公时期开始,秦人即已熟练掌握了诸侯间的相吊礼仪,及至战国尚有秦人参与他国君主下葬礼仪之事,而韩王与春申君吊秦昭襄王之事则显示了秦国实力的强大。而从秦昭襄王卒到秦孝文王除丧的时间间隔,大致可以判断出战国时期秦君的服丧期延长为一年,而停殡日期则大大缩短,这种变礼有利于秦应对战国复杂的政治局面,也强化了前代国君的宗法礼仪地位。

从秦国凌阴遗址来看,秦人至迟在春秋时期就具有了比较完备的藏冰系统,国君、大夫以及一批得到加赐的士在死后停尸期间可以享受以冰寒尸之礼。从目前的考古发掘情况来看,秦人士以上阶层口含现象很少,证明这一外来礼俗并未被秦人中上层广泛接受,不过少数采纳者仍能保持周礼贵族饭玉的规定。而秦庶民本无口含葬俗,受外来文化影响,从战国早期开始才零星出现口含现象,至于手握则更少出现在秦国墓葬中,也非秦礼之旧。另外,与东方诸国相同,秦国贵族墓葬也盛行随葬玉饰物,但在战国中期之前,石饰物一直占据相当的比重,是秦国丧葬礼中的又一特殊现象。即使在战国中期以后,秦墓也并未出现与东方贵族墓相似的玉璧裹身现象,玉璧始终未能上升为丧礼主角,甚至敛尸用玉数量还进一步锐减,显示了战国后期秦人更加关注现世荣耀与享受的思想倾向。而秦国君墓则随葬有大量玉璧,充分展现了秦国君主地位远超其他贵族的政治

---

① 《礼记正义》卷五四《丧大记》,第 1776 页。
② 孝感地区第二期亦工亦农文物考古训练班:《湖北云梦睡虎地十一号秦墓发掘简报》,《文物》1976 年第 6 期。

特色。此外,战国秦士与普通平民的界线较为模糊,敛尸玉器的使用具有较大的随意性,是否随葬玉器并不能径直作为判断阶级的标志,秦也并未形成玉覆面制度,而且秦墓中可能存在一定数量的右衽现象,这些都体现出秦丧礼与周礼的差异,二者当非同源。

秦人在下葬之前,还有筮宅和卜日环节,秦人庶民阶层对于葬日的选择与宜忌讲究要比典籍所载更为复杂,主要有稷(丛)辰、冈樑(刚柔)日两大系统

就棺椁重数而言,秦人自始至终并未形成完备的棺椁多重制度,相反,由于其墓葬形制朝简化与实用方向发展,反而令一棺一椁制在贵族墓葬中占据上风。而且秦国平民墓葬也往往棺椁皆备,只是从战国中晚期开始,洞室墓在关中国都附近地区逐渐流行并西传,才使得简易的木椁室不再被使用,只在残存的竖穴墓中得以保留,咸阳国都圈以西地区的平民墓葬则仍以竖穴一棺一椁制墓为主。

就棺椁长度而言,从整个东周乃至秦朝来看,椁长上的等级差别主要体现在国君和其他贵族之间,而贵族中的大夫和士的椁长差异并不明显,可能在春秋晚期形成了一定的等级差别,但从整个东周时代看来,椁的长度并不能作为等级评判的标准。

就漆棺和里棺之法而言,秦贵族的漆棺之礼大抵与周礼相合,但秦人的大夫、士以及庶民的内棺则可能并无附袡之礼,秦君钉袡所用棺钉,也仅相当于周礼中的大夫级别。

就丧葬用车而言,从目前的考古发掘情况来看,春秋战国至秦朝的秦文化墓葬,与东方诸侯墓葬情况大体相同,多为随葬真马真车,但从春秋晚期开始,零星出现了用明器车马随葬的现象。

就棺饰而言,秦贵族墓中最常见的棺椁饰是铜铃,遍布椁盖、棺椁之间和棺内,应算作秦系墓葬的一大特色。另一特色是大夫、士乃至庶民墓葬常在棺盖或椁盖上置圭,但战国中期以后这种情况急剧减少乃至基本消失不见,这应当与商鞅变法强化了秦人简化、实用的丧葬之风有关。

就下棺之法而言,秦国国君下葬用木碑,而大夫、士及庶民皆以绳捆结木棺,再左右合力徐徐落下,合于周礼。

表 12　秦 A 类墓棺椁与随葬玉石器情况表

墓葬	时代	随葬鼎簋	棺椁重数	棺椁尺寸（长×宽×高）/米	被盗情况	棺椁饰及上置玉	敛尸玉石器
大堡子山 M2	春秋早期	7鼎6簋	不详	不详	严重被盗	棺周围残留有金箔片，漆棺	不详
大堡子山 M3	春秋早期	不详	不详	不详	严重被盗	漆棺	胸、颈部位残留有大量散乱的蚖珀珠
宋村 M3	春秋早期	5鼎4簋	1椁1棺	椁 3.1×1.75×0.66 棺 2.4×1.03	无	棺内涂红漆，外涂黑漆	无
户县南关 74M1	春秋早期	5鼎4簋	不详	不详	无	不详	不详
户县南关 82M1	春秋早期	7鼎6簋	1椁1棺	椁残长 3.15×1.75×0.75（板厚0.08） 棺 2.4×1.1×0.6	无	出土铜棺饰 14 件。另出土 48 件玉贝饰，或为棺椁饰	不详

续表

墓葬	时代	随葬鼎簋	棺椁重数	棺椁尺寸（长×宽×高）/米	被盗情况	棺椁饰及上置圭	敛尸玉石器
孙家南头 M191	春秋早期	5 鼎 4 簋（此外，还有镬鼎 1 件）	2 椁 1 棺	外椁 4.6×2.92×1.48 内椁 2.46×2.06 棺 1.9×0.8	无	棺盖板西端有石壁 1 件；内椁东北角、东南角、北部偏西有铜铃 4 件，棺西南部有铜铃 1 件（另外，两椁间的头箱有石圭 1 组 3 件，铜铃 2 件，可能是掉落的箱饰或椁饰）	棺内西端有石玦 4 件、玉管 1 件、石饰 1 件、玉饰 3 件、石环 2 件
孙家南头 M126	春秋早期	5 鼎 4 簋	2 椁 1 棺	外椁 4.1×1.9×0.7 内椁 2.5×1.48 棺 1.86×0.8—0.88	无	铜椁饰 5 件，其中 2 件在棺椁之间东南角和东北角，另外 2 件在内椁室北侧，还有 1 件在内置棺室南侧，石圭 1 组置于棺椁间南北中部的头箱（另外，两椁间的头箱有铜饰 2 件，铜铃 1 件，可能是掉落的箱饰或椁饰）	棺内出土石戈 1 件、小玉环 1 件

续表

墓葬	时代	随葬鼎簋数	棺椁重数	棺椁尺寸（长×宽×高）/米	被盗情况	棺椁饰及上置玉	敛尸玉石器
南阳98M3	春秋早期	5鼎（另有仿铜陶鼎5件、铜陶簋4件）	1椁1棺	椁3.1×1.6 棺2×1（厚约0.06）		无	墓主头部两侧对称放置石玦各1件
礼县圆顶山98LDM1	春秋中晚期	5鼎2簋	1椁1棺	椁宽1.95，残高1.35①	部分被盗	棺椁间西北端散落玉饰1件，石圭3件、铜铃1件，棺肉西北角发现石圭1件（疑此石圭与棺外一对称石圭皆为棺饰，而棺椁间东北角另外2件石圭为椁饰），东北角发现铜铃1件，铜棺饰1件，南壁中部发现石圭2件；墓主躯干位置发现铜铃1件	相当于墓主头部位置发现石饰1件，圆柱状石饰1件

① 椁底下有一层厚0.1米的黄青泥，椁底板下有东西向的垫木2根。

续表

墓葬	时代	随葬鼎簋	棺椁重数	棺椁尺寸（长×宽×高）/米	被盗情况	棺椁饰及上置主	敛尸玉石器
礼县圆顶山98LDM2	春秋中晚期	7鼎6簋（被盗3鼎）	1椁1棺	椁5.5×2×1.6①	部分被盗	棺为漆棺，髹黑、红漆，棺底左右两侧嵌有长条形的薄铜饰片。棺内散落铜铃若干	不详
礼县圆顶山2000LDM4	春秋中晚期	5鼎4簋	不详	不详	部分被盗	个别部位见漆皮	不详

---

① 椁盖、底均为圆木，盖有圆木28根，每根直径18—20厘米，四壁为木板，板宽30、厚6厘米。椁底下有一层厚10厘米的黄青泥。

续表

墓葬	时代	随葬鼎簋	棺椁重数	棺椁尺寸（长×宽×高）/米	被盗情况	棺椁饰及上置玉	敛尸玉石器
秦公 M1	春秋晚期	不详	2椁①	主椁 14.4×5.6×5.6 副椁 6.3×4.9×2.6	严重被盗	木椁盖正中发现玉鞋底1件，鞋帮可能为丝织品，已朽。主棺室两侧散落了大量的玉鱼和雕有秦式龙纹的凹齿斜角长条形玉器②	墓室内发现大型白玉戈、玉耳勺、鸟首环身玉带钩、玉马头各1件，玉麦粒和玉络蝉若干，以及玉璜、残玉琮（2件）、龙纹玉觽、玉石龟等大量表饰玉③

① 因严重被盗，棺的形制、大小和具体位置未知。主椁东西南北四壁及椁底位置暨未知。副椁四壁及底和盖皆单层，椁盖铺设三层枋木。椁皆柏木。

② 作者另文称其为璋形器，详见刘云辉：《春秋战国秦式玉器概览》，《上海文博论丛》2004年第4期。另外尚可见玉贝，具体数量不详，见刘云辉：《陕西出土东周玉器》，文物出版社，2006年，第121—122页。

③ 玉马头上钻一排小孔，以便与其他材质的马身嵌合固定。龙纹玉觽在主椁室内发现，详见刘云辉编著：《陕西出土东周玉器》，第107、113页。玉饰在秦公一号大墓中出土数量最多，造型丰富多彩，工艺最为精湛，最具代表性的玉器主要有：秦式龙纹镂空玉牌、秦式龙纹马鞍形玉佩、秦式龙纹亚字形玉佩、弦纹亚腰方形玉佩、镂空三角形玉佩、秦式龙纹长方形镂空玉牌、秦式龙纹磬形玉佩、秦式龙纹马蹄形玉佩、秦式龙纹残玉琮、U形玉佩、秦式龙纹牌、秦式龙纹尖顶等腰双足形玉佩、半圆形玉佩、钟形玉佩、半圆竹节形玉璜、蟠虺纹单孔玉璜、蟠虺纹象形玉佩。

第三章 丧礼 169

续表

墓葬	时代	随葬鼎簋	棺椁重数	棺椁尺寸（长×宽×高）/米	被盗情况	棺椁饰及上置物	敛尸玉石器
庙庄M6	战国晚期	1鼎	1椁2棺	椁3.7×2.1×1.3 外棺2.3×残宽1 内棺长2×残宽0.9①	部分被盗	在棺椁板灰上附有很薄的黑色漆皮残片	在棺内中部出土绿色石珠1件，宝蓝色料珠5件，腿骨附近覆盖红色丝织物，似绢，均已朽，表面满缀孔雀蓝色的小料珠
庙庄M7	战国晚期	1鼎	1椁1棺	椁3.2×2 棺2.1×0.7—0.8	无	不详	棺内出土铜镜、铜带钩1件，铜印玺、玉璧、绿松石珠、玉珏、玛瑙珠各1件，石饰4件，料珠11件

① 椁板厚0.12米，在椁的两端有一横隔，将椁室分出头箱，宽0.9米，外棺板灰厚0.09米，内棺板厚0.08米。

续表

墓葬	时代	随葬鼎簋	棺椁重数	棺椁尺寸（长×宽×高）/米	被盗情况	棺椁饰及上置主	敛尸玉石器
上袁家 M6	秦朝	2鼎（另见灰陶鼎3件）	1椁1棺	椁3.3×1.8×0.6	无	残留有漆皮，为黑底红彩，绘卷云纹图案	墓主右手腕处置玉璜，左侧置铜镜、铁匕首、印章、半两钱、玉料片1件，银环2件，铜带钩4件（分别位于肩、肘及骨盆外侧），头部右前方置料珠3件
上袁家 M7	秦朝	无①	1椁1棺	椁4×3×0.65，厚约0.12米。② 棺前宽0.9，后宽0.8，长2.2（棺板厚0.05）	无	不详	墓主右手旁置铁剑、铁刀、砺石1件，左手旁置铜镜1件，头部及身旁放置玉石片6件，腰部左侧放置玉带钩1件，脚下置玉璜1件

① 未随葬青铜鼎。M6、M7 两座墓相距 3 米，M6 为女性，M7 为男性，二墓可能是夫妇异穴葬，随葬品比较丰富，且皆在后室随葬一车一马，故皆被列入大夫级别。

② 椁分三隔档，南头有一横隔档，宽 0.7 米，放置铜灯、铁锁、漆器等随葬器物，其余部分分成东西并列的两个竖向隔档，东面的放置两排陶器，西面的放置木棺。

第三章 丧礼

表 13 秦 B 类墓棺椁与敛尸玉石器情况表

墓葬	时代	随葬鼎簋	棺椁重数	棺椁尺寸（长×宽×高）/米	被盗情况	棺椁饰及上置主	敛尸玉石器
景家庄 M1	春秋早期	3 鼎	1 椁 1 棺	椁长 3.3，东宽 1.4，西宽 1.3；棺长 1.56，东宽 1.48，西宽 1.4	无	棺内外均涂红漆。墓西南角距墓底 85 厘米高处出土铜铃 1 件，西壁正中出土铜铃 1 件	脚端放置石圭 2 件，已残成 5 块。在腰坑靠南 20 厘米处放置铜戈 1 件，戈尖向上插入墓底。紧靠棺壁放置铜柄铁剑 1 把，剑头向东，剑身已残。南面放石戈 1 件，残成 3 块。棺内西端正中放残石戈 1 件
姜城堡	春秋早期	3 鼎 2 簋	不详	不详		出土铜铃 8 件①，椁饰 6 件②，铜鱼 11 件	该墓未出玉器，且简报未出墓葬平面图，疑石圭 2 件，在墓主身上或周围

---

① 体椭圆。有钮。大小、形制略同。
② 分两种：一种一端卷曲成云纹，光素无纹饰，长 22.4 厘米；另一种形状像圭，一端呈三角形，长 22.2 厘米。

续表

墓葬	时代	随葬鼎簋	棺椁重数	棺椁尺寸（长×宽×高）/米	被盗情况	棺椁饰及上置圭	敛尸玉石器
福临堡 M1	春秋早期	3鼎2簋	不详	不详		散落铜铃2件，棺盖板上与墓主躯体对应位置，原置石圭27件，其中有大型石圭1件	墓主胸部位置置石珠480粒，夹杂石管18件，石扣16件，铜扣18件，金扣6件，铜蚕1件，各有玉鱼、玉蚕1件，头部置铜圭1件，约腰腿部置石圭2件，躯体南侧不远处置铜管8件
秦家沟 M1	春秋早期	3鼎4簋	1椁木① 1棺	椁2.66×1.64 棺1.96×0.94		椁盖上饰有铜饰6组和铜铃6颗，并放置玉圭1件②	两耳处置玉玦各1件。墓主胸腹部置玉笛2件，玉鱼1件，铜觽1件，玛瑙珠2件，玉珠1件

① "棺在椁室中部，外套椁木，椁的南北两端均有夯土台，高1.8、宽0.7—0.86米。东西两边为填土，并南北放置棚木各一，长与墓室同，宽0.24米，其上承托东西向排列的棚木19根，棚木每根东西宽20—22厘米，均已腐朽，仅能据木灰辨其轮廓。棚木上为黄褐土。"见陕西省文物管理委员会：《陕西宝鸡阳平镇秦家沟村秦墓发掘记》，《考古》1967年第7期。

② 另外，在棺内南端发现骨环1件，可能是棺落的棺饰；在棺椁之间南端的随葬铜器中，散置有铜衔2件，铜车辖1件，贝1件，骨管2件，小铜铃1件，可能含有掉落的椁饰。

续表

墓葬	时代	随葬鼎簋	棺椁重数	棺椁尺寸（长×宽×高）/米	被盗情况	棺椁饰及上置玉	敛尸玉石器
八旗屯 CM2	春秋早期	3鼎1簋	2椁1棺	外椁4.30×2.10—1.50 内椁4.10×1.90 棺2.20×0.70		散落铜铃4枚，分别见于外椁外南侧、外椁东南角和东北角以及墓主头部西北较远处。棺或椁盖板上应有石圭4件，部分散落	墓主左耳处置玉玦1件；腹部置串饰1组，盆骨处置觿1件
八旗屯 BM27	春秋早期	3鼎	2椁1棺	外椁3.60×1.93—1.05 内椁2.50×1.35 棺2.35×0.70		两椁间南侧散落陶磬48件，铜铃2件，内椁外椁边缘各出土铜铃1件，棺盖板上置大型石圭1件，长38厘米	墓主左耳处置玉玦1件，右臂处置石壁1件，盆骨处有玉壁1件，左腿外侧有一组上石圭下玉壁。此外，右腰旁置短铜剑1柄，身体左侧置长铜戈1件
八旗屯 AM9		1鼎（另有2陶鼎）	1椁1棺	椁3.19×1.71 棺1.92×0.77×0.75	部分被盗	不详	不详

续表

墓葬	时代	随葬鼎簋	棺椁重数	棺椁尺寸（长×宽×高）/米	被盗情况	棺椁饰及上置主	敛尸玉石器
八旗屯 CM3	春秋早期	不详	2椁1棺	外椁4.10×1.75—1.70 内椁4.02×1.29—1.70	严重被盗	不详	不详
八旗屯 BM102	春秋早期	不详	2椁1棺		严重被盗	不详	不详
八旗屯 BM104	春秋早期	不详	2椁1棺	外椁3.80×2.00—1.30	严重被盗	不详	不详
秦家沟 M2	春秋早期	3鼎4簋	1椁木①1棺	椁3×2.15×1.7 棺2.4×1.1		棺椁之间散落石贝4件②，棺盖上放置有陶主，石主各1件	无

---

① 椁用防木叠成直壁，顶上复盖棚木17根，上铺一层芦席。
② 另外，在随葬器物北约0.3—0.5米处，竖立有已腐朽的木柱两根，其中一根高90厘米的木柱，凿有凹槽，槽内嵌有横木一根，竖柱上端又横置一根，可能是上部横架的撑木，其上均有木、墨绘彩的遗痕。

第三章　丧礼　175

续表

墓葬	时代	随葬鼎簋	棺椁重数	棺椁尺寸（长×宽×高）/米	被盗情况	棺椁饰及上置圭	敛尸玉石器
南阳98M2	春秋早期	3鼎（另有陶鼎3件，陶簋4件）	1椁1棺	椁3×1.65①		棺盖上置陶戈1件，石圭6件，南面棺椁之间有石圭1件、石贝3件	无
南阳04M1	春秋早期	3鼎	1椁1棺	椁2.8×1.36×0.95	部分被盗	不详	不详
孙家南头M81	春秋中期	1鼎	1椁2棺	椁3.14×1.76×0.6　外棺2.1×1.32　内棺1.7×0.84		无	无
孙家南头M83	春秋中期	1鼎	1椁1棺	椁2.74×1.02×0.7　棺1.74×0.6		无	无

① 椁板上的夯土块上有芦席印痕，说明椁盖板上原覆芦席；二层台底部有板灰，说明墓底原有一层薄木板。

续表

墓葬	时代	随葬鼎簋	棺椁重数	棺椁尺寸（长×宽×高）/米	被盗情况	棺椁饰及上置玉	敛尸玉石器
洪塬 M1	春秋中期	3 鼎	1 椁①2 棺	椁残长2.9×1.4×1.3 外棺残长1.2、残宽0.75 内棺残长0.88、残宽0.7	取土破坏	不详	不详
礼县大堡子山 IM25	春秋中期偏晚	3 鼎	1 椁1 棺	椁4×1.7×1 棺1.9×0.76		在棺板上部的西南角上发现较多石圭片，下压石璧2件，石铲1件	墓主头骨西侧发现石质小圭片11件。颈部两侧各有玉玦1件，口含玉蝉1件。头部东北方不远处有铜短剑1柄，柄上刻有纹饰，剑上附有小铜环1件，剑一还放有小玉环4件，铜剑南侧有小铜虎1件

① 据简报："椁的放置比较特殊，从现存迹象看，椁室北、西两面是沿二层台内壁叠砌椁壁板，东壁是在原椁室高度处，从北二层台内壁以南向墓室的东壁内掏挖约16厘米放置椁壁板和东壁板……椁室盖板东西横向放置，西端搭在西二层台上，残留的一块宽18厘米，北二层台内壁一椁壁板宽10厘米。"见西安秦始皇兵马俑博物馆、宝鸡陈仓区博物馆：《陕西宝鸡市洪塬村一号春秋秦墓》，《考古》2008年第4期。

续表

墓葬	时代	随葬鼎簋	棺椁重数	棺椁尺寸（长×宽×高）/米	被盗情况	棺椁饰及上置玉	敛尸玉石器
眉县水泥厂	春秋中期偏晚	1鼎1簋	1椁1棺	椁1.7×1.1 棺1.58×1		无	在墓主人右侧骨架上腹部出土一件铜衣钩①
礼县圆顶山98LDM3	春秋中晚期	1鼎	1椁1棺	椁宽2，残高约1②		棺内散落铜铃3件	相当于墓主身体及周围位置发现石圭2件、璋牙1件、石玦1件
孙家南头M160	春秋晚期	3鼎	2椁1棺	外椁室2.3×1.58 内椁室2×1 棺1.74×0.6		石圭三组分别位于椁上西侧，椁外北侧，内椁外东端；两椁之间南侧有铜铃2件③	墓主腹部有石圭、石饰、蚌兽、铅鱼各1件（组），左手下有玉玦1件

① 小件玉器出土于墓室右侧的小匣箱中，计有玉璧2件、玉璜2件、玉璋7件、方形玉饰2件、红玛瑙珠1件、石贝4件、骨珠1件、铁环1件。
② 椁底有厚约0.1米的黄膏泥。
③ 两椁之间的西端头箱内有铜铃2件，和两椁之间南侧的铜铃相称，很可能是掉落的椁饰。

续表

墓葬	时代	随葬鼎簋	棺椁重数	棺椁尺寸（长×宽×高）/米	被盗情况	棺椁饰及上置玉	敛尸玉石器
孙家南头 M161	春秋晚期	2 鼎	1 椁 1 棺	椁 3.6×1.8×1.4 棺 2.2×1		棺盖上有石圭 1 件，棺椁之间有铜铃 2 件，西端头箱内有铜铃 3 件（可能是掉落下来的箱饰或椁饰）	墓主口部有玉环 1 件，腰部置铜带钩 1 件
赵家末 M1	春秋晚期	3 鼎 (另见 1 陶鼎、2 陶簋)	2 椁 1 棺	外椁 3.24×1.74×1.1 内椁 2.5×1.4×0.84 棺 1.62×0.7×残高 0.34	无	棺板灰上有帛痕，布纹之外发现有红彩，似是髹漆。内椁顶板中部置石圭 4 件 (二层台下的北壁、南壁中部各放置石圭 2 件。在墓穴内花填土内发现的玉石圭 7 件)	墓主腰部置铜带钩 1 件

续表

墓葬	时代	随葬鼎簋	棺椁重数	棺椁尺寸（长×宽×高）/米	被盗情况	棺椁饰及上置主	敛尸玉石器
高庄 M10	春秋晚期	3鼎2簋	1椁2棺	椁 3.35×3.15×1.20 外棺 1.2×0.6			一号人（此当为从死者）骨架及其周围置铜带钩、石饰和玉璜各1件；二号人骨架置玉璜4件、砺石1件、串珠1件、金襟钩1件、玉泡1件、柱状饰2件（另有玉玦1件、玉襟钩1件，平面图上未见）
高庄 M18	战国早期	1舟	1椁1棺	椁 3.35×1.75×1.2 棺 1.1×0.55		墓主棺盖板上置石圭22件	墓主体侧置砺石1件、铜襟钩1件
高庄 M48	战国早期	1鼎（另见1陶鼎,2陶簋）	1椁1棺	椁 3.08×1.05×0.92 棺 1.45×0.72		简报未给出M48平面图，随葬品中有铜铃2件，当是棺饰	随葬品中有铜带钩2件、铜襟钩1件、串饰1组、石饰2件，或出自棺内

续表

墓葬	时代	随葬鼎簋	棺椁重数	棺椁尺寸（长×宽×高）/米	被盗情况	棺椁饰及上置主	敛尸玉石器
高庄 M49	战国早期	2鼎（另见2陶簋）	1椁1棺	椁3×1.4×1.6，棺1.5×0.83		棺椁间北侧有石主1件，南侧有铜铃1件，椁外北侧有铜铃1件	墓主双耳各有石耳饰1件，双手各有石饰1件
西沟道 M26	战国早中期	3鼎	1椁1棺	椁3×1.7×1.3，棺长1.6，东宽0.77，西宽0.76		棺盖上原置石主25件	棺内出土铜剑1柄，楔形玉器1件
任家嘴殉人墓	战国早中期	3鼎	1椁1棺	木椁仅存西、北两壁，南北宽3.24，东西残长3.79，高1.88。木棺仅存西北角，残长1.83，残宽1.1		陶、石主分三撑置于椁盖上，共11件①。椁室西北角有铜铃12件（长舌与筒身一起铸成，不能摆动，是明器）	墓葬遭破坏，棺内发现有衣物痕迹，已朽成灰白色
79凤高 M1	战国晚期早段	1鼎	无椁1棺	棺1.8×0.98		不详	墓主头部左侧置铜镜1件，胸部右上方置带钩1件，胸部、腹部置带钩2件

① 制作粗糙，大小不一。最长者37.8，最短者12.9厘米，最宽者4.1，最窄者2.6厘米，最厚者1，最薄者0.4厘米。

第三章 丧礼 181

续表

墓葬	时代	随葬鼎簋	棺椁重数	棺椁尺寸（长×宽×高）/米	被盗情况	棺椁饰及上置主	敛尸玉石器
黄家沟 M3	战国中晚期	2鼎	1椁1棺	椁3.74×1.15×1.04（板厚0.08）棺2.36×1.26×1.03		棺上涂朱漆	约为墓主腰部位置发现铜带钩1件
高庄 M16	秦朝	1鼎	1椁1棺	椁4.2×1.2×1.12 棺1.8×1	部分被盗	不详	墓主头部两侧各有玉璧1件
高庄 M17	秦朝	1鼎	1椁1棺	椁4.3×2×1.4 棺2.7×1.2	无	铁棺钉1件	棺内仅有玉琮1件
高庄 M47	秦朝	1鼎	1椁1棺	椁4.4×2.1×0.95 棺2.15×0.7	部分被盗	不详	墓主左旁置铁剑1件

（注：统计仅限于墓主躯干部分及身体周围，头厢或小匣箱所装及距身体较远的玉器皆不予考虑，很可能是因棺椁腐朽而从棺盖上掉落的棺椁饰也予以剔除。）

资料来源：

大堡子山 M2、M3：戴春阳：《礼县大堡子山秦公墓地及有关问题》，《文物》2000 年第 5 期。

大堡子山 IM25：早期秦文化考古联合课题组：《甘肃礼县大堡子山早期秦文化遗址》，《考古》2007 年第 7 期；早期秦文化联合考古队：《2006 年甘肃礼县大堡子山东周墓葬发掘简报》，《文物》2008 年第 11 期。

宋村 M3：陕西省文管会秦墓发掘组：《陕西户县宋村春秋秦墓发掘简报》，《文物》1975 年第 10 期。

户县南关 82M1：曹发展：《陕西户县南关春秋秦墓清理记》，《文博》1989 年第 2 期。

孙家南头墓地：陕西省考古研究院、宝鸡市考古研究所、凤翔博物馆编著：《凤翔孙家南头——周秦墓葬与西汉仓储建筑遗址发掘报告》，科学出版社，2015 年。

礼县圆顶山墓地：甘肃省文物考古研究所、礼县博物馆：《礼县圆顶山春秋秦墓》，《文物》2002 年第 2 期；甘肃省文物考古研究所、礼县博物馆：《甘肃礼县圆顶山 98LDM2、2000LDM4 春秋秦墓》，《文物》2005 年第 2 期。

秦公一号大墓：马振智：《试谈秦公一号大墓的椁制》，《考古与文物》2002 年第 5 期。刘云辉：《陕西出土的古代玉器——春秋战国篇》，《四川文物》2010 年第 5 期；《陕西出土东周玉器》，文物出版社，2006 年；《春秋战国秦式玉器概览》，《上海文博论丛》2004 年第 4 期。

庙庄 M6、M7：魏怀珩：《甘肃平凉庙庄的两座战国墓》，《考古与文物》1982 年 5 期。

八旗屯 CM2：陕西省雍城考古工作队：《陕西凤翔八旗屯秦国墓葬发掘简报》，《文物资料丛刊(第 3 辑)》，文物出版社，1980 年。

八旗屯 BM32：陕西省雍城考古队：《一九八一年凤翔八旗屯墓地发掘简报》，《考古与文物》1986 年第 5 期。

景家庄 M1：刘得祯、朱建唐：《甘肃灵台县景家庄春秋墓》，《考古》1981 年第 4 期。

姜城堡：王光永：《宝鸡市渭滨区姜城堡东周墓葬》，《考古》1979 年第 6 期。

福临堡 M1：赵学谦、刘随盛：《陕西宝鸡福临堡东周墓葬发掘记》，《考古》

1963年第10期。

秦家沟M1、M2：陕西省文物管理委员会：《陕西宝鸡阳平镇秦家沟村秦墓发掘记》，《考古》1965年第7期。

南阳墓地：宝鸡市考古工作队、宝鸡县博物馆：《陕西宝鸡县南阳村春秋秦墓的清理》，《考古》2001年第7期；宝鸡市陈仓区博物馆：《陕西宝鸡市陈仓区南阳村春秋秦墓清理简报》，《考古与文物》2005年第4期。

洪塬M1：西安秦始皇兵马俑博物馆、宝鸡陈仓区博物馆：《陕西宝鸡市洪塬村一号春秋秦墓》，《考古》2008年第4期。

眉县水泥厂：刘怀君、郝芝芹：《眉县水泥厂春秋秦墓及其相关问题》，《文博》1993年第6期。

高庄墓地：雍城考古队：《陕西凤翔高庄秦墓地发掘简报》，《考古与文物》1981年第1期。

79凤高M1：雍城考古工作队：《凤翔县高庄战国秦墓发掘简报》，《文物》1980年第9期。

黄家沟M3：秦都咸阳考古队：《咸阳市黄家沟战国墓发掘简报》，《考古与文物》1982年第6期。

赵家来M1：刘随盛：《陕西武功县赵家来东周时期的秦墓》，《考古》1996年第12期。

西沟道M26：陕西省雍城考古队：《陕西凤翔八旗屯西沟道秦墓发掘简报》，《文博》1986年第3期。

任家嘴殉人墓：咸阳市博物馆：《咸阳任家嘴殉人秦墓清理简报》，《考古与文物》1986年6期。

上袁家M6、M7：甘肃省文物考古研究所：《甘肃秦安上袁家秦汉墓葬发掘》，《考古学报》1997年第1期。

第四章 祭礼

《史记·封禅书》对秦朝的国家祭祀系统进行了全面的概括,涉及华山东西的名山大川以及陈宝祠、雍四畤、西畤、畦畤等的祭祀与管理。在各种秦简《日书》和校券材料中,则含有大量秦庶民阶层所热衷祠祀与祭祷的鬼神名称及祷祠仪节信息。另有出土的秦惠文王因病祭祷华山之神的《秦骃祷病玉版》,明确将秦之祭祀系统划分为"天地、四亟(极)、三光、山川神祇、五祀、先祖"等几个系统,与《周礼·春官·大宗伯》叙述的天神、人鬼、地祇三大系统以及祖先受享模式大体相同,不过对其中隶属地祇系统的"五祀"之神以及隶属人鬼系统的祖先神灵的地位有所抬升,因此,我们在对秦人的祭祀神灵系统进行划分时,仍以《周礼·春官·大宗伯》的天神、地祇、人鬼三大系统为主,并辅以动物神来涵盖秦简中屡次出现的各种动物神。另外,秦简材料中还包括大量的战国后期至秦朝秦庶民的祠祀择日宜忌和祷祠仪节的信息,也需要加以归类研究。我们将以秦人特有的畤祭为中心,分析秦国家祭祀,探讨秦人有无五帝祭及畤祭和郊祭的关系等问题。

第一节 秦人祭礼的神灵系统

一 "三礼"中的神灵祭祀系统

目前,对于先秦时期的祭祀礼仪归纳最为系统全面的当属《周礼·春官·大宗伯》:

  大宗伯之职,掌建邦之天神、人鬼、地示之礼,以佐王建保邦国。以吉礼事邦国之鬼神示,以禋祀祀昊天上帝,以实柴祀日、月、星、辰,以槱燎祀司中、司命、飌师、雨师。以血祭祭社稷、五祀、五岳,以狸沈祭山林、川泽,以疈辜祭四方百物。以肆献祼享先王,以馈食享先王,以祠春享先王,以禴夏享先王,以尝秋享先王,以烝冬享先王。①

大宗伯以禋祀、实柴、槱燎、血祭、狸沈、疈辜以及肆献、馈食、祠春、禴夏、尝秋、烝冬等多种不同的方式,分别对天神、人鬼和地祇三大系统不同等级的神灵以及先王进行祭祀。其中用禋祀、实柴祭祀天神,用槱燎祭祀人神,用血祭、狸沈和疈辜祭祀地祇,用肆献、馈食、祠春、禴夏、尝秋、烝冬等到宗庙祭祀先祖。在这套囊括天、地、人诸多神明的祭祀系统中,居于至上地位的是昊天上帝。今人已有论述,昊天上帝乃是商周两大文化圈的至上神糅合的结果。②

不过在"三礼"的郑玄注解语境中,这些神灵并不能得到很好的区别。分析"三礼"的相关注解可以发现,郑玄所说的上帝多指天③,又称昊天④、天帝,时或省称帝⑤,有时亦可托指君王⑥,天、帝、上帝、五帝也大抵可以混同。⑦ 但在具体语境中(如祭祀),五帝有时则指五天帝,而以帝喾配上帝(用周礼则以后稷配

---

① 《周礼注疏》卷一八《春官·宗伯》,第645—660页。
② 可参王晖:《商周文化比较研究》,人民出版社,2000年,第102—103页。
③ 《尚书大传·洪范五行传》:"帝令大禹步于上帝。"郑注:"帝,舜也。上帝,谓天也。"
④ 《诗经·昊天有成名》郑注:"昊天,天大号也。"
⑤ 《毛诗·大雅·生民之什》:"履帝武敏歆,攸介攸止。"郑玄笺云:"帝,上帝也。"
⑥ 《礼记·孔子闲居》:"其在《诗》曰:'帝命不违,至于汤齐。汤降不迟,圣敬日跻。昭假迟迟,上帝是祇,帝命式于九围。'"郑注:"帝,天帝也。……此《诗》云:殷之先君,其为政不违天之命,至于汤升为君。又下天之政教甚疾,其圣敬日庄严,其明道至于民迟迟然安和,天是用敬之,命之用事于九州,谓使王也。"按:此处帝、上帝、天帝与天皆一也。
⑦ 《周礼·典瑞》:"四圭有邸,以祀天旅上帝。"郑注:"祀天,夏正郊天也。上帝,五帝。所郊亦犹五帝。殊言天者,尊异之也。"

享①)。此外又有五官之神②。至《春秋纬·文耀钩》,五天帝始有名字:"苍帝曰灵威仰,赤帝曰赤熛怒,黄帝曰含枢纽,白帝曰白招拒,黑帝曰汁光纪。"郑玄注《礼记·大传》"王者禘其祖之所自出"句,即引此名为"太微五帝",郑玄所谓五帝时或指此五天帝。周人上帝(天)③则或指苍帝灵威仰④。郑玄注中所体现的天帝和人神系统主要如下所示:

第一等级:至上帝:北辰耀魄宝。⑤

---

① 《礼记·明堂位》云:"祀帝于郊,配以后稷,天子之礼。"《礼记·杂记下》:"孟献子曰:'正月日至,可以有事于上帝。七月日至,可以有事于祖。'"郑注:"鲁以周公之故,得以正月日至之后郊天,亦以始祖后稷配之。"按:郑玄谓周人郊天,则以始祖后稷配天(上帝)。《礼记·祭法》:"殷人禘喾而郊冥,祖契而宗汤。周人禘喾而郊稷,祖文王而宗武王。"郑注:"此禘,谓祭昊天于圜丘也。祭上帝于南郊,曰郊。"按:郑玄谓圜丘则帝喾配享,郊天则后稷配之。此处以昊天、上帝为二,且后稷在祭祀系统中的地位超过帝喾,当视作商周礼在周代并行不悖且周礼后来居上的一条例证。《礼记·郊特牲》:"郊之用辛也,周之始郊,日以至。"郑注:"言日以周郊天之月而至,阳气新用事,顺之而用辛日。此说非也。郊天之月而日至,鲁礼也。三王之郊,一用夏正。鲁以无冬至祭天于圆丘之事,是以建子之月郊天,示先有事也。用辛日者,凡为人君,当齐戒自新耳。周衰礼废,儒者见周礼尽在鲁,因推鲁礼以言周事。"(《礼记正义》卷三五《郊特性》,第1063页)

② 《礼记·曲礼下》:"天子祭天地,祭四方,祭山川,祭五祀,岁遍。"郑注:"祭四方,谓祭五官之神于四郊也。句芒在东,祝融、后土在南,蓐收在西,玄冥在北。"此外亦可径称"五神",《礼记·祭法》:"殷人禘喾而郊冥,祖契而宗汤。周人禘喾而郊稷,祖文王而宗武王。"郑注:"祭五帝、五神于明堂曰祖、宗。"

③ 《礼记·大传》:"礼,不王不禘。王者禘其祖所由生,以其祖配之。"郑注:"凡大祭曰禘。自,由也。大祭其祖所由生,谓郊祀天也。王者之先祖,皆感大微五帝之精以生,苍则灵威仰,赤则赤熛怒,黄则含枢纽,白则白招拒,黑则汁光纪,皆用正岁之正月郊祭之,盖特尊焉。《孝经》曰'郊祀后稷以配天',配灵威仰也;'宗祀文王于明堂,以配上帝',泛配五帝也。"(《礼记正义》卷四四《大传》,第1349页)

④ 《礼记·礼器》:"故鲁人将有事于上帝,必先有事于頖宫。"郑注:"上帝,周所郊祀之帝,谓苍帝灵威仰也。鲁以周公之故,得郊祀上帝,与周同。先有事于頖宫,告后稷也。告之者,将以配天,先仁也。"按:郑玄谓苍帝灵威仰为周人感生之帝,配以其祖先后稷。

⑤ 《礼记·月令·季夏》:"令民无不咸出其力,以共皇天上帝。"郑注:"皇天,北辰耀魄宝,冬至所祭于圜丘也。上帝,大微五帝。"按:此种星辰崇拜的后来居上,当得益于春秋战国时期以楚国为代表的殷文化圈势力的日渐兴盛,以及后来以刘邦为代表的故楚势力夺取了政权。

第二等级:五帝佐:大微五帝(上帝),即《春秋纬·文耀钩》之五天帝。
第三等级:五人帝:太昊,炎帝,黄帝,少昊,颛顼。
第四等级:五官神:句芒,祝融,后土,蓐收,玄冥。①

二 秦人祭祀的神灵系统

在传世文献中,叙述秦人祭祀神灵最为详尽的是《史记·封禅书》,对秦朝国家祭祀的名山大川和雍地诸祠都有全面的叙述。另外,《吕氏春秋》中的《十二纪》,其文摘自《礼记·月令》,其五人帝与五官神的神明,亦即郑玄天帝人神系统中的相关神明。在出土文献中,秦惠文王因病祭祷华山之神的《秦骃祷病玉版》②,其中也提及秦国祭祀的神灵系统:

周世既没,典法藓(散)亡,惴惴小子,欲事天地、四亟(极)、三光、山川神祇、五祀、先祖,而不得厥方。③

玉版文字所言:周王朝已经灭亡,法典散佚,我想要侍奉天地、四极、三光、山川、神祇、五祀和先祖,却不得其法。其中的四极所祭,当即郑玄天帝人神体系中的五官神。《礼记·曲礼》:"天子祭天地,祭四方,祭山川,祭五祀,岁遍。"郑注:"祭四方,谓祭五官之神于四郊也。句芒在东,祝融后土在南,蓐收在西,玄冥在北。"五官神分别配享五人帝于东西南北四方之祭,其中中央之帝与神皆附南方。《淮南子·时则训》所云"五位",分掌东西南北以及中央"五极"的五人帝、五官神,与郑注相同,可为佐证。如此,后文的"五祀"亦当如郑注所言:"五祀,户、灶、中霤、门、行也。"④另外,不见于先秦礼书的"三光",当即《白虎通义·封公侯》所云"天有三光,日、月、星"的"三光",即"日、月、星",属于以实柴方式祭祀的次一等天神。⑤

---

① 郑玄所谓五官神似与五人神同,惜郑注未有"五人神"之说,孔颖达则认为二者相同。
② 李学勤认为:"惠文王之名,《吕氏春秋·首时》《去宥》高诱注、《后汉书·西羌传》和《史记·秦本纪》索隐等都说为'驷','驷''骃'字形相似,'四'字古文更近于'因',文献之'驷'当系'骃'字形误。"详见李学勤:《秦玉牍索隐》,《故宫博物院院刊》2000年第2期。
③ 引文用宽式,引自李学勤《秦玉牍索隐》,标点略有改动。
④ 可参曾宪通、杨泽生、肖毅:《秦骃玉版文字初探》,《考古与文物》2001年第1期。
⑤ 详见李家浩:《秦骃玉版铭文研究》,《北京大学中国古文献研究中心集刊(第2辑)》,北京燕山出版社,2001年,第112—113页。

如此看来,战国秦人的祭祀神灵系统与《周礼·春官·大宗伯》叙述的天神、人鬼、地祇三大系统以及祖先受享模式大体相同,不过对其中隶属地祇系统的"五祀"之神以及隶属人鬼系统的祖先神灵的地位有所抬升,而从行文上看,在三大祭祀神灵系统中,人鬼的地位则降至地祇之下。另外,秦简《日书》中还出现了一些流行于基层社会的小神祭祀,如马、牛、羊、猪、犬、鸡和蚕等动物神,以及巫咸、田大人、大夫等地位有限的人神,对《秦骃祷病玉版》的祭祀神灵系统有所丰富。结合秦国上下等级所祭祀神灵,以下仍将秦人的祭祀神灵系统依照《周礼·春官·大宗伯》,划分为天神、地祇、人鬼三大系统,辅以动物神来涵盖《周礼》所未备者,依次对秦人祭祀活动所对应的各种神灵做简要的介绍。

(一)天神系统

1. 至上神及其他帝神

早期秦人的至上神是上帝,这显示出嬴秦族在西周以前归属殷商文化圈。《史记》记载,秦君对上帝进行祭祀的最早时间是秦襄公八年(前770),秦襄公因在褒姒之乱中勤王有功,被封爵,"襄公于是始国,与诸侯通使聘享之礼,乃用骝驹、黄牛、羝羊各三,祠上帝西畤"①。因秦在春秋初年尚僻处西部边陲之地,故当时秦人的至上神上帝仅限于其当方(对应自己方位)的白帝,其配享的官神或人神也仅止于少皞,即其自认为所由生之神。故《史记·封禅书》对同一事的记载为:"秦襄公攻戎救周,始列为诸侯。秦襄公既侯,居西垂,自以为主少皞之神,作西畤,祠白帝,其牲用骝驹黄牛羝羊各一云。"②

在秦人入主关中之后,其眼界逐渐放宽,族群也趋于复杂,所祭帝神也相应地得到了拓展,如秦宣公作密畤祠青帝,秦灵公作吴阳上、下畤分祠黄、炎二帝,将秦人的帝神扩充为四个:白帝、青帝、黄帝、炎帝。

> 德公立二年卒。其后四年,秦宣公作密畤于渭南,祭青帝。
>
> 其后百余年,秦灵公作吴阳上畤,祭黄帝;作下畤,祭炎帝。③

不过青帝、黄帝、炎帝的奉祀应当主要是为了拉拢秦治下的非本族人群,以扩大统治基础,秦人自身推崇的白帝依然具有至高无上的地位,在秦人迁都的过

---

① 《史记》卷五《秦本纪》,第179页。
② 《史记》卷二八《封禅书》,第1358页。
③ 《史记》卷二八《封禅书》,第1360、1364页。

程中,还相继设立了鄜畤和畦畤来祭祀白帝,而且相较而言,对于白帝的祭祀更加频繁且隆重。

> 其(秦襄公作西畤)后十六年,秦文公东猎汧渭之间,卜居之而吉。文公梦黄蛇自天下属地,其口止于鄜衍。文公问史敦,敦曰:"此上帝之征,君其祠之。"于是作鄜畤,用三牲郊祭白帝焉。
>
> 栎阳雨金,秦献公自以为得金瑞,故作畦畤栎阳而祀白帝。①

从第一条材料来看,秦文公时,秦人的上帝仍指白帝。春秋以迄战国早期,秦统治阶层对白、青、黄、炎四帝的盛大祭祀,与五行学尚无关联,到了春秋中期,秦献公十七年(前367)②,因国都雨金,秦君才将白帝与金瑞相联系,此时的秦人已然受到了五行学说的影响。此时秦人的至上神是否仍为白帝,值得怀疑。而从秦惠文王在《告大沈厥湫文》中称呼至上神为"皇天上帝"("亦应受皇天上帝及大沈厥湫之几灵德赐,克剂楚师"③)的情况来看,至迟在秦惠文王时,秦人的上帝观念已突破了当方的白帝的局限,开始有了并吞天下之心。不过,从秦人迟迟不立畤奉祀黑帝的情况来看,战国中后期的秦人虽受到五行学说的影响,但并未将其上升为绝对的统治思想,也并没有形成较为系统的五色帝祭祀。直到秦统一后,邹子之徒的五德终始说由齐人上奏给秦始皇并被采纳,五行学说才正式上升为秦的国家意志。

> 自齐威、宣之时,驺子之徒论著终始五德之运,及秦帝而齐人奏之,故始皇采用之。④

此后,秦始皇东巡并封泰山、禅梁父,以此向天下昭告自己统治的合法性。至此,秦人已完全接受了周文化系统的昊天作为至上神。⑤ 而在之前的一百余年间,秦人的至上神应该说一度是模糊、不明确的。

---

① 《史记》卷二八《封禅书》,第1358、1365页。
② 年代据《史记·六国年表》。
③ 容庚考释,转引自杨宽:《秦〈诅楚文〉所表演的"诅"的巫术》,《文学遗产》1995年第5期。
④ 《史记》卷二八《封禅书》,第1368页。
⑤ 这种昊天独尊的局面,随着来自故楚地的刘邦集团取得政权而一度有所松动,脱胎于商文化的北辰及太微五帝在国家祭祀中的地位得以提高,直到汉武帝中后期开始较为频繁地封禅泰山,这种局面才有所改变。

另外,秦简《日书》中也有提及天、上皇、帝、上帝子、帝乔子、北方之帝、炎帝等天神,如睡虎地秦简《日书》乙种"杂忌"篇:"壬申会癸酉,天以坏高山,不可取妇。"①睡虎地秦简《日书》甲种"毁弃"篇:"毋以子卜筮,害于上皇。"②放马滩秦简及睡虎地秦简《日书》皆有"啻"篇,"啻"还见于睡虎地秦简《日书》甲种"弦望"篇:"弦望及五辰不可以兴乐□,五丑不可以巫,啻(帝)以杀巫减(咸)。"③睡虎地秦简《日书》甲种"诘"篇:"鬼恒从人女,与居,曰:'上帝子下游。'"④放马滩秦简《日书》乙种"贞在黄钟"篇:"大(太)族,忧殹(也),□事殹(也)。贞在大(太)族,北方之啻(帝)□□□□□□□,乃直(值)大(太)族。"⑤睡虎地秦简《日书》甲乙种皆有"行"篇,后者云:"凡是日赤啻(帝)恒以开临下民而降央(殃),不可具为百事,皆毋(无)所利。节(即)以有为也,其央(殃)不出岁,小大必致(至)。有为也而遇雨,命之央(殃)蚤(早)至,不出三月,有死亡之志致(至)。凡且有为也,必先计月中【间日】,□□直赤啻(帝)临。见日,它日唯(虽)有不吉之名,〖毋(无)所〗大害。"⑥

然而秦简《日书》中并无对上述天神进行祭祀之载,可知白、青、黄、炎四位帝神皆属秦国家祭祀层面的天神。而且从秦简《日书》简文对于各种天神的描述来看,其形象并不光辉,常给人带来灾殃,尤其是赤帝降临之日,凶荒更是远甚其他不吉之日,甚至有性命之忧,更说明此等天神并非普通黎民百姓可以祭祀的。

2. 三光等其他天神

三光即日、月、星等次级天神,秦人对其相关祭祀详见于《史记·封禅书》:

> 而雍有日、月、参、辰、南北斗、荧惑、太白、岁星、填星、〔辰星〕、二十八宿、风伯、雨师、四海、九臣、十四臣、诸布、诸严、诸逑之属,百有余庙。西亦有数十祠。于湖有周天子祠。于下邽有天神。沣、滈有昭明、

---

① 《秦简牍合集(壹)》,第 503 页。
② 《秦简牍合集(壹)》,第 403 页。
③ 《秦简牍合集(壹)》,第 376 页。
④ 《秦简牍合集(壹)》,第 446 页。
⑤ 《秦简牍合集(肆)》,第 183 页。
⑥ 《秦简牍合集(壹)》,第 542 页。

天子辟池。于(社)〔杜〕、亳有三社主之祠、寿星祠。①

其中明确属于日、月、星三光一系的天神有日、月、参、辰(心宿)、南北斗、荧惑、太白、岁星、填星、辰星、二十八宿、风伯(箕星)、雨师(毕星)和昭明、寿星等神。其星系统可归纳为南北斗、五星(荧惑、太白、岁星、填星、辰星)、二十八宿(以风伯、雨师为尊)三大系,以及凶星(昭明)与福寿之星(寿星)等其他星神。这些三光一类的天神都会按时得到奉祀。

此外,睡虎地秦简《日书》甲种的"玄戈"篇和"星"篇有包括二十八星宿在内的大量星名,如:角、亢、牴(氐)、房、心、尾、箕、斗、牵牛、须女、虚、危、营室、东辟(壁)、奎、娄、胃、卯(昴)、比、此(觜)巂、参、东井、舆鬼、柳、七星、张、翼、轸②,但都是作为时间概念存在,且并无任何有关祭祀的说明。

另外还有咸池(太岁)③、司命、司笈(祓)④、大司寿⑤和司命史公孙强⑥等星官司神存在于民间宗教信仰中,但亦无祭祀之载,故可认为三光一类的次等天神祭祀亦是局限于秦人国家祭祀的范畴。

(二)地祇系统

1. 山川之神

《史记·封禅书》详细记载了秦政府对于华山东西名山大川的划分界定及祭祀频率与规格,今仅截取其中华山以西故秦地之山神与水神,胪列如下:

及秦并天下,令祠官所常奉天地名山大川鬼神可得而序也。

自华以西,名山七,名川四。曰华山,薄山。薄山者,衰山也。岳山,岐山,吴岳,鸿冢,渎山。渎山,蜀之汶山。水曰河,祠临晋;沔,祠汉

---

① 《史记》卷二八《封禅书》,第1375页。田天对本段提及的各类神祠有较为详备的论述,见《秦汉国家祭祀史稿》,第45—54页。

② 睡虎地秦简《日书》甲种"星"篇,见《秦简牍合集(壹)》,第388—389页。

③ 详见放马滩秦简《日书》"土功(二)"篇,《秦简牍合集(肆)》,第85页。

④ 详见田天:《北大秦简〈祓除〉初识》,《简帛(第8辑)》,上海古籍出版社,2013年,第43—48页。

⑤ 详见天水放马滩秦简《日书》乙种"自天降令"篇"是谓自天以戒,室有大司寿",见《秦简牍合集(肆)》,第171页。其中的"大司寿",据程少轩考证盖即"大司命",详见程少轩:《放马滩简式占古佚书研究》,复旦大学2011年博士论文,134页。

⑥ 详见天水放马滩秦简《日书》乙种"丹"篇,《秦简牍合集(肆)》,第203页。

中;湫渊,祠朝那;江水,祠蜀。亦春秋泮涸祷塞,如东方名山川;而牲牛犊牢具圭币各异。而四大冢鸿、岐、吴、岳,皆有尝禾。

霸、产、长水、沣、涝、泾、渭皆非大川,以近咸阳,尽得比山川祠,而无诸加。

汧、洛二渊,鸣泽、蒲山、岳嵸山之属,为小山川,亦皆岁祷塞泮涸祠,礼不必同。①

故秦国受到政府管控祭祀的山川之神主要分为四个等级:

第一等级:名山大川神。名山神共7位,分别是华山、薄山、岳山、岐山、吴岳、鸿冢、渎山。名川神共4位,分别是河、沔、湫渊、江水。

第二等级:四大冢神,分别是鸿、岐、吴、岳。其地位虽略不及七大名山,但仍得以当季新谷祭其山神。

第三等级:咸阳近郊的七小河神,分别是霸、产、长水、沣、涝、泾、渭。

第四等级:小山川神。小山神:鸣泽、蒲山、岳嵸山。小河神:汧、洛。

以上即为秦政府设置专门官员按时分级奉祀的故秦地山川之神,至于新增的华山以东诸名山大川之神,我们将另节讨论。此外,据《史记·封禅书》"诸此祠皆太祝常主,以岁时奉祠之。至如他名山川诸鬼及八神之属,上过则祠,去则已。郡县远方神祠者,民各自奉祠,不领于天子之祝官"②可知,故秦地亦当有游离于官方祭祀系统之外的其他山川之神。如《告亚驼文》中的"亚驼",据裘锡圭考证,应读为"虖池"(即"滹沱"),为处于今甘肃东端泾川至正宁一带与晋之虖池同名的一条河,亚驼即此湫之河神。③

在故秦地的诸多山神中,地位最高的当属华山之神,《秦骃祷病玉版》就记载了秦惠文王因病祭祷华山之神的祷辞④,其中对于华山之神的称呼是"华大山",其在秦地山神中的崇高地位可见一斑。而水神中地位最高者应是河水之

---

① 《史记》卷二八《封禅书》,第1371—1374页。
② 《史记》卷二八《封禅书》,第1377页。
③ 裘锡圭:《诅楚文"亚驼"考》,《文物》1998年第4期。雍际春进一步考证,"亚驼"即古称汭水今称黑河的泾水支流,详见雍际春:《"亚驼""呼池"与要册湫考辨》,《陕西师范大学学报》(哲学社会科学版)2008年第2期。
④ 李零:《秦骃祷病玉版的研究》,见袁行霈主编:《国学研究》第六卷,北京大学出版社,1999年,第525页。

神无疑,秦并天下,始皇帝采纳五德终始之说后所做六事,第一件就是更名河之事,且其余名川皆未更名,足见其在诸名川神中的至尊地位。

> 秦始皇既并天下而帝,或曰:"黄帝得土德,黄龙地螾见。夏得木德,青龙止于郊,草木畅茂。殷得金德,银自山溢。周得火德,有赤乌之符。今秦变周,水德之时。昔秦文公出猎,获黑龙,此其水德之瑞。"于是秦更命河曰"德水",以冬十月为年首,色上黑,度以六为名,音上大吕,事统上法。①

另外,故秦地四大名川之一的湫渊之神,见于宋代出土的《告大沈厥湫文》,其神名曰"大沈厥湫"。②

2. 土地神

社神是秦人祭祀体系中最重要的土地神。《礼记·月令》:"仲春之月……择元日,命民社。"郑注:"社,后土也,使民祀焉。神其农业也。祀社日用甲。"③则社神为五官神之一的后土,每年仲春择地支为甲的吉日祭祀之。《礼记·郊特牲》孔疏引《郑志》云:"《月令》命民社谓秦社也。自秦以下,民始得立社也。其大夫以下所置社者,皆以土地所宜之木。"可知秦之社是全社会范围的土地神,各阶层皆可祭祀,只不过大夫以下立"土地所宜之木"作为社神。

此外,《礼记·郊特牲》载:

> 社祭土而主阴气也,君南乡于北墉下,答阴之义也。日用甲,用日之使也。天子大社,必受霜露风雨,以达天地之气也。是故丧国之社屋之,不受天阳也。薄社北牖,使阴明也。社,所以神地之道也。地载万物,天垂象,取财于地,取法于天,是以尊天而亲地也,故教民美报焉。家主中霤而国主社,示本也。唯为社事,单出里。唯为社田,国人毕作。唯社,丘乘共粢盛,所以报本反始也。④

据上引经文可确知社神乃土地神,先秦尚存留丧国之社,但将其窗户开在北墙,令其不能很好地接收阳光。《周礼·春官·丧祝》:"掌胜国邑之社稷之祝

---

① 《史记》卷二八《封禅书》,第1366页。
② 相关探讨可参杨宽:《秦〈诅楚文〉所表演的"诅"的巫术》,《文学遗产》1995年第5期。
③ 《礼记正义》卷二二《月令》,第631页。
④ 《礼记正义》卷三五《郊特牲》,第1053—1054页。

号,以祭祀祷祠焉。"郑注:"胜国邑,所诛讨者。社稷者,若亳社是矣。存之者,重神也。盖奄其上而栈其下,为北牖。"①可知所谓丧国之社,又称"胜国邑之社稷",即"亳社",不但要将其窗户开在北墙,还要掩盖其上以绝天阳,其下立栏柱以隔绝地阴。其存在除因重视神灵而加以祭祀祷祠之外,还当有引以为戒②和听取阴讼之用③。"亳社"的存在已被秦考古发掘所证实。凤翔马家庄宗庙遗址的祖庙以北,发现一个"四面无檐墙,四角各有角柱一对"的长方形亭台建筑④,学者认为其即史载之"亳社"⑤。不过其居于祖庙以北,则与历代经学家所述方位相反⑥,也与《左传》所载亳社在国社以东的说法相左⑦。另有学者认为近年发掘的凤雏三号建筑基址为周人所立亳社⑧,但据发掘简报,其规模、面积远胜马

---

① 《周礼注疏》卷三〇《春官·宗伯下》,第 988 页。

② 《春秋·哀公四年》:"六月辛丑,亳社灾。"杜注:"殷都于亳,武王克纣,而班列其社于诸侯,以为亡国之戒。"

③ 《周礼·地官·媒氏》:"凡男女之阴讼,听之于胜国之社。"郑注:"阴讼,争中冓之事以触法者。胜国,亡国也。亡国之社,奄其上而栈其下,使无所通。就之以听阴讼之情,明不当宣露。"

④ 陕西省雍城考古队:《凤翔马家庄一号建筑群遗址发掘简报》,《文物》1985 年第 2 期。亭台建筑宽 540、长 380、残高 9 厘米。

⑤ 韩伟:《马家庄秦宗庙建筑制度研究》,《文物》1985 年第 2 期。

⑥ 如班固、范宁、孔颖达、焦循、孙诒让等人皆认为亳社应"建在宗庙群的南面,庙门之外",详参徐扬杰:《马家庄秦宗庙遗址的文献学意义》,《文博》1990 年第 5 期。

⑦ 《左传·闵公二年》:"间于两社,为公室辅"。郑注:"两社,周社、亳社。两社之间,朝廷执政所在。"孔疏:"宗庙社稷在雉门之外,分左右庙也。郑玄考校礼文,以为鲁制三门,库、雉、路。天子诸侯皆三朝,图宗人之嘉事,则有路寝。庭朝日出视朝,则在路门之外。其询国危、询国迁、询立君,《周礼》朝士所掌外朝之位者,乃在雉门之外耳。雉门之外,左有亳社右有周社。间于两社,是在两社之间。朝廷询谋大事,则在此处,是执政之所在也。"

⑧ 孙庆伟:《凤雏三号建筑基址与周代的亳社》,《中国国家博物馆馆刊》2016 年第 3 期;张天恩:《凤雏三号建筑的祭祀遗存浅谈》,《中国国家博物馆馆刊》2016 年第 3 期。

家庄宗庙亭台建筑①,恐非为祭祀亡国之神所立之社,其性质有待进一步研究。②

另据经文"家主中霤而国主社"及郑注"中霤,亦土神也",可知五祀中的"中霤"亦为土地神,不过从"家主中霤"来看,乃是家中祭祀的土地神。

社稷代指国家,每多连言,秦人亦同,《史记·李斯列传》胡亥曰:"三者逆德,天下不服,身殆倾危,社稷不血食。"③《史记·秦始皇本纪》裴骃《集解》引《说苑》曰:"始皇帝立茅焦为傅,又爵之上卿。太后大喜,曰'天下亢直,使败复成,安秦社稷,使妾母子复相见者,茅君之力也'。"④《史记·张仪列传》张仪答秦武王曰:"为秦社稷计者,东方有大变,然后王可以多割得地也。"⑤

"稷"与"社"的祭祀规格相同,《礼记·郊特牲》:"郊特牲而社稷大牢。"⑥不过,传世典籍和出土材料并未见记载秦人祭祀稷神的情况,倒是在秦简中发现了与之类似的祠祀先农神的材料。先农神的地位颇高,其祭祀活动还受到了官府的管理,详见后文所述。

秦简材料中还能见到土星、土□月、地司空、地杓、土星或土神、地冲、田亳主、田大人等诸多土地神。如放马滩秦简《日书》乙种"土功(二)"篇,提及土禁、土星(?)、土□月、地司空、地【杓】等土神⑦,睡虎地秦简《日书》甲种"土忌

---

① 基址形制与结构:"三号基址主要部分的形状呈'回'字形,四面为夯土台基,中间为长方形的庭院;另在东部偏北处有一向东凸出部分。以南北边缘的垂直平分线计算,方向约352°。基址主要部分的东边南北残长 48 米,西边残长 46 米,北边东西宽 56 米,南边东西宽 58.5 米。将凸出部分计算在内,基址总面积 2810 平方米。三号建筑基址所在的地形北高、南低,南面有现代平田整地形成的断坎。基址的保存情况不佳,夯土台基以上的原始地面都已被完全破坏,柱网结构不清,只有原始地面较低的建筑外围和庭院部分保存较好。三号基址由北面的主体台基、东西两侧的台基、南面门塾的台基、庭院等部分组成。"详见周原考古队:《周原遗址凤雏三号基址 2014 年发掘简报》,《中国国家博物馆馆刊》2015 年第 7 期。

② 曹大志认为凤雏三号建筑基址是社宫,详见曹大志、陈筱:《凤雏三号基址初步研究》,《中国国家博物馆馆刊》2015 年第 7 期。王恩田认为是祭天的"天位",详见王恩田:《凤雏三号基址与周武王"祀于天位"》,《中国国家博物馆馆刊》2016 年第 3 期。

③ 《史记》卷八七《李斯列传》,第 2549 页。

④ 《史记》卷六《秦始皇本纪》,第 230 页。

⑤ 《史记》卷七〇《张仪列传》,第 2299 页。

⑥ 《礼记正义》卷三四《郊特牲》,第 1023 页。

⑦ 详见《秦简牍合集(肆)》,第 85 页。

(二)"篇,与前文土星(?)对应处为土神(或一神二名),还补充了地冲之神;① 睡虎地秦简《日书》甲种"田忌"篇,提及"田亳主"和"田大人":"田亳主以乙巳死,……田大人以癸亥死。"② 上述土地神当值之干支日期皆为不宜土功或始耕的凶日。另据江陵岳山秦牍《日书》"祠日"篇"田大人丁亥死③,勿以祠之"④ 可知,秦人也对除社与先农之外的诸多土地神进行祭祀活动。

3. 五祀

秦人祭祀的五祀当即《吕氏春秋·十二纪》卷首所言,春祀户,夏祀灶,中央祀中霤,秋祀门,冬祀行。出土简文中所言的五祀之祠大致与此相同,据睡虎地秦简《日书》"祠五祀"篇,可知为"室中⑤、户、门、行、灶"。在秦庶民的日常生活中,五祀中最重要者当属行神,睡虎地秦简《日书》乙种有专门针对行神的"祠"篇,较为详细地探讨祭祀行神的择日宜忌与祭祀位置、对象与仪节。

> 行行祠　　行祠,东行南〈南行〉,祠道左;西北行,祠道右。其謞(号)曰:大常行,合三土皇,耐为四席。⑥

从简文来看,秦庶民所祭之行神非一,"行行祠"所祭即为大常行与三土皇,共四个行神,简文中的"大常行"又称"常行",见同篇简文:

> 凡行,祠常行道右,【左】☐(143);
>
> 行祠　　祠常行,甲辰、甲申、庚申、壬辰、壬申,吉。毋以丙、丁、戊、壬☐☐。(144)

其中的"三土皇"据吕亚虎考证,"或者应即印台汉简《日书》所载除道仪式中所祝祷的'门左''门右''中央君子'三位神灵"⑦,也应为与出行相关的道路之神。

---

① 详见《秦简牍合集(壹)》,第497—498页。相关简文为:"十月申、十一月午、十二月辰,是胃(谓)土神,毋起土攻(功),凶。春三月戊辰、己巳,夏三月戊申、己未,秋三月戊戌、己亥,冬三月戊寅、己丑,是胃(谓)地冲,不可为土攻(功)。"
② 《秦简牍合集(壹)》,第503页。
③ 睡虎地秦简《日书》甲种"田忌"篇谓"田大人以癸亥死"。
④ 《秦简牍合集(叁)》,第103页。
⑤ 简文又称"内中"或"内中土"。
⑥ 《秦简牍合集(壹)》,第544—545页。
⑦ 吕亚虎:《战国秦汉时期的祠行信仰——以出土简牍〈日书〉为中心的考察》,《陕西师范大学学报》(哲学社会科学版)2014年第3期。

睡虎地秦简《日书》甲种"诘"篇还提及祖神,亦为行神之一。"人毋(无)故而鬼祠(伺)其宫,不可去,是祖□游,以犬矢投之,不来矣。"①据陈家宁考证,其中的"祖"为行神之名。② 放马滩秦简《日书》乙种"贞在黄钟"篇提及"街"③,据程少轩考证,疑其与五祀中的"行"有关,指行道神。④

另外,秦简《日书》中还常见秦人在出行时祭祀禹,如睡虎地秦简《日书》甲种"禹须臾(一)"篇和"禹须臾(二)"篇,天水放马滩秦简《日书》甲乙种"禹须臾行"篇和"禹须臾所以见人"篇,载适宜出行的干支日;睡虎地秦简《日书》甲乙种"出邦门"篇,及天水放马滩秦简《日书》甲乙种"禹须臾行不得择日"篇⑤,载出行祭祷禹的仪注。

最新公布的北大秦简中还记载了对船行之神楼的祠祀方式与祷辞内容⑥,进一步印证了秦人祠行的多神崇拜属性。

关于行神的问题学界尚有争论,五祀之"行"与"大常行""常行"是否为一,行神和路神是否为一,禹是否为行神等问题也暂无定论。⑦ 但抛开基于传统经学问题的争论,从战国与秦朝之交的秦庶民视角出发,其行神概念恐本就不甚清晰,种类繁多的行神祭祀乃是秦人多神崇拜和频繁劳役、征战的反映。

(三)人鬼系统

1. 先祖

《左传·成公十三年》载吕相绝秦书,其中转述楚人之语曰:"楚人恶君之二

---

① 《秦简牍合集(壹)》,第 444 页。
② 陈家宁:《〈睡虎地秦墓竹简〉日书甲种"诘"篇鬼名补证(一)》,《简帛(第 1 辑)》,上海古籍出版社,2006 年。
③ 《秦简牍合集(肆)》,第 183 页。
④ 《放马滩简式占古佚书研究》,126 页。
⑤ 《秦简牍合集(肆)》,第 30 页。
⑥ 田天:《北大藏秦简〈祠祝之道〉初探》,《北京大学学报》(哲学社会科学版)2015 年第 2 期。简文如下:"楼:南乡(向)一广<席>,(广<席>)二殹(饌),楼中九殹(饌)。召曰:楼咎(皋)皇。神皆次席,撨(拜),乃殹(饌),上瀄(汤)。欸(期)用。(L-002)"
⑦ 可参刘增贵:《秦简〈日书〉中的出行礼俗与信仰》,《"中央研究院"历史语言研究所集刊》2001 年第 3 期;〔日〕工藤元男著,〔日〕广濑薰雄、曹峰译:《睡虎地秦简所见秦代国家与社会》第六章《先秦社会的行神信仰和禹》,上海世纪出版股份有限公司、上海古籍出版社,2010 年,第 188—237 页。

三其德也,亦来告我曰:'秦背令狐之盟,而来求盟于我,昭告昊天上帝、秦三公、楚三王曰"余虽与晋出入,余唯利是视"。'"①其中的"秦三公",据杜注指秦穆公、秦康公、秦共公,不过还不足以判断此时秦三公是否已上升为祖先神。此外,《史记·秦始皇本纪》中记载了诸多先王庙及始皇庙,"诸庙及章台、上林皆在渭南","二世下诏,增始皇寝庙牺牲及山川百祀之礼。令群臣议尊始皇庙。群臣皆顿首言曰:'古者天子七庙,诸侯五,大夫三,虽万世世不轶毁。今始皇为极庙,四海之内皆献贡职,增牺牲,礼咸备,毋以加。先王庙或在西雍,或在咸阳。天子仪当独奉酌祠始皇庙。自襄公已下轶毁。所置凡七庙。群臣以礼进祠,以尊始皇庙为帝者祖庙。'"②其奉祀对象亦为秦之先君,至秦二世时乃毁襄公以下诸庙,以始皇庙为帝祖庙,据周礼设立七庙。

秦统一全国后,秦始皇改天子号为皇帝,追尊其父庄襄王为太上皇,其祠庙广泛分布于各县道。岳麓秦简载:"泰上皇祠庙在县道者……"③

2. 人神

传世文献及秦简材料所见秦人祭祀的人神主要有高禖(郊禖)、马禖和史先。

《礼记·月令》载,在仲春之月,天子以太牢祠高禖(郊禖),"(仲春之月)是月也,玄鸟至。至之日,以大牢祠于高禖,天子亲往"④。据王引之考证,"高禖"当作"郊禖",音近而误,其说可从。⑤ 高禖(郊禖)乃送子之神,关系到族群的延续,故规格颇高。目前暂无材料叙述秦人祭祀高禖(郊禖)的情况,不过睡虎地秦简《日书》甲种"马禖"篇有祭祀先牧马神的仪节和较为详备的祝祷词,据此推

---

① 《春秋左传正义》卷二七,第1912页。
② 《史记》卷六《秦始皇本纪》,第239、266页。
③ 《岳麓书院藏秦简(肆)》,第202页。
④ 《礼记正义》卷二二《月令》,第631页。
⑤ 王引之《经义述闻》"高禖":"'高'者,'郊'之借字。古声'高'与'郊'同,故借'高'为'郊'。《周官·载师》'近郊之地''远郊之地',故书'郊'。或为'蒿',杜子春云:'蒿,读为郊。'文三年《左传》'取王官及郊',《史记·秦本纪》'郊'作'鄗'。'蒿''鄗'并从高声。'高'之为'郊',犹'蒿'与'鄗'之为'郊'也。高诱注《吕氏春秋·仲春纪》曰:'《周礼》媒氏以仲春之月,合男女,因祭其神于郊,谓之郊禖。''郊'音与'高'相近,故或言'高禖'。此说是也。"见清王引之:《经义述闻》,上海古籍出版社,2018年,第822页。

断秦人亦当有祈子的高禖(郊禖)之祭。

关于马禖神的祭祀,见于睡虎地秦简《日书》甲种"马禖"篇。从简首"祝曰:'先放日丙,马禖合神。'"①来看,其祭祀之神当是《周礼》所载的"先牧",《周礼·夏官·校人》:"夏祭先牧,颁马,攻特。"②马禖可归于人神之列。

睡虎地秦简《日书》甲种"祠"篇及乙种"祠史先"篇皆言马禖"祠史先龙丙望"③,则战国后期及秦朝的秦庶民尚奉祀"史先"神,其出处不明,刘乐贤疑其为"史皇",即仓颉。④

3. 人鬼

从史料记载来看,战国秦民对人鬼的祭祀,最重要者当属杜主,《史记·封禅书》:"其在秦中,最小鬼之神者。"据《墨子·明鬼》可知,其为周宣王冤杀之臣,死后三年神显弑宣王。⑤ 其虽为秦中最低等级的鬼,但因颇具神灵,故被广泛祠祀,及至汉代仍不废其祠。"秦巫,祠社主、巫保、族累之属"⑥,刘邦设定的秦巫祭祀对象,除杜主外,尚有"巫保""族累"二神。"巫保",据唐兰考证即史墙盘铭文中的"尢(尪)"⑦;而"族累"则非关中秦民原有祭祀之神,而是刘邦祖先刘累。⑧

史载,战国秦人祭祀的另一个冤死厉鬼则是武安君白起,"武安君之死也,

---

① 《秦简牍合集(壹)》,第507页。
② 郑玄注:"先牧,始养马者,其人未闻。"
③ 《秦简牍合集(壹)》,第495、526页。
④ 详见《睡虎地秦简日书研究》,第122—123页。
⑤ [清]孙诒让撰,孙启治点校:《墨子间诂》卷八《明鬼下》,中华书局,2001年,第224—225页。原文如下:"周宣王杀其臣杜伯而不辜,杜伯曰:'吾君杀我而不辜,若以死者为无知则止矣;若死而有知,不出三年,必使吾君知之。'其三年,周宣王合诸侯而田于圃,田车数百乘,从数千,人满野。日中,杜伯乘白马素车,朱衣冠,执朱弓,挟朱矢,追周宣王,射之车上,中心折脊,殪车中,伏弢而死。"
⑥ 《史记》卷二八《封禅书》,第1378—1379页。
⑦ 详见唐兰:《略论西周微史家族窖藏铜器群的重要意义——陕西扶风新出墙盘铭文解释》,《文物》1978年第3期。
⑧ 详见李祖德:《刘邦祭祖考——兼论春秋战国以来的社会变革》,《中国史研究》2012年第4期。

以秦昭王五十年十一月。死而非其罪,秦人怜之,乡邑皆祭祀焉"①。

此外,相传蜀侯恽也因冤死而显灵,并得蜀人祭祷,因其地时已入秦,故列于此。《华阳国志》载:

> (周)赧王十四年,蜀侯恽祭山川,献馈于秦(孝文)〔昭襄〕王。恽后母害其宠,加毒以进王。王将尝之,后母曰:"馈从二千里来,当试之。"王与近臣,近臣即毙。(文)王大怒,遣司马错赐恽剑,使自裁。恽惧,夫妇自杀。秦诛其臣郎中令婴等二十七人。蜀人葬恽郭外。十五年,王封其子绾为蜀侯。十七年,闻恽无罪冤死,使使迎丧入葬之郭内。初则炎旱,三月后又霖雨;七月,车溺不得行。丧车至城北门,忽陷入地中。蜀人因名北门曰咸阳门,为蜀侯恽立祠。其神有灵,能兴云致雨。水旱祷之。②

及至汉代,秦二世也被关中秦民视作厉鬼而祭祀,西汉政府设置专门的巫祝之官禳除之。"南山巫祠南山秦中。秦中者,二世皇帝。"③此外,秦简《日书》亦见多种作祟厉鬼,详见下文。

(四)动物神及其他

秦人祭祷的最主要动物神是《史记》所载的"陈宝"和"怒特"。陈宝祠是秦人在畤祭之外,创立的又一国家祭祀,兴起于文公时代。

> (秦文公)十九年(前747),得陈宝。④

> 作鄜畤后九年,文公获若石云,于陈仓北阪城祠之。其神或岁不

---

① 《史记》卷七三《白起王翦列传》,第2337页。

② 〔晋〕常璩撰,刘琳校注:《华阳国志校注》卷三《蜀志》,巴蜀书社,1984年,第199—200页。

③ 《史记》卷二八《封禅书》,第1379页。

④ 《史记》卷五《秦本纪》,第179页。《索隐》按:《汉书·郊祀志》云"文公获若石云,于陈仓北阪城祠之,其神来,若雄雉,其声殷殷云,野鸡夜鸣,以一牢祠之,号曰陈宝"。又臣瓒云"陈仓县有宝夫人祠,岁与叶君神会,祭于此者也"。苏林云"质如石,似肝"。云,语辞。《正义》引《括地志》云:"宝鸡(神)〔祠〕在岐州陈仓县东二十里故陈仓城中。《晋太康地志》云'秦文公时,陈仓人猎得兽,若彘,不知名,牵以献之。逢二童子,童子曰:"此名为媦,常在地中,食死人脑。"即欲杀之,拍捶其首。媦亦语曰:"二童子名陈宝,得雄者王,得雌者霸。"陈仓人乃逐二童子,化为雉,雌上陈仓北阪,为石,秦祠之'。《搜神记》云其雄者飞至南阳,其后光武起于南阳,皆如其言也。"

至,或岁数来,来也常以夜,光辉若流星,从东南来集于祠城,则若雄鸡,其声殷云,野鸡夜雊。以一牢祠,命曰陈宝。①

陈宝当是为秦文公所获的一块陨石,其时恰逢秦人奋力东进关中之际,为增强族群凝聚力及民族自信,故秦文公视其为祥瑞之兆,并顺应嬴秦族的鸟崇拜,将其包装为时或显灵的鸡神加以祭祀。②陈宝祠在国家祭祀系统中占据重要地位,其影响力与祭祀频率仅次于畤祭,"唯雍四时上帝为尊,其光景动人民唯陈宝。故雍四畤,春以为岁祷,因泮冻,秋涸冻,冬塞祠,五月尝驹,及四仲之月(祠若)月祠,〔若〕陈宝节来一祠"③。

至于怒特之原型,则是秦文公所伐之南山大梓树,被附会为牛神而立祠禳除之,象征秦文公的君威战胜妖鬼,足以领导秦人取得东进的胜利。"二十七年,伐南山大梓,丰大特。"④其在国家祭祀中的地位不如陈宝祠,《史记·封禅书》《史记·郊祀志》及《汉书·地理志》皆不见载,说明其祠最终并未入国家祭祀之列,甚至可能已遭废弃。

此外,睡虎地秦简《日书》甲乙种皆有"良日"篇,载有马、牛、羊、猪、犬、鸡六畜和蚕等动物良日,不过简文所记是关于各种家养动物的农事,并无有关祭祀之载,但这七种动物神信仰在秦庶民阶层中流传则不容置疑。北大秦简中有涉及蚕事的祭祀活动的记载:

前入蚕,毋令鼠居内中:以脯一朐、酒半杯、黍粟七分升一,即西北
陬,胾(馂)脯,祝曰:啻(帝)女将下作,三(06-004)旬而去。若肥
(徘)回(徊)房(彷)皇(徨)于野,汤(倘)勿与相妨,吾多成,齐(赍)

---

① 《史记》卷二八《封禅书》,第1359页。
② 关于陈宝的原型及其流变,以及陈宝祠宗教文化内涵的阐释,可参考本书绪论"祭礼"部分,此不赘述。
③ 《史记》卷二八《封禅书》,第1376页。
④ 《史记》第五卷《秦本纪》,第180页。《集解》引徐广曰:"今武都故道有怒特祠,图大牛,上生树本,有牛从木中出,后见丰水之中。"《正义》引《括地志》云:"大梓树在岐州陈仓县南十里仓山上。《录异传》云:'秦文公时,雍南山有大梓树,文公伐之,辄有大风雨,树生合不断。时有一人病,夜往山中,闻有鬼语树神曰:"秦若使人被发,以朱丝绕树伐汝,汝得不困耶?"树神无言。明日,病人语闻,公如其言伐树,断,中有一青牛出,走入丰水中。其后牛出丰水中,使骑击之,不胜。有骑堕地复上,发解,牛畏之,入不出,故置髦头。汉、魏、晋因之。武都郡立怒特祠,是大梓牛神也。'"

子类粮,即取黍粟,朘(餕)室中(L-001)。①

战国秦民在开始养蚕之前,要祭祀蚕事之神"啻(帝)女"。由此可见,除对马和蚕的祭祀外,对牛、羊、猪、犬、鸡五畜的祭祀亦当有对应的人神。

另外,秦德公还创立伏祠,禳除各种凶神厉鬼及妖怪。《史记·封禅书》:"(秦德公)作伏祠。磔狗邑四门,以御蛊灾。"《索隐》案:"《左传》云'皿虫为蛊',枭磔之鬼亦为蛊。故《月令》云'大傩,旁磔',注云'磔,禳也。厉鬼为蛊,将出害人,旁磔于四方之门'。故此亦磔狗邑四门也。《风俗通》云'杀犬磔禳也'。"②

据《史记》原文及司马贞《索隐》可知:伏祠的祭祀方法类似于《周礼·春官·大宗伯》"以疈辜祭四方百物"之"疈辜",属于驱鬼逐疫的傩仪。其禳除对象当即以天水放马滩秦简《日书》乙种"占病祟除"篇③、"贞在黄钟"篇④以及睡虎地秦简《日书》甲种"诘"篇⑤、"病"篇⑥和睡虎地秦简《日书》乙种"十二支占"篇⑦所载的众多作祟之凶神厉鬼及妖怪为主。

秦人对于鬼有强烈的厌恶情绪,认为父母、王(祖)父母、高王父等血亲及其

---

① 田天:《北大藏秦简〈祠祝之道〉初探》,《北京大学学报》(哲学社会科学版)2015年第2期。

② 《史记》卷二八《封禅书》,第1360页。

③ 《秦简牍合集(肆)》,第145页。原文如下:"占病祟除:一天殹(也),公外。二〖地〗,社及立(位)。三人鬼,大父及殇。四〖时〗,大遏及北公。五音,巫亲〈帝〉、阴雨公。六律,司命、天□。七星,死者。(350)八风,相茛者。九水,大水殹(也)。"

④ 《秦简牍合集(肆)》,第182—184页。十二律所对应鬼祟分别为上君、先□;大街,交原;恒辂公、社;外君;北君、大水、【街】;田及曼桑炊者;大父亲及布;门、户;三友;原死者;□□犬主;友、布、室中,祠有不治者。

⑤ 《秦简牍合集(壹)》,第441—447页。讲述如何制服恶鬼,包括刺鬼、丘鬼、□鬼、哀鬼、棘鬼、夗鬼、人生为鬼、神狗、幼蛊、票(飘)风、阳鬼、钦鬼、夭(妖)、故丘鬼、恃鬼、凶鬼、上神相、神虫、状神、会虫、暴鬼、图夫、阳鬼、祖□、殇死不葬、游鬼、不辜鬼、粲迓之鬼、恙气、饿鬼、大票(飘)风、水亡殇、□鬼、大魅、鬼婴儿、夭鬼、狼、野火、暴鬼、女鼠、独、爰母、疠鬼、地虫。

⑥ 《秦简牍合集(壹)》,第393页。甲乙、丙丁、戊己、庚辛、壬癸有疾所对应作祟之鬼分别为:父母;王(祖)父;巫堪、王(祖)母;外鬼、殇死;外鬼。

⑦ 《秦简牍合集(壹)》,第549页。十二支对应作祟之鬼分别是:子:外鬼父枼(世)、高王父;丑:外鬼、巫;寅:巫;卯:中鬼;辰:巫;巳:高王父;午:外鬼兄枼(世);未:母枼(世)外死;申:王父遣眚;酉:外鬼父枼(世)、巫、室鬼;戌:高王父、野立;亥:母枼(世)。

他非家族的父辈、母辈、兄辈亲属之鬼魂皆可能作祟,令自己生病甚至死亡,故而即使是自己的妻妾朋友之鬼魂归来,也要想办法驱逐。"人妻妾若朋友死,其鬼归之者。以莎芾、(65 背壹/102 反壹)牡棘枋(柄),热(爇)以寺(待)之,则不来矣。(66 背壹/101 反壹)"①

第二节 秦庶民祠祀的择日宜忌与祠祷仪节

一 秦庶民的祠祀择日宜忌

(一)秦系秦简《日书》材料所见秦人祠祀择日术

从出土的秦系秦简《日书》材料来看②,秦庶民的祠祀择日术主要有以下几种系统:

1. 建除系统

有关该系统的秦简中,涉及秦人祭祷择日的内容,见于睡虎地秦简《日书》甲种的"秦除"篇、乙种"徐"篇,以及天水放马滩秦简《日书》甲、乙种的"建除"篇,另外,未公布的王家台秦简《日书》中也有关于秦人建除的记载。③

其中天水放马滩秦简《日书》甲乙种的"建除"篇,皆以"建、平、定日"为"可以祝祠"日,"彼日"为"毋可以有为"日,"成日"为"有为皆吉"日。④ 睡虎地秦简

---

① 《秦简牍合集(壹)》,第443页。
② 即除去秦简《日书》材料中较为明显的楚系材料,可参看本书第一章第二节相关分析论述。
③ 仅公布十二建除名。详见王明钦:《王家台秦墓竹简概述》,〔美〕艾兰、邢文主编:《新出简帛研究》,文物出版社,2004年,第43页。
④ 《秦简牍合集(肆)》,第7—9页。天水放马滩秦简《日书》甲乙种的"建除"篇内容相同,甲种相关简文如下:
  建日:良日殹(也)。可为啬夫,可以祝祠,可以畜大生(牲),不可入黔首。(13)
  平日:可取(娶)妻、祝祠、赐客,可以入黔首,作事吉。(16 壹)
  定日:可以臧(藏)、为府,可以祝祠。(17 壹)
  彼日:毋可以有为殹(也),虽(唯)利彼(破)水。(19 壹)
  成日:可以谋事,可起众及作,有为殹(也),皆吉。(21 壹)

《日书》甲种的"秦除"篇,其祭祀宜忌日与之大体相同,唯祠祝吉日少一"平日";①而解释性简文颇多残损的乙种"徐"篇,则以"吉、实日"为"皆利日","冲日"为"不可祠"日,"剽、虚、闭日"为"毋可有为"日。②四篇"建除"日称对应关系见下表,睡虎地秦简《日书》乙种的"徐"篇,除部分"实日"对应放马滩秦简《日书》甲乙种"建除"篇的"平日",同为祝祠吉日,及"冲日"对应"彼日",皆不可祠之外,与其余三篇存在很大的差别,足证其所述建除内容与上述三篇来源非一。

表21　建除日称对照表

放马滩秦简《日书》"建除"	建	除	盈	平	定	挚(执)	彼(破)	危	成	收	开	闭
睡虎地秦简《日书》甲种"秦除"	建	除	盈	平	定	挚	破	危	成	收	开	闭
睡虎地秦简《日书》乙种"徐"	建	徐	吉	实	窖	敫	冲	剽	虚	吉	实	闭

(注:阴影部分为祝祠吉日,斜体字代表不利于祝祠。)

2. 稷辰(丛辰)

该系统在秦系秦简中主要见于睡虎地秦简《日书》甲种"稷辰"篇、乙种"秦"

---

① 《秦简牍合集(壹)》,第360—362页。相关简文如下:
建日:良日也。可以为啬夫,可以祠。(14贰)
定日:可以臧(藏),为官府、室,祠。(18贰)
彼(破)日:毋(无)可以有殹(也)。(20贰)
成日:可以谋事、起【众】、兴大事。(22贰)
② 《秦简牍合集(壹)》,第518—519页。相关简文如下:
吉、实日,皆利日也,无不可有殹(也)为也。(40壹)
冲日,可以攻军、入城及行,不可祠。(43壹)
剽日,不可以使人及畜六畜,它毋有为殹(也)。(44壹)
虚日,不可臧(藏)盖,臧(藏)盖,它人必发之。毋可有为殹(也)。用得,必复出。(45壹)
闭日,可以盖臧(藏)及谋,毋可有为殹(也)。(46壹)

篇①,以及未公布的王家台秦简《日书》"稷辰"篇②。"稷辰"已被学者改读为"丛辰",相关论述见本书第一章第二节。

表22　秦系丛辰祠祀吉凶表

篇名	相关内容	简号
睡虎地秦简《日书》甲种"稷辰"	秀,……利祠。	32
	正阳,……以祠,吉。	34
	敫,……不可临官、饮食、乐、祠祀。	38
	萬,……利以祠外。	40
	阴,……以祠祀、饮食、歌乐,吉。	42
	觱(彻),……不可祠祀、歌乐。	44
睡虎地秦简《日书》乙种"秦"	正阳,……可以祠。	53
	敫,……不可取妻、嫁女,祠。	57
	憂,……利祠外。	59
	阴,可取(娶)妇葬狸(埋)、祠。	60/61
	彻,……祠,必斗,见血。	62

(注:表中阴影部分表示祠祀凶日。)

3. 星宿系统

该系统在秦简中仅见于睡虎地秦简《日书》甲种"星"篇及乙种"官"篇,其内容基本一致,祠祭宜忌对应星宿名见表23。

---

① 《秦简牍合集(壹)》,第367—368页、520—521页。
② 详见王明钦:《王家台秦墓竹简概述》,《新出简帛研究》,第43—44页。公布相关祭祀内容如下:"五七　正阳是＝番昌,小事果成,大事有庆,它事毋小大尽吉。可以为啬夫,三昌,时以战,命曰三胜。以祠吉,以有为殹(也),美(673)恶自成殹(也),以生子,吉。可以葬狸以雨,盍亡人不得,正月以朔,岁美毋兵(721)。"按:内容与睡虎地秦简《日书》甲种"稷辰"篇基本相同,句读有误,可据彼篇改正,详见《秦简牍合集(壹)》,第367页。

表 23　星宿祠祀宜忌表

月份		星宿	婚嫁宜忌	简号
孟春／正月		营室	利祠。	80 壹
		东辟（壁）	百事凶。	81 壹
仲春／二月		奎	祠及行，吉。	82 壹
		娄	利祠及行。百事吉。	83 壹
季春／三月		胃		84 壹
		卯		85 壹
孟夏／四月		毕		86 壹
		此（觜）觿	百事凶。	87 壹
		参	百事吉。	88 壹
仲夏／五月		东井	百事凶	89 壹
		舆鬼	祠及行，吉。	90 壹
季夏	六月	柳	百事吉。	91 壹
		七星	百事凶。	92 壹
		张	百事吉。	93 壹
孟秋①	七月	翼	以祠，必有火起。	94 壹
		轸		95 壹
仲秋／八月		角	利祠及行，吉。	68 壹
		亢	祠、为门、行，吉。	69 壹
季秋	九月	抵（氐）	祠及行、出入货，吉。	70 壹
		房	出入货及祠，吉。	71 壹
		心	不可祠及行，凶。	72 壹
孟冬	十月	尾	百事凶。以祠，必有敫（徼）。	73 壹
		箕	不可祠。百事凶。	74 壹

① 据睡虎地秦简《日书》乙种"官"和周家台秦简《日书》"系行"，"张"在七月。

续表

月份	星宿	婚嫁宜忌	简号
仲冬/十一月	斗	利祠及行贾、贾市,吉。	75壹
仲冬/十一月	牵牛	可祠及行,吉。	76壹
季冬/十二月	须女/婺女	祠、贾市、取(娶)妻,吉。	77壹
季冬/十二月	虚	百事凶。	78壹
季冬/十二月	危	百事凶。	79壹

(注:表中阴影部分表示祠祀凶日。)

4. 其他

(1) 日冲,见于天水放马滩秦简《日书》"日冲"篇。

　　三月庚辛,六月壬癸,九月甲乙,十二月丙丁,不可兴垣、盖屋、上材、为祠、大会,凶。唯利【坏】彻,是谓日冲。(94壹)①

三月、六月、九月、十二月之不可祠日,皆与当月所属五行的天干吉日相对,据《礼记·月令》可知,春三月属木,计日的天干甲乙也属木,故春三月中之吉日为甲日和乙日,而计日的天干庚辛则属金,金克木,故不利祭祀等事,唯利毁墙拆屋。

(2) 啻(帝),见于天水放马滩秦简《日书》"啻(帝)"篇和睡虎地秦简《日书》甲种"帝"篇②及乙种"四敚日"篇。③

　　啻(帝)以春三月为室亥,枃(剶)卯,杀辰,四癈(废)庚辛;(95壹)
　　夏三月啻(帝)为室〖寅〗,枃(剶)午,杀未,四癈(废)壬癸;(96壹)
　　秋三月啻(帝)为室巳,枃(剶)酉,杀〖戌〗,四癈(废)甲乙;(97壹)
　　冬三月啻(帝)为室申,枃(剶)子,杀〖丑〗,四癈(废)丙丁。(98壹)
　　凡四时啻(帝)为室日殿(也),不可筑大室、内,大人死之。(99壹)以筑右室,长□□□□之;□□□中子□□□死之;(100壹)筑宫垣,孙子死;筑外垣,牛马及羊死之。(101壹)杀日勿以杀六畜,不可出

---

① 《秦简牍合集(肆)》,第65—66页。
② 《秦简牍合集(壹)》,第397—398页。
③ 《秦简牍合集(壹)》,第530页。

女、取妻、祠祀、出财。(102壹)四灉(废)日不可以为室、屋、内,为囷仓及盖(阖)。(103壹)①

春三月、夏三月、秋三月、冬三月之杀日不利祠祀,四杀日分别对应计日地支的"辰""未""戌"和"丑",此四地支日与四季五行皆属土,取"土王四季"之意,故知在"啻(帝)"系统的择日术中,四时凡五行属土之地支日皆不利祠祀。

(3)另外,王家台秦简公布的材料中包括一条"宜忌"的简文,吉日已不可辨,唯忌日尚存:"☐大吉　凡祭祀之凶日,甲寅庚寅丙寅戊☐"②

(二)针对特定对象的祠祀择日术

在秦简《日书》材料中,还记录了一些针对特定鬼神的祠祀择日禁忌,如五祀、七畜、史先、巫咸、巫、田大人、大父、父母、亲、人伏、道☐(频?)、道旁等。

1. 五祀

对家中五祀的祠祀择日叙述最详备的是睡虎地秦简《日书》乙种"祠五祀"篇,其余简文则零散出现五祀之一二。

祠室中日,辛丑,癸亥,乙酉,(31贰)己酉,吉。龙壬辰、申。(32贰)

祠户日,壬申,丁酉,癸丑,(33贰)亥,吉。龙,丙寅、庚寅。(34贰)

祠门日,甲申、辰,乙亥、(35贰)丑、酉,吉。龙,戊寅、辛巳。(36贰)

祠行日,甲申,丙申,戊(37贰)申,壬申,乙亥,吉。龙,戊、己。(38贰)

祠(灶)日,己亥,辛丑,乙亥,丁丑,吉。龙,辛☐。(39贰)

祠五祀日,丙丁灶,戊己内中土,乙户,壬癸行、庚辛〖门〗。(40贰)③

据胡文辉考订,简40贰中"土"字为"甲"字之误④,乃是"室中"之别名,传世文献多作"中霤",则简40贰所述祠五祀之天干吉日分别是:户:甲乙;灶:丙丁;中霤:戊己;门:庚辛;行:壬癸,正与《礼记·月令》的四季祭祀吉日相同⑤。考虑到此祠五祀日与前九条简文所述吉日不相合,且不设龙(忌)日,故疑其为官方认可之祠五祀日,而前文所述乃原来民间流行之五祀吉忌日,且民间祠五祀

---

① 《秦简牍合集(肆)》,第65页。
② 王明钦:《王家台秦墓竹简概述》,《新出简帛研究》,第46页。
③ 《秦简牍合集(壹)》,第523—524页。
④ 详见《睡虎地秦简日书研究》,第332页。
⑤ 《礼记·月令》:孟春之月,其日甲乙,其祀户;孟夏之月,其日丙丁,其祀灶;中央土,其日戊己,其祀中霤;孟秋之月,其日庚辛,其祀门;孟冬之月,其日壬癸,其祀行。

吉凶日来源不同,日期多有抵牾。

以祠行为例,简 79 贰:"祠行良日,庚申是天昌,不出三岁必有大得。"所述祠行良日特指庚申。简 144:"祠常行,甲辰、甲申、庚申、壬辰、壬申,吉。毋以丙、丁、戊、壬囗。"①几段简文所述之祠行良日及行神称呼皆有不同。

再以祠门为例,放马滩秦简《日书》乙种"门"篇简 53 贰:"门忌:乙、辛、戊。宿直(值)胃、氐,不可开门窦及祠。"②放马滩秦简《日书》乙种"门户"篇:"门忌(133 贰)乙、辛、戊、五丑。(132 贰)祠门良日:甲申、庚申、壬申。(135 贰)"③岳山秦墓木牍"祠日"篇:"祠门良日:甲辰、申、己丑、亥、酉、丁酉。忌:丙。(贰Ⅱ)"几段简文所述祠门吉忌日差别颇大,还出现了星宿与五丑之忌,来源颇为驳杂。

另外,放马滩秦简《日书》乙种"门户"篇还述及祠户忌日"丁及五丑";睡虎地秦简《日书》乙种"祠"篇,简 148 云:"祠室,己卯、戊辰、戊寅,吉。祠户,丑、午……"④岳山秦墓木牍"祠日"篇云:"祠灶良〖日〗:乙丑、酉、未、乙丑、酉、癸丑、甲辰。忌:辛、壬。(贰Ⅲ)"⑤与睡虎地秦简《日书》乙种"祠五祀"篇的祠室中、户、灶的良忌日存在差异。

凡此种种,都反映出当时秦庶民对"五祀"一类日常生活神的祭祀择日较为混乱的现实,这应当也是官方规定"五祀"种类与祭祀吉日的重要原因。

2. 七畜

七畜乃"人、牛、马、羊、犬、豕、鸡",睡虎地及放马滩秦简多有相关良日的记录,而岳山秦墓木牍还附记其祠祀良日及注意事项。"凡七畜,以五卯祠之,必有得也。其入神行,岁再祠之,吉。(贰Ⅵ)"⑥

3. 史先

睡虎地秦简《日书》甲种"祠"篇及乙种"祠史先"篇皆言:"祠史先龙丙望。"⑦

---

① 详见《秦简牍合集(壹)》,第 395、545 页。
② 《秦简牍合集(肆)》,第 51 页。
③ 《秦简牍合集(肆)》,第 92 页。
④ 《秦简牍合集(壹)》,第 545 页。
⑤ 《秦简牍合集(叁)》,第 103 页。
⑥ 《秦简牍合集(叁)》,第 98 页。
⑦ 《秦简牍合集(壹)》,第 495、526 页。

4. 巫及田大人、大父等

岳山秦墓木牍"祠日"篇,述及祠巫与田大人的忌日及祠大父良日:

　　巫咸乙巳死,勿以祠巫。巫龙:丙申、丁酉、己丑、己亥、戊戌。(壹Ⅶ)

　　田大人丁亥死,勿以祠之。(壹Ⅷ)

　　祠大父良日:己亥、癸亥、辛丑。(贰Ⅰ)①

巫咸与田大人死日,皆不可祠之。据此观睡虎地秦简《日书》甲种"田忌"篇"田亳主以乙巳死,杜主以乙酉死,雨师以辛未死,田大人以癸亥死"②,可知其田亳主、杜主、雨师、田大人之死日亦不可祠祀之。另外,从前文所述五祀良忌日多有不同的情况来看,以上两段简文中田大人死日的差别或许不是抄写错误,而是其祠祀忌日也存在不同的系统。

5. 父母、亲及人伏、道□(频?)、道旁等

睡虎地秦简《日书》甲种"良日"篇:"祠父母良日,乙丑、乙亥、丁丑亥、辛丑、癸亥,不出三月有大得,三乃五。(78 贰)"③睡虎地秦简《日书》乙种"除"篇简148:"祠亲,乙丑吉。"④前篇之"父母"或即后篇所谓"亲",其祠祀良日亦不完全吻合。

另外,睡虎地秦简《日书》乙种"除"篇简147:"【正】□□□□□□□□癸不可祠人伏,伏者以死。戊辰不可祠道□,道□(频?)以死。丁不可祠道旁。"知人伏与道□(频?)、道旁之死日亦不可祠。

秦简中关于神祇死日禁祠的记载颇多,由此可推论,"史先"当以丙望死,故不可祠。

二　秦庶民的祠祷仪节

在秦简《日书》材料中,包含大量秦庶民祭祀的内容,诸如祠祀以及某些祓除、解除之术的注意事项与仪节、祷辞等,为研究方便,今将其划分为祠祀(包括祠行神、祠先农、祠先蚕、祠马禖、祠墓、巫祝等)、祓除、除鬼与除病四大类,并择其较具代表性的简文列表如下:

---

① 《秦简牍合集(叁)》,第103页。
② 《秦简牍合集(壹)》,第503页。
③ 《秦简牍合集(壹)》,第395页。
④ 《秦简牍合集(壹)》,第545页。

表 24　秦简《日书》材料所见秦庶民祠祀仪节表

祠名	祠神名	祭品	相关简文	资料来源
祠行神	行祠	常行		凡行,祠常行道右,【左】⊠。(143)	睡虎地秦简《日书》乙种"祠"篇①
	行祠	大常行、三土皇	餟（祭饭）	行祠,东行南〈南行〉,祠道左;西北行,祠道右。其誦（号）曰:大常行,合三土皇,耐为四席。席叕（餟）其后,亦席三叕（餟）。其祝(145)曰:"毋（无）王事,唯福是司,勉饮食,多投福。"(146)	睡虎地秦简《日书》乙种"祠"篇②
	祠道旁	大/小尚行主、三土皇	腏（餟）	祠道旁:南卿（向）二席,（席）腏（餟）,合东卿（向）、西卿（向）各一席,席三腏（餟）。召曰:"尚行主,少尚行主,合三土皇。(06-001)"神次席。御吏（事）皆（拜）乃腏（餟）。上湯（汤）腥（饌）,即腏（餟）席后,腏（餟）各如其席前。宰尊所各一腏（餟）,席一沮（俎）。┗龙已酉,(06-002)用,生者皆有疢。其炊所皆有五腏,（腏）已祠而燔之。欺（期）一上酒,四上不滿。(06-003)	北大秦简"祠祝之道"篇③
	祠槱	槱殅皇	腏（餟）	槱:南乡（向）一广〈席〉,（广〈席〉）二腏（餟）,中九腏（餟）。召曰:"槱殅（皋）皇。神皆次席,操（拜）,乃腏（餟）,上湯（汤）。欺（期）用。(L-002)"	北大秦简"祠祝之道"篇
	祠禹			行到邦门困（阃）,禹步三,勉壹步,呼:"皋,敢告曰:某行毋（无）咎,先为禹除道。"即五画地,掓其画中央土（111 背/56 反）而怀之。(112 背/55 反)	睡虎地秦简《日书》甲种"出邦门"篇④
				禹须臾行不得择日:出邑门,禹步三,乡（向）北斗,质画地,祝〈祝〉之曰:"禹有直五横,今利行,行毋（无）咎,为禹前除道。"	放马滩秦简《日书》乙种"禹须臾行不得择日"篇⑤

① 《秦简牍合集(壹)》,第 544 页。
② 《秦简牍合集(壹)》,第 545 页。
③ 田天:《北大藏秦简〈祠祝之道〉初探》,《北京大学学报》(哲学社会科学版)2015 年第 2 期。
④ 《秦简牍合集(壹)》,第 491 页。
⑤ 《秦简牍合集(肆)》,第 106 页。

续表

祠名	祠神名	祭品	相关简文	资料来源
祠先农	先农	牛胙、市酒、豚(小猪)	先农:以腊日,令女子市买牛胙、市酒。过街,即行撡(拜),言曰:"人皆祷泰父,我独祠(347)先农。"到囷下,为一席,东乡(向),三胾,以酒沃,祝曰:"某以壶露、牛胙,为先农除(348)舍。先农笱(苟)令某禾多一邑,先农桓(恒)先泰父食。"到明出种,即□【邑最富】者,(349)与皆(偕)出种。即已,禹步三,出种所,曰:"臣非异也,农夫事也。"即名富者名,曰:"某不能(350)胜其富,农夫使某走来代之。"即取胾以归,到囷下,先侍豚,即言囷下曰:"某为(351)农夫畜,农夫笱(苟)如□□,岁归其祷。"即斩豚耳,与胾以并涂囷廥下。恒(352)以腊日塞祷如故。(353)	周家台秦简"先农"篇①
祠先蚕	啻女	脯、酒、黍粟	前入蚕,毋令鼠居内中:以脯一朐、酒半杯、黍粟七分升一,即西北陬,胾(馂)脯,祝曰:"啻(帝)女将下作,三(06-004)旬而去。若肥(徘)回(徊)房(彷)皇(徨)于野,汤(倘)勿与妨,吾多成,齐(赍)子类粮,即取黍粟,胾(馂)室中穴(L-001)。"	北大秦简"祠祝之道"篇
祠马禖	马禖	肥豚、清酒、美白粱	祝曰:"先牧日丙,马禖合神。"东乡(向)南乡(向)各一【马】□□□□中土,以为马禖,穿壁直中,中三胾,(156背/11反)四廏行。大夫先敉次席,今日良日,肥豚清酒美白粱,到主君所。主君笱(苟)屏詷马,驱其殃,去(157背/10反)其不祥,令其□者(嗜)□,□者(嗜)饮,律律弗自□,弗驱自出,令其鼻能糗(嗅)香,令耳恩(聪)目明,令(158背/9反)头为身衡,勒(脊)为身刚,胁(肽)为身【张】,尾善驱□,腹为百草囊,四足善行。主君勉饮勉食,吾(159背/8反)岁不敢忘。(160背/7反)	睡虎地秦简《日书》甲种"马禖"篇②

---

① 《秦简牍合集(叁)》,第67页。
② 《秦简牍合集(壹)》,第507页。

续表

祠名	祠神名	祭品	相关简文	资料来源
祠门		牲	五八·春三月可以南启门,壬戌、壬子、癸丑、癸未,以黑祠。夏三月可以西启门,☑(351)午以青祠。秋(秋)三月可以北启门,丁酉、丙辰、丁巳、丙申、丙戌,以赤祠。☑[冬三月可]以东启东〈门〉,□申、辛亥、庚戌、辛巳,以帛祠。	王家台秦墓竹简"启门"篇①
			北向门,七月、八月、九月,其日丙午、丁酉、丙申垣之,其牲赤。(95 贰)南向门,正月、二月、三月,其日癸酉、壬辰、壬午垣之,其牲黑。(96 叁)东向门,十月、十一月、十二月,其日辛酉、庚午、庚辰垣之,其牲白。(97 叁)西向门,四月、五月、十〈六〉月,其日乙未、甲午、甲辰垣之,其牲青。(98 叁)	睡虎地秦简《日书》甲种"四向门"篇②
			门已成即坏,祠(祀)之。	放马滩秦简《日书》乙种"门"篇③
祠墓			丹言曰:"死者不欲多衣。(志4)死人以白茅为富,其鬼贱于它而富。"丹言:"祠墓者毋敢毄(哭)。毄(哭),鬼去敬(惊)走。已,收腏(餟)而厘之,如此鬼终身不食殹(也)。"(志5)丹言:"祠者必谨骚(扫)除,毋以淘□祠所。毋以羹沃腏(餟)上,鬼弗食殹(也)。"(志7)	放马滩秦简《日书》乙种"丹"篇④
			泰原有死者,三岁而复产,献之咸阳,言曰:"……死(2)人所贵黄圈。黄圈以当金,黍粟以当钱,白营以当繇。……祭死人之冢,勿哭。须其已食(4)乃哭之,不须其已食而哭之,鬼辄夺而入之厨。祠,毋以酒与(5)羹沃祭……黄圈者,大叔(菽)(7)殹(也),劈(擘)去其皮,置于土中,以为黄金之勉。(8)"	北大秦简"泰原有死者"篇⑤

---

① 王明钦:《王家台秦墓竹简概述》,《新出简帛研究》,第44页。
② 《秦简牍合集(壹)》,第400页。
③ 《秦简牍合集(肆)》,第51页。
④ 《秦简牍合集(肆)》,第203页。
⑤ 李零:《北大秦牍〈泰原有死者〉简介》,《文物》2012年第6期。

续表

祠名	祠神名	祭品	相关简文	资料来源
巫祝			己丑日中时,操白囊三,贯连以丝缕,禹步三之。(M-003)……某愿气(乞)媚道,即取其树下土,投小囊中。取土时言曰:"愿气(乞)足下壤。"以投(M-006)水泉人所没者,言曰:"上泉弗=(勃勃),下泉逢=(蓬蓬),丈夫犄(倚)立,女子所从。(M-001)……"	北大秦简"白囊"篇①
祓除			睪(皋)!敢播美欒(黍)。敢播美欒(黍),葵行与与。敢播美稷,葵行翼翼。② 上请司命、司友(祓)。(04-124)……雪巫以卜尺。巫所视,雪策所指,胃(谓)某窥(躬)身,解舍友(祓)徐(除)。今雪(04—117)巫齋(斋)戒絜(洁)衣,为某友(祓)徐(除)百鬼,莫不许……(04—118)	北大秦简"祓除"篇③

---

① 陈侃理:《北大秦简中的方术书》,《文物》2012 年第 6 期。
② 整理者认为其中的"与与"和"翼翼","都是称美祝祷者所奉献的谷物丰盛的样子"。但其前文已说"'敢播美黍、敢播美稷',是祠祝前播撒谷物、招请神灵的仪式",既然是一种仪式,那么其主体必然是人,故其"葵行"之"与与"和"翼翼",形容的应该都是仪式操作者所做动作及其态度,而非谷物本身。《论语·乡党》:"君在,踧踖如也,与与如也。"马融注曰:"踧踖,恭敬之貌。与与,威仪中适之貌。"《诗经·大雅·大明》:"维此文王,小心翼翼。"郑玄笺曰:"躬慎貌。"此两处之"与与"和"翼翼"之义,比较合乎简文文意,用以形容招请神灵仪式的威仪和谨慎。
③ 田天:《北大秦简〈祓除〉初识》,《简帛(第 8 辑)》,上海古籍出版社,2013 年,第 43—48 页。

续表

祠名	祠神名	祭品	相关简文	资料来源
除鬼			1. 人毋（无）故鬼攻之不已，是＝刺鬼。以桃为弓,（27 背壹/140 反壹）牡棘为矢,羽之鸡羽,见而射之,则已矣。(28 背壹/139 反壹) 2. 人毋（无）故鬼昔其宫,是＝丘鬼。取故丘之土,(29 背壹/138 反壹)以为伪人犬,置蘠（墙）上,五步一人一犬,罨（环）(30 背壹/137 反壹)其宫,鬼来阳（扬）灰击箕以枭（噪）之,则止。(31 背壹/136 反壹) 3. 人毋（无）故而鬼惑之,是□鬼,善戏人。以桑(32 背壹/135 反壹)心为杖,鬼来而击之,畏死矣。(33 背壹/134 反壹) 4. 人毋（无）故而鬼取为胶,是＝哀鬼,毋（无）家,(34 背壹/133 反壹)与人为徒,令人色柏（白）然毋（无）气,喜契（洁）清,(35 背壹/132 反壹)不饮食。以棘椎桃秉（柄）以歊（敲）其心,则不来。(36 背壹/131 反壹) 5. 人妻妾若朋友死,其鬼归之者。以莎茢、(65 背壹/102 反壹)牡棘枋（柄）,热（爇）以寺（待）之,则不来矣。(66 背壹/101 反壹) 6. 人生子未能行而死,恒然,是不辜鬼处之,以庚日日始时,(52 背贰/115 反贰)渍门以灰,卒,有祭,十日收祭,裹以白茅,狸（埋）野,则毋（无）央（殃）矣。(53 背贰/114 反贰) 7. 人毋（无）故室皆伤,是粲迓之鬼处之。取白茅及(57 背贰/110 反贰)黄土而西（洒）之,周其室,则去矣。(58 背贰/109 反贰) 8. 一室井血而星（腥）臭,地虫蚚（斗）于下,血上扁（漏）。以沙垫之,更为井,(53 背叁/114 反叁)食之以喷,饮以爽（霜）路（露）,三日乃能人矣。若不(54 背叁/113 反叁)三月食之若傅之,而非人也,必枯骨也。旦而(55 背叁/112 反叁)最（撮）之,苞以白茅,果（裹）以贲而远去之,则止矣。(56 背叁/111 反叁)	睡虎地秦简《日书》乙种"诘"篇①

---

① 《秦简牍合集（壹）》,第 443 页。

续表

祠名	祠神名	祭品	相关简文	资料来源
除病			已齲方：见东陈垣，禹步三步，曰："皋！敢告东陈垣君子，某病齲齿，笱（苟）令某齲已，请（326）献骊牛子母。"前见地瓦，操；见垣有瓦，乃禹步，已，即取垣瓦貍（埋）东陈垣（327）止（址）下。置垣瓦下，置牛上，乃以所操瓦盖之，坚貍（埋）之。所谓"牛"者，头虫也。（328）	周家台秦简《病方》"已齲方（一）"篇①
			病心者：禹步三，曰："皋！敢告泰山，泰山高也，人居之，□□之孟也。人席之，不智（知）（335）而心疾，不智（知）而咸戭。"即令病心者南首卧，而左足践之二七。（337） 岁实。赤隗独指，搭某叚（瘕）心疾。即两手搭病者腹。（336）	周家台秦简《病方》"病心者"篇②
			操杯米之池，东乡（向），【禹】〖步三〗步，投米，祝曰："皋！敢告（338）曲池，某波某波，禹步擶房禁，令某痈【戁（数）】去。"（339）	周家台秦简《病方》"痈"篇③
			禹步三，汲井，以左手袤繘，令可下免瓽（瓮），□（340）下免繘瓽（瓮），左操杯，鯖瓽（瓮）水。以一杯盛米，毋（341）下一升。前置杯水女子前，即操杯米，禹步，（342）祝曰："皋！敢告鬻。"步投米地，祝投米曰："某有子三月，（343）疾生。"即以左手抃杯水饮女子，而投杯地，杯□□（344）	周家台秦简《病方》"有子三月"篇④
			马心：禹步三，乡（向）马祝曰："高山高丝，某心天，某为我已之，并企侍之。"即午画（345）地，而最（撮）其土，以靡（摩）其鼻中。（346）	周家台秦简《病方》"马心"篇⑤

下面以表中所列简文为基点，结合出土文献、传世文献与出土材料，分条讨

---

① 《秦简牍合集（叁）》，第60—61页。
② 《秦简牍合集（叁）》，第63页。
③ 《秦简牍合集（叁）》，第64页。
④ 《秦简牍合集（叁）》，第65页。
⑤ 《秦简牍合集（叁）》，第66页。

论表中所含礼制信息。

（一）祠祀所用祭品及其处理方式

总结表24，可知秦庶民在祠祀活动中，常用的祭品是肉、酒和黍粟米一类的谷物，这在之前公布的里耶校券类简中也得以印证。受政府管理的祠祀活动，其所用祭品也是牲肉、酒与谷物三大类。而岁末腊日的祠先农则较为隆重，需用牲，即在祠祀活动的最后，割豚耳，和祭饭一起涂抹于先农神居住的粮仓之下，以此献祭先农神，来求得自己能更好地享用其余收获物。另外，祠门亦需用牲，当属奠基之祭。门建好就坏的原因应该就是缺少了献祭给门神的牺牲，所以要立即补上奠基之牲；而且祠门的用牲须依据五行相生之道，在不同的季节选用当季所属五行所生自五行的配色祭祀，如春属木，其色青，而水生木，水配黑色，故春季祠门要用黑牲。而这种祭品选用搭配色彩的做法在同一时期的秦国家庭祭祀中亦得到采纳，如《史记·封禅书》载："唯雍四畤上帝为尊，其光景动人民唯陈宝。故雍四畤，春以为岁祷，因泮冻，秋涸冻，冬塞祠，五月尝驹，及四仲之月（祠若）月祠，〔若〕陈宝节来一祠。春夏用骍，秋冬用駵。畤驹四匹，木禺龙栾车一驷，木禺车马一驷，各如其帝色。黄犊羔各四，圭币各有数，皆生瘗埋，无俎豆之具。三年一郊。秦以冬十月为岁首，故常以十月上宿郊见，通权火，拜于咸阳之旁，而衣上白，其用如经祠云。"①

另外，据上引有关陈宝祠的资料可知，国家最高级别的天神祭祀，即畤祭和陈宝祠，祭祀之后其所用牲玉皆须瘗埋，这在秦考古发现中也多次被印证。如秦西畤所在的鸾亭山遗址就发现了一个祭祀坑，其中连续堆积大量兽骨，包括牛、羊、猪、鹿及一些禽类。据发掘者分析，如此大量的兽骨都是在某一次祭祀活动之后，被肢解并埋入坑中的，其时已入汉，可推知战国及秦朝的秦人在畤祭之时，也应以此方法处理祭祀用牲。② 近年发掘的凤翔雍山血池秦汉祭祀遗址更是密集分布了大量埋有牲玉的祭祀坑。③

此外，在一些秦人宗庙遗址以及大中型墓葬的墓上建筑或周围的墓祭坑中

---

① 《史记》卷二八《封禅书》，第1376—1377页。
② 详见早期秦文化联合考古队：《2004年甘肃礼县鸾亭山遗址发掘主要收获》，《中国历史文物》2005年第5期。
③ 陕西考古研究院：《陕西凤翔发现秦国国君和西汉皇帝亲临主祭的国家大型祭天场所》，《中国文物报》2016年12月9日第1版。

也多见瘗埋之牲玉。

如凤翔马家庄宗庙遗址的中庭分布有 100 余座祭祀坑,其瘗埋除牲骨外,甚至包括少量人骨(8 座人坑)。① 这种野蛮的人祭此后也有发现,如凤翔八旗屯墓地 M11 的祭祀坑中,除出土玉璧和玉管各一只外,还埋有头骨 1 个。② 不过,随着秦社会文明程度的进步,人祭逐渐被掩埋玉人的方式代替。如联志村、卢家口和秦公陵园都出土了用于墓祭的玉人,并且都伴随有其他瘗埋之玉。秦公一号大墓上的建筑基址,出土了一些玉圭、玉璧、玉璜和玉玦等玉器,即是用作墓上建筑的奠基礼玉而瘗埋的。③ 在西安市北郊联志村距地面不足 1 米的战国晚期至秦朝的祭祀坑内,共出土玉器 85 件之多,有《周礼》所谓"六瑞玉"④,即玉圭、玉璋、玉璧、玉琮、玉琥、玉璜,还有玉觿、玉人等。在西安市西北郊的芦家口村距地表 1 米深的地下,也发现一处祭祀坑,出土玉猪等 100 多件玉器。⑤ 在陕西凤翔县城之南的秦雍城遗址及其附近,还发现了多处祭祀后埋入地下的礼玉,其较重要者有纸纺公社瓦窑头二队村东和村南,以及石家营公社豆腐村大队姚家岗村南。⑥ 在同一区域的大辛村遗址的两个春秋祭祀坑中也发现了凌乱的牛骨、鹿角和分为四层堆放的羊、狗、猪、鹿骨骼。⑦

不但祭天、奠基祭和墓祭要掩埋牲玉,祭祷山川等自然神灵时,也多见如此,

---

① 陕西省雍城考古队:《凤翔马家庄一号建筑群遗址发掘简报》,《文物》1985 年第 2 期;雍城考古队:《〈凤翔马家庄一号建筑群遗址发掘简报〉补正》,《文博》1986 年第 1 期;滕铭予:《秦雍城马家庄宗庙遗址祭祀遗存的再探讨》,《华夏考古》2003 年第 3 期。

② 陕西省雍城考古队:《一九八一年凤翔八旗屯墓地发掘简报》,《考古与文物》1986 年第 5 期。

③ 刘云辉:《陕西出土的古代玉器——春秋战国篇》,《四川文物》2010 年第 5 期。关于此类玉人在祭祀活动中所代替的角色,还可参看许卫红:《再论甘肃礼县鸾亭山等地出土玉人的功用》,《中国国家博物馆馆刊》2015 年第 4 期。

④ 《周礼·大宗伯》:"以玉作六器,礼天地四方。以苍璧礼天,以黄琮礼地,以青圭礼东方,以赤璋礼南方,以白琥礼西方,以玄璜礼北方。"另《仪礼·觐礼》云:"方明者,木也,方四尺。设六色,东方青,南方赤,西方白,北方黑,上玄,下黄。设六玉,上圭,下璧,南方璋,西方琥,北方璜,东方圭。"郑玄注曰:"六色象其神,六玉以礼之。"

⑤ 刘云辉:《春秋战国秦式玉器概览》,《上海文博论丛》2004 年第 4 期。

⑥ 详见赵丛苍:《记凤翔出土的春秋秦国玉器》,《文物》1986 年第 9 期。

⑦ 雍城考古队:《陕西凤翔县大辛村遗址发掘简报》,《考古与文物》1985 年第 1 期。

如秦骃玉版即为祷华山之神后埋入地下的祭祷用玉,再如"在秦都雍城的东郊东社及西郊河北屯等村发现过许多以汉白玉圭璧组合的祭祀场所,在一个不大的范围内堆放若干组圭、璧。一般是3件璧和6件圭为一组。3件璧水平上下叠置,其上再依次叠放圭尖均指向西北的6件圭。这种现象可能是祭祀天地、日、月等自然神灵"①。

除了牲玉,祭祀所用其他祭品也很可能被掩埋。如前文提及的马家庄宗庙遗址100余处祭祀坑中,尚有28座空坑,被发掘者推断可能是用以血祭或肉祭。另外近年发掘的凤翔雍山血池秦汉祭祀遗址也发现了类似的空坑,考古工作者将空坑的土样标本检测结果和文献对照,分析推测出,这类祭祀坑很可能是血祭坑。② 可见,祭祀后瘗埋祭品,是秦人在祭祀天地山川等神灵和墓祭先祖时普遍使用的祭品处理方式。而从公布的秦简《日书》资料来看,祭祀后瘗埋祭品也是一种常见的祭品处理方式。如上表所列睡虎地秦简《日书》乙种"诘"篇的驱鬼之器"白茅"和周家台秦简《病方·已龋方(一)》中的垣瓦与地虫,皆是掩埋处理。但民间祠祀手段多样,所用祭品种类繁多,最明显者如睡虎地秦简《日书》乙种"诘"篇所列数量庞杂的鬼怪和驱鬼手段,所用祛鬼法器也颇驳杂,其祭品的最终处理法式也不限于瘗埋。如表中所列祠先农之法,最终即是涂抹祭品与仓囷以献祭。并且民间祠祀的等级多不高,而民众亦不富足,故祠祀后取食的现象当不在少数,故放马滩秦简"丹篇"才有"收殿(馂)而厘之,如此鬼终身不食殴(也)"的祠墓禁忌。简文中的"厘(釐)"字,据李学勤所说,疑为"罄"之误字③,这句话的意思是"撤下祭饭后一下子吃掉,这样鬼就不再吃你供奉的祭饭了",用以警醒秦庶民不要再取食献祭给墓主的祭饭。可见,在当时的秦庶民祠祀活动中,馂(祭饭)往往是在祭祀后被吃掉的,而这一现象也符合周代总体的祭礼程式。周人祭礼之后即有分胙之仪,并赐予各有功之诸侯以示嘉奖,如战国秦即三受周天子赐胙肉。另外,从《史记·陈丞相世家》中"陈平公分祭肉"的故事可

---

① 刘云辉:《陕西出土的古代玉器——春秋战国篇》,《四川文物》2010年第5期。
② 陕西考古研究院:《陕西凤翔发现秦国国君和西汉皇帝亲临主祭的国家大型祭天场所》,《中国文物报》2016年12月9日第1版;郁菁:《考古发掘中血池遗址保护利用相关问题研究》,西北大学2017年硕士学位论文,第12页。
③ 李学勤:《放马滩简中的志怪故事》,《文物》1990年第4期。

看出,祭祀活动后分祭肉,在东方诸侯国之乡里也是普遍现象。①

这一点从里耶秦简"祠先农、祠窨和祠隄校券"②以及《里耶秦简(壹)》③中几条准备和售卖祭品的简文中可得到证明。为方便讨论,现将相关简文誊录于下,简文皆取经学者修订后的版本,序号为整理者后编号,圈号中表示层位,最后为出土顺序编号:

1.祠先农、祠窨和祠隄校券:

A 类

1⑭4:☐盐四分升之一以祠先农。

2⑮451:☐☐狗出盐四分升之一以祠☐

4⑭639、762:卅二年三月丁丑朔丙申,仓是佐狗出羒[一]以祠先农。

5⑭286:卅二年三月丁丑朔丙申,仓是佐狗出羒一以祠☐

7⑭656、⑮434:卅二年三月丁丑朔丙申,仓是佐狗出黍米四斗以祠先农。

8⑬598:卅二年三月丁丑朔丙申,仓是佐狗出黍米四斗以祠☐

9⑮493:黍米四斗卅二年三月[丁丑朔]丙申☐

3⑭62:☐祠先农。是手。

6⑭651:☐以祠先农。

10⑭693:☐祠先农。

11⑭748:☐先农。

12⑮1545:☐以祠先农。

监　唐手

27⑬579:计卅二年三月以祠先农☐

B 类

13⑭300、764:卅二年三月丁丑朔丙申,仓是佐狗出祠先农余彻羊

---

① 详见《史记》卷五六《陈丞相世家》,第2052页。
② 张春龙:《里耶秦简中的祠先农、祠窨和祠隄校券》,《简帛》第2辑,上海古籍出版社,2007年,第393—396页。
③ 湖南省文物考古研究所编著:《里耶秦简(壹)》,北京,文物出版社,2012年

头一、足四卖于城旦赫,所取钱四☒

14⑭641:……头一、足四卖于城旦赫,所取钱四,衞(率)之,头一二钱;四足☒钱。令史尚视平。

15⑭675:卅二年三月丁丑朔丙申,仓是佐狗出祠先农余彻肉二斗卖☒

16⑮490:卅二年三月丁丑朔丙申,仓是佐狗出祠先农余彻肉二斗卖于大☒

17⑭654:卅二年三月丁丑朔丙申,仓是佐狗出祠[先]农余彻肉汁二斗卖于城旦☒所☒

18⑮480:卅二年三月丙申,仓是佐狗杂出祠先农余彻肉汁二斗☒

19⑭66:卅二年三月丁丑朔丙申,仓是佐狗出祠先农余彻食七斗卖☒

20⑭719:卅二年三月丁丑朔丙申,仓是佐狗杂出祠先农余彻食十☒

21⑭650、652:卅二年三月丁丑朔丙申,仓是佐狗出祠[先]农余彻酒一斗半斗卖于城旦最,所取钱一,衞(率)之一斗半斗一钱。令史尚视平,狗手。

22⑭698、⑭743、⑮595:卅二年三月丁丑朔丙申,仓是佐狗杂出祠先农余彻酒之一斗半斗卖于城旦／最,衞(率)之一／斗半斗一钱。令史尚视平,狗手。

23⑭649、679:卅二年三月丁丑朔丙申,仓是佐狗出祠[先]农余彻豚肉一斗半斗卖于城旦赫,所取钱四。令史尚视平,狗手。

26⑭685:卅二年三月丁丑朔丙申,仓是佐狗杂出祠先农余☒

⑭375:卅二年三月丁丑朔丙申,仓是佐狗杂出祠[先农余]彻☒

28⑮511:卅二年三月丁丑朔丙申,仓……

24㉑:☒取钱四,衞(率)之斗二钱。令史尚视平,狗手。

25⑭23:☒卖于城旦文,所取钱四,衞(率)之斗二钱。令史尚视平,狗手。

C 类

29⑭57：隶妾𡞞先农农农农农农……①

2.《里耶秦简(壹)》出卖祠简：

卅五年六月戊午朔己巳，库建、佐般出卖【祠】☐

衙(率)之，斗二钱。☐(8－845)

☐己巳，库建、佐般出卖祠☐(Ⅰ)

☐令史歜☐(Ⅱ8－847)②

卅五年六月戊午朔己巳，库建、佐般出卖祠窨余彻酒二斗八升于☐

☐(Ⅰ)

衙(率)之，斗二钱。令史歜监。☐(Ⅱ8－907＋8－923＋8－1422)③

卅五年六月戊午朔己巳，库建、佐般出卖祠窨☐☐☐一朐于隶臣徐，所取钱一。(Ⅰ)

令史歜监。　般手。(Ⅱ8－1002＋8－1091)④

卅五年六月戊午朔己巳，库建、佐般出卖祠窨余彻脯一朐于☐☐☐，所取钱一。(Ⅰ)

令史歜监。　般手。(Ⅱ8－1055＋8－1579)⑤

☐般出卖祠窨余彻食☐(8－1162)

上述简文屡次提及对"余彻"的售卖记录，"彻"为祭祀后撤下的祭品，言"余彻"则说明是祭品分给祠祀活动的参与者后剩余的祭饭。而这种受到国家管理的年初祠先农一类祠祀活动在祭祀之后还存在政府主导的分胙仪节，则周家台秦简等所述民间自主的岁末祠先农等祠祀塞祷活动，在祭祀之后由参加者取食胙肉则成为必然之事，也合于陈平公分祭肉所见东方诸侯乡里的分胙礼俗。从

---

① 彭浩：《读里耶秦简"校券"补记》，见中国社会科学院考古研究所、中国社会科学院历史研究所、湖南省文物考古研究所编著：《里耶古城·秦简与秦文化研究：中国里耶古城·秦简与秦文化国际学术研讨会议文集》，科学出版社，2009年，第196—200页。

② 陈伟主编：《里耶秦简牍校释》(第一卷)，武汉大学出版社，2012年，第236—237页。

③ 《里耶秦简牍校释》(第一卷)，第246页。

④ 《里耶秦简牍校释》(第一卷)，第259页。

⑤ 《里耶秦简牍校释》(第一卷)，第269页。

中亦可看出,秦虽因其长期僻处西部边陲等历史原因,在国家祭祀层面的祭天仪节中仍顽强保留了较为特殊的生瘗埋祭品之法,但其下层的祭祀仪节却和东方六国保持着较高的一致性。而秦自建立统一帝国后,也积极致力于建设大一统的国家祭祀体系,在保持并抬高自身方域内各种祭祀活动的等级的同时,还吸收六国重要祭祀活动的仪节,将其纳入新的统一帝国祭祀系统。①

不过,睡虎地秦简《法律答问》提到:

"公祠未闋,盗其具,当赀以下耐为隶臣。"今或益〈盗〉一肾,益〈盗〉一肾臧〈赃〉不盈一钱,可(何)论?祠固用心肾及它支(肢)物,皆各为一具,一具之臧(赃)不盈一钱,盗之当耐。或直(值)廿钱,而被盗之,不尽一具,及盗不直(置)者,以律论。(26)

可(何)谓"祠未闋"?置豆俎鬼前未彻乃为"未闋"。未置及不直(置)者不为"具",必已置乃为"具"。(27)

可(何)谓"盗埱埜"?王室祠,貍(薶)其具,是谓"埜"。(28)②

从以上简文所述秦对盗掘王室祠所埋祭祀用品进行惩罚的情况来看,当时由官府主持的祠祀活动,仍然存在瘗埋祭品的现象。而上述引文所叙先农、窨、陒之祠皆属王室祠范畴,故也不排除在分胙与售卖彻余的同时,仍将部分祭品瘗埋的现象。

上引《法律答问》简,为我们提供了更多关于秦人祠祀祭品的信息,如从"祠固用心肾及它支(肢)物"即可得两条信息:其一,知其用肉、牲之外,还有一些官府主持的祠祀活动会用到心、肾等内脏,合于礼书所言五祀之祭;③其二,还可知战国秦朝之交的秦人祠祀尚保留有解牲之法,类似《周礼·大宗伯》的"以疈辜祭四方百物",该法最早见于《史记·秦本纪》所载秦德公伏祠之磔犬。

---

① 如《史记·封禅书》载:"及秦并天下,令祠官所常奉天地名山大川鬼神可得而序也。于是自殽以东,名山五,大川祠二。曰太室。太室,嵩高也。恒山,泰山,会稽,湘山。水曰济,曰淮。春以脯酒为岁祠,因泮冻,秋涸冻,冬塞祷祠。其牲用牛犊各一,牢具珪币各异。"

② 《秦简牍合集(壹)》,第204—206页。

③ 《礼记·月令》:"(春)其祀户,祭先脾。"郑注:"春阳气出,祀之于户,内阳也。祀之先祭脾者,春为阳中,于藏直脾,脾为尊。凡祭五祀于庙,用特牲,有主有尸,皆先设席于奥。祀户之礼,南面设主于户内之西,乃制脾及肾为俎,尊于主北;又设盛于俎西,祭黍稷、祭肉、祭醴,皆三。祭肉,脾一,肾再,既祭,彻之,更陈鼎俎,设馔于筵前,迎尸,略如祭宗庙之仪。"

另外，前文校券简中的彻余售卖对象皆为城旦、隶臣等刑徒，说明其无权加入由政府主持并管理分胙的祠祀活动。这在《史记·秦始皇本纪》中也得以印证：

> （秦始皇三十三年，）西北斥逐匈奴。自榆中并河以东，属之阴山，以为（三）〔四〕十四县，城河上为塞。又使蒙恬渡河取高阙、（陶）〔阳〕山、北假中，筑亭障以逐戎人。徙谪，实之初县。禁不得祠。①

秦始皇三十三年（前214），迁徙戍边的刑徒之人，皆无权参与祠祀活动。

据前引《周礼·春官·大宗伯》"以禋祀祀昊天上帝，以实柴祀日、月、星、辰，以槱燎祀司中、司命、风师、雨师"，可知依周礼，祭祀昊天上帝等天神，祭品皆以烧燎为用，而非瘗埋。而秦人在时祭天神等祭祀时则大量瘗埋牲玉，体现出秦在国家祭祀层面有别于中原"三礼"文明的一大特色。

（二）祠祀仪节

表24中，叙述仪程较为完备的是关于诸多行神的祠祀，其基本仪节为设席、请神与馂祭三大环节。祠先农与祠马禖亦如之，祠先蚕未言用席，但据其为馂祭，可推断其亦当有席以承之。另据睡虎地秦简《封诊式》"毒言"篇"丙家节（即）有祠，召甲等，甲等不肯来，亦未尝召丙饮。里节（即）有祠，丙与里人及甲等会饮食，皆莫肯与丙共杯器"②，可知秦庶民在某些家祠和里中之祠后，会有聚会饮食的环节。

在巫祝及除鬼活动中，经常可见制作类似后世到家驱鬼之法器的环节。如睡虎地秦简《日书》乙种"诘"篇中的"以桃为弓，牡棘为矢，羽之鸡羽""以桑心为杖""以棘椎桃秉（柄）"等，再如北大藏秦简中的"白囊"篇，通过禹步赋予所操三白囊以某种神秘力量，以此来进行之后的"气（乞）媚道""气（乞）愿于邦""塞鼠道"等数术活动。

所谓禹步，即像大禹一样跛行，其神秘力量被秦庶民广泛运用于祠行、巫祝和除病等多种祭祷仪式，还被后世道教承袭之。不过表24所列北大秦简"祓除"中的请神环节，使用的"葵行"之法，恐怕并非跛行之禹步。从表24所列周家台秦简《病方》中关于"禹步"的资料来看，行禹步者皆患者自为自祈，而从北

---

① 《史记》卷六《秦始皇本纪》，第253页。
② 《秦简牍合集（壹）》，第316页。

大秦简"被除"的简文"今需巫齌(斋)戒絜(洁)衣,为某祓(袚)徐(除)百鬼"来看,此被除仪式的主持者显然是巫者而非祠祷者本人。因此,"禹步"和"夔行"的操作人不同,其步法或当有所差别。

"夔行"之"夔"或可通"夔",夔、夔上古音皆群纽脂部字,音同可通。夔即《山海经》所载的一足神兽①,其行走方式据与秦时代较近的《庄子·秋水》所记,乃"以一足趻踔而行",成玄英疏曰:"趻踔,跳踯也。"②那么,简文所记"夔行"可能是与之类似的跳跃傩仪,今尚存之较原始的邵武傩舞"跳番僧"或其孑余。"跳番僧"的基本动作由"击铜前点地""跪蹲步""后踢转步""踢转点步""狐步"组成,其主要动作即为跳跃,其中的"狐步"又叫"禹步",但并不完全相同,较之跛行的禹步,狐步略带跳跃,且这一套跳跃傩舞的目的亦为迎神。③

另外,放马滩秦简《日书》乙种"丹"篇还提及了祠墓之前的清扫问题,"祠者必谨骚(扫)除,毋以淘□祠所",需要谨慎清扫,毋令祠墓场所沾染污秽之水。据岳麓秦简可知,其已被提高到了祠律的高度:

0624 正:如下邦庙者辄坏,更为庙便地洁清所,弗更而祠焉,皆弃市。各谨明告县道令丞及吏主。④

如果祠庙毁坏,需马上为其另择平整土地,清洁场地,另立新庙,若继续就毁坏之庙进行祠庙活动,则要被判处死刑"弃市"。可见秦人对于祠祀场所的清洁、完善程度的要求之高。

第三节 秦国家祭祀的发展历程

在秦人的国家祭祀系统中,居于最高地位的是"畤祭",为嬴秦独有之祭天形式,有明文记载的秦人"畤祭"场所有六,祭祀对象有四,分别是:秦襄公作西畤祠白帝,秦文公作鄜畤祠白帝,秦宣公作密畤祠青帝,秦灵公作吴阳上、下畤分

---

① 袁珂:《山海经校注》卷一四《大荒东经》,上海古籍出版社,1980年,第361页。
② [清]王先谦:《庄子集解》,中华书局,1987年,第145页。
③ 详见钟莹:《邵武傩舞"跳番僧"之形态研究》,中央民族大学2013年硕士学位论文,第39—43页。
④ 《岳麓书院藏秦简(肆)》,第201页。

祠黄、炎帝,秦献公作畦畤祭白帝。同属最高规格的所谓"四色帝"祭祀,反映了秦国境内族群构成的复杂,体现了秦人多神信仰的特点。而秦始皇统一天下后封禅泰山和不再亲往雍四畤的做法,则可视作秦朝的统治阶级要从国家祭祀的层面入手,逐渐摆脱过去地方色彩浓重的多神崇拜,转而推行能够统摄天下的昊天崇拜的一种尝试,以适应疆域空前广阔、人民族群与信仰关系更趋驳杂的新政治形势。下面,就以秦人特有的"畤祭"的演变为线索,梳理其国家祭祀的发展历程。

一 畤的含义和畤祭的起源

关于"畤"的含义,21世纪初汪受宽首先撰文探讨①,他援引《说文解字》"畤"字条"右扶风有五畤,皆黄帝时祭",指出"畤祭"当源于民间起源甚早的畤神活动;又批判继承徐中舒"畤为峙立之意,民间所祭杂神,可能在田中立石以祭,属原始拜物教"的观点,指出畤原意为侍田,"即人手足并用于田地之谓",早期畤祭当为农民祈求上天佑护农业丰收的祭奠。

笔者认为,"寺"作为声旁,似未可过多进行字形分析,且古"寺"字上之"止"也当是声旁,不可轻易谓之"手足并用"。反不如径从通假考虑,畤通"峙",乃"峙立"之意,则"畤"作为祭坛名,显有"土高处"之意。《汉书·郊祀志》:"盖天好阴,祠之必于高山之下畤,命曰'畤'。"②

而从《史记》《汉书》所载先于吴阳上、下畤的武畤、好畤,以及《史记·封禅书》所载"齐地八神"之一的天主"祠之必于高山之下,小山之上,命曰畤"来看③,畤祭很可能是民间由来已久的祈求天神护佑的一种古老祭祀,至少在黄河流域有所分布。秦襄公在成为诸侯之时,急需进行某些大型的祭祀仪式,以昭示其诸侯地位并增强嬴秦族人的凝聚力,故而借鉴民间祭杂神旧俗,增其旧制,于

---

① 汪受宽:《畤祭原始说》,《兰州大学学报》(社会科学版)2002年第5期。
② 《史记·封禅书》作"盖天好阴,祠之必于高山之下,小山之上,命曰'畤'"。今按:此"小山之上"似乎更加说明了"畤"的土高处之意。
③ 《史记》卷二八《封禅书》,第1367页。

大山之下、小山之上,铲地为坛①,奉祀牺牲以昭告其先祖——白帝少昊之神。

至于是否立石则尚缺乏相关考古佐证,但从秦始皇颇采"雍五畤"的封禅泰山活动中于山顶立石的记载来看②,早期襄公西畤很可能是在山顶立石的,只是后来被象征意义更明确的"土人"所取代。③ 随着后世秦人的东进,周秦文化交流日益频繁,尤其是雍城宗庙的建造,秦人时祭的祭祖色彩逐渐被单纯的祭天神色彩所掩盖,但其祭祀所自出之帝和瘗埋祭具、胙余的旧习俗被顽强地保留下来,并被汉人所承继。④

至于司马迁在《史记·六国年表》中对襄公所谓僭越的指斥未免有失苛责。襄公所处的时期,中华文化体系仍处于"满天星斗"的时代,秦文化中的殷商因素尚多于周因素,在本就分属两个文化系统的情况下,何来僭越之说?况且即使在后世秦族不断向周文化圈拓展与学习的阶段,秦人仍然顽强保持了自身时祭的特色。

二 畤祭东进及其原因

秦人的畤祭是伴随着其不断东扩而陆续增设的,其设立目的和意义,以及背后所反映的秦统治阶层的宗教观念,也都随秦统治阶层政治野心的膨胀而有所转变,其地位与作用也越来越接近于周人的"郊兆"。

继西畤而起的是秦文公的鄜畤。据《史记·封禅书》《汉书·郊祀志》可知,襄公立西畤十四年或十六年后,已卜居汧渭之间的文公因梦到"黄蛇自天下属地,其口止于鄜衍",在咨询史敦而知此乃"上帝之征"后营建鄜畤以郊祭白帝。

---

① 鸾亭山山坡之祭坛遗址乃不规则圆形,当是受限于地势与国力。2016 年发掘的凤翔雍山血池秦汉祭祀遗址,其夯土台也位于高山之下、小山之上,且形制是较为平整的圜丘状,"所处的东侧山梁上的小山头之上,其北侧有一个更高的山头。台为圜丘状"。见陕西考古研究院:《陕西凤翔发现秦国国君和西汉皇帝亲临主祭的国家大型祭天场所》,《中国文物报》2016 年 12 月 9 日第 1 版。

② 《史记·封禅书》:"而遂除车道,上自泰山阳至巅,立石颂秦始皇帝德,明其得封也。"今按:当然,泰山立石可能只是歌功颂德的石刻而已,但这也可能是后世礼制发展演变而失其本意的结果。

③ 司马贞《史记索隐》引《汉旧仪》云:"祭人先于陇西西县人先山,山上皆有土人,山下有畤,坞如菜畦,畤中各有一土封,故云畤。"

④ 鸾亭山的汉代遗址上仍发现大量瘗埋牲玉的祭祀坑。

根据"鄜衍"可知,鄜畤当是在泽地中堆土或整治自然台地而成坛。① 据考证,鄜畤当在汧渭之间下端,最东可至汧河(今千河)东岸,或即如齐地八神之一的天主,祠之于高山下的低湿河沼地带。② 具体位置当如田亚岐所言,就在秦汉蕲年宫遗址所在地。

据相关考古简报③可知,秦汉蕲年宫遗址位于汧河东畔的二级台地之上,距岸边一级台地上的孙家南头村遗址仅三百米,距遗址东南、西北不远处有两座水库,想必先秦时期更是地势低湿、水草丰美、多蛇多鹿之处,与上文据史书推测之鄜畤地点环境相符。

鄜畤在汧河东岸,对卜居于汧河西岸的文公来说,其营建显示了秦人东进的决心,也是秦人雍四畤神权宗教祭祀中心建设的第一步。此举充分体现了秦人宗教思想中的尚功务实精神。白帝少昊金天氏,乃东夷之羲和后裔,随东来之嬴秦族而为西方之帝,其名为挚。《左传·昭公十七年》郯子言:"我高祖少皞挚之立也,凤鸟适至,故纪于鸟,为鸟师而鸟名。"④色尚白,其形象当与"黄蛇"无关。而文公却能以此为契机,利用时人极强的迷信心理,以巫术为手段⑤,继之前利用占卜成功转移秦人政治中心后,再度成功将宗教信仰中心东移,为其经略岐山以西的计划提供了更强大的精神支持。九年之后,文公再度利用天降陨石的异象,发起民间的陈宝之祠,继稳固上层统治者之后,进一步加强了秦政治生活中的神秘主义色彩,渲染其统治的合法地位,加强下层民众的凝聚力,为其实施更大规模的东扩计划营造扎实稳固的后方。

雍四畤中,延续时间最长、对后世影响最深者当属鄜畤。此后80余年间,秦

---

① 《史记·封禅书》:"一曰天主,祠天齐。天齐渊水,居临菑南郊山下者。"
② 田亚岐:《秦汉畤考》,《考古与文物》1993年第3期。
③ 田亚岐、景宏伟、王颢、刘阳阳、赵赋康:《凤翔县孙家南头周墓发掘简报》,《考古与文物》2007年第1期;田亚岐、王颢、孙宗贤、景宏伟、刘阳阳、赵力、刘胜利、刘福刚、孟小林、刘云亮、赵富康、刘爽:《陕西凤翔孙家南头春秋秦墓发掘简报》,《考古与文物》2013年第4期。
④ 《春秋左传正义》卷四八,第2083页。
⑤ 文公咨询之史敦,当即以史为官,行"巫"之职而名敦者,参张铭洽:《秦代"巫现象"杂谈——兼谈秦代的"日者"》,《陕西历史博物馆馆刊(第11辑)》,三秦出版社,2004年,第225—235页。

公再未设新畤。文公作鄜畤 78 年后,迁居雍城的德公尚且用牲祠鄜畤①,以此推断,之前迁都平阳的宪公、出子、武公也要回到鄜畤行祠白帝之礼。几年之后,德公子宣公又作密畤祭青帝②,首次突破了西方白帝的祭祀范畴。《史记·秦本纪》载宣公作密畤后紧接着说"与晋战河阳,胜之"③,似乎暗示密畤之设乃与秦东进方针息息相关。至此,秦已基本控制故周王畿之地,此时秦统治者将其另一祖先抬到祭坛之上,无非是昭示嬴秦族对东土同样具有占有权,与晋国直接交锋,插手中原事务的新一轮东进计划即将展开。

但在此后的 200 余年间,秦人屡屡受挫于强晋,国内又屡起内讧,再未营建新畤。直至公元前 422 年,秦灵公因故周遗存的吴阳武畤而建造了祭黄帝的上畤和祭炎帝的下畤。至此,以雍四畤为中心的雍地祭祀圣地初告建成。

吴阳上下畤的营建在灵公三年,此前数代,秦国政局动荡,代表旧贵族利益的庶长和秦公的矛盾成为秦国政治生活的主要问题,出子、怀公甚至直接死于庶长发动的政变中,灵公也是在这种政变中被拥立的。此时突然营建炎黄之畤,除采纳被征服者之神祇以整合、扩充自身宗教信仰之外,借此笼络周余民之心以扩大统治基础,希图摆脱强大的嬴秦旧贵族束缚当是很重要的一个现实原因。此举同时也展示出秦人在经历两个世纪的弱势之后放下身段,调动自身的一切力量并积极吸纳外族人才以求重新崛起的决心和开放的姿态。

公元前 367 年,灵公子献公在新都栎阳作畦畤祭白帝,成为秦灭六国前最后设立的畤祭,其直接目的当是为进攻魏国、收复河西失地而增强自身的凝聚力。从畦畤祭白帝亦可看出,当时的秦人虽然对至上神的崇拜有了明显的多元化倾向,但其所自出的白帝仍据有超出其余三帝的地位。

秦始皇统一天下后,在宗教信仰领域的首要工作,当是全面接受周人的天神崇拜并进行各地祭祀系统的整合,以向全天下昭示其统治地位,所以他致力于封禅泰山和巡行天下,正如《礼记·祭法》所云:"山林、川谷、丘陵能出云,为风雨,见怪物,皆曰神。有天下者祭百神。"④秦王朝对于旧有的畤祭只是加以规划管

---

① 《史记·秦本纪》:"德公元年,初居雍城大郑宫。以牺三百牢祠鄜畤。"
② 《史记·封禅书》:"德公立二年卒。其后(六)〔四〕年,秦宣公作密畤于渭南,祭青帝。"
③ 《史记》卷五《秦本纪》,第 185 页。
④ 《礼记正义》卷五五《祭法》,第 1787 页。

理:淡化西畤、畦畤,重点突出雍四畤的神权祭祀中心地位。对于因未大力向北发展而不曾建造的"北畤",就更没有建造的必要了,虽然当时秦统治者已经采纳了源自齐鲁的五行学说和五德终始说,但封泰山之举则昭告天下,至上神——"天"已经完全可以取代所谓"四色帝"的地位了。只是因为后来汉高祖别有用心地建立了祭祀黑帝的北畤①,方才造成了西汉直至隋唐将天与五色帝混合祭祀的乱象。

三 畤祭对象和意义的演变

从襄公八年"居西垂,自以为得主少皞之神,作西畤,祠白帝",到献公十八年的"自以为得金瑞,故作畦畤栎阳而祀白帝"②,400余年间,秦人畤祭的对象和蕴含的意义已经悄然改变。

襄公作西畤之时,新兴的秦国对于周余民的收服工作刚刚展开,周人的天崇拜信仰未可遽为嬴秦族人所采纳。襄公西畤的对象与其说是祭天,不如说是祭祖,祭其先祖少昊,这一现象在周礼的演进过程中成为所谓的"诸侯方祀"。③ 其西畤实质上是祭祀祖神,这可从《秦纪》多记载的瘗埋牲体之礼得到证明。笔者认为,最初瘗埋牲体的目的是令其嗅下达于深埋地下之祖先④,秦人文化系统本就不同于周,不可强套周礼。之后文公作鄜畤祠白帝,也是因此少昊之神显灵,

---

① 《史记·封禅书》载其事在高皇帝二年,刘邦当时刚刚占据关中之地,欲向关中之民昭示其统治的合法性,故加造北畤以凑齐五色帝之数。而后卒得天下,子孙亦遵循之,但也逐渐恢复周礼所谓郊天之礼,遂导致后人将五帝和昊天上帝混为一谈。这一情况在郑玄的笺注中比比皆是,此不赘言。直到公元689年,唐睿宗下诏才将二者分出尊卑。《通典·礼三·沿革三·吉礼二》:"永昌元年九月,敕:'天无二称,帝是通名。承前诸儒,互生同异,乃以五方之帝,亦谓为天。假有经传互文,终是名实未当。称号不别,尊卑相浑。自今郊祀之礼,惟昊天上帝称天,自余五帝皆称帝。'"

② 《史记》卷二八《封禅书》,第1358、1365页。

③ 《礼记·曲礼下》:"天子祭天地,祭四方,祭山川,祭五祀,岁遍。诸侯方祀,祭山川,祭五祀,岁遍。大夫祭五祀,岁遍。士祭其先。"郑注:"祭四方,谓祭五官之神于四郊也。句芒在东,祝融后土在南,蓐收在西,玄冥在北。《诗》云:'来方禋祀。'方祀者,各祭其方之官而已。"

④ 《礼记·郊特牲》:"周人尚臭,灌用鬯臭,郁合鬯,臭阴达于渊泉。……魂气归于天,形魄归于地,故祭求诸阴阳之义也。"

尚未见秦人接受周人天崇拜的实例。

但从1978年发现的秦武公钟铭文"我先祖受天命,赏宅受或(国)"来看①,至迟在秦武公时,秦人已经承认天的至尊地位,秦人的禘祭对象也开始由祖向天演变。估计此阶段已经是以祖配天的祭祀模式了,因为铭文中有颂扬文公、静公、宪公政绩的内容,"剌剌邵文公、静公、宪公,不豢于上,邵合皇天,以虩事蠻方"。此时的嬴秦禘祭似乎更接近姬周的郊天了,正如《礼记·郊特牲》所云:"万物本乎天,人本乎祖,此所以配上帝也。郊之祭也,大报本反始也。"②

迁都雍城之后,随着宗庙的建立,秦人的祭祖礼日渐周化,如马家庄宗庙祭祀不用马牲③,而据《史记·秦本纪》和《史记·封禅书》可知,秦禘祭与陈宝祠皆用马牲④,凤翔雍山血池秦汉祭祀遗址的祭祀坑中也埋有马牲⑤。这似乎说明,当时秦人的国家祭祀已经出现宗庙祭祖和禘祭祭天分职的现象。这也为日后设立与嬴秦本族无关的炎帝、黄帝之禘做了前期的理论准备,因为禘祭往往要由秦公亲自参与,对于被征服民族的禘祭可仅祭其当方之天帝,而无须祭祀其所出之祖神,这种折衷的做法显然更易被秦公所接受。

至于公元前367年秦献公新立畦畤祠白帝,则已经具有了一定的五行色彩。"栎阳雨金,秦献公自以为得金瑞",此白帝不但对应西方之帝,且对应五行所属之金德。因为此时齐地方士的五行思想正在悄然兴起,距离邹衍之徒的时代不远了,他们的五行与五德终始学说也当是顺应时代潮流,吸取并整合各诸侯国相关文化因素而形成的理论体系。不过,直至秦朝覆灭,亦未见秦人有关于"四色帝"的叙述,更遑论"五色帝"。

此外,我们还须讨论一下秦人的上帝问题。秦人的上帝概念大概是比较模糊的,尤其是脱胎于殷文化圈的早期秦人。当时去殷未远,周人的至上天神信仰

---

① 卢连成、杨满仓:《陕西宝鸡县太公庙村发现秦公钟、秦公镈》,《文物》1978年第11期。

② 《礼记正义》卷三五《郊特牲》,第1070页。

③ 陕西省雍城考古队:《凤翔马家庄一号建筑群遗址发掘简报》,《文物》1985年第2期。

④ 祠西畤"其牲用骝驹",陈宝祠用"骝驹四",雍四畤"畤驹四匹"。

⑤ 陕西考古研究院:《陕西凤翔发现秦国国君和西汉皇帝亲临主祭的国家大型祭天场所》,《中国文物报》2016年12月9日第1版。

尚未完全整合形成，秦人对此新宗教信仰显然需要更长的时间来学习吸收。秦人的帝与上帝观念似乎更多地停留在殷商时代，祖先与上帝是合二为一的。这种模糊的概念似乎受到周秦本就不甚相同的文化体系和秦人功利主义思想的影响[1]，持续时间较长，即使在秦统一后，通过秦始皇的封禅泰山活动，正式承认了昊天的至上神地位，但其传统的、源自周人民间的祭天、祭祖甚至祭杂神的仪式，以及经过改造的畤祭活动也仍然没有被废止。

秦人这种模糊的上帝观念一定会被带进其不载日月的《秦纪》当中，这一点从经过司马迁采择润色《秦纪》而进入《史记》的文字中仍可觅得蛛丝马迹。如：关于秦襄公初立西畤的祭祀对象，《秦本纪》作"上帝"，而《十二诸侯年表》和《封禅书》则作"白帝"；又如秦文公因"上帝之征"而祠白帝。如此看来，早期秦人的"上帝"非指超然而上的至上之神，而当指居于上天之帝，其当方之帝的意味更浓一些，甚至可以说就是在上的祖神。

另外，从秦景公时期[2]的秦公簋铭文"丕显朕皇祖受天命，鼎宅禹迹，十又二公，在帝之坯"[3]来看，春秋中期，秦人在努力向周人学习的过程中，已经初步接受了周人的天命观，并把帝与祖先神区分开，将帝的地位上升到祖先之上。而从太公庙出土的秦武公钟铭文"我先祖受天命"来看，春秋早期秦人即已接受了周人的天命观，当时的鄜畤之祭很可能已经近似周人以祖配天的郊天之礼了。

不过随着青、炎、黄三帝之畤的相继建立，秦人在春秋早期萌芽的至上神思想遭到削弱，逐渐被更加务实的多神思想取代，而随着战国中后期从齐鲁之地舶来的五行思想逐渐在民间站稳脚跟，秦献公也不失时机地借助天气异象，建立了带有五行学说色彩的畦畤，其祭祀对象应当随之转换为代表金德的白帝了，其原始的祖先神崇拜和后来受周人影响的昊天崇拜色彩都大大弱化了。

秦人兼并天下之后，需要确立一个能够真正得到普遍认可的至上神，以彰显

---

[1] 在考古发现上，这种功利主义突出体现在春秋中期以来秦人墓葬随葬品日益粗疏，且较他国更早明器化。

[2] 此为以郭沫若为代表的主流意见，相关文章线索可参朱颖星：《秦系金文整理与研究》，华东师范大学 2015 年硕士论文，第 5—6 页。按：雍际春提出的器主乃襄公的观点似乎与秦的宗教信仰发展水平不相符，且建国伊始的秦人是否有能力建造这种刻有大段铭文的簋也有待商榷。

[3] 引自雍际春：《秦公簋及"十又二公"考》，《社会科学战线》2013 年第 6 期。

其统治的合法性。而从睡虎地秦简《日书》相关内容可看出,此时上帝和帝的地位在秦国民间已经下降到和其他鬼神差不多的境地①,显然已经不适合作为新统一帝国的至上神了。于是,秦始皇一方面顺应战国中后期的社会思想风潮,将五行和五德学说纳入国家意识形态,一方面却又并不营建祠黑帝的北畤,而是不辞辛劳地前往泰山进行封禅,通过获取对老牌至上神——天的祭祀权,明确其天下共主的地位,对于雍四畤祭祀圣地也只是维持现状、加强管理而已,对于距离国都更远的西畤和畦畤甚至不亲往。至此,秦人在国家祭祀层面已完成了从多神崇拜到至上天神崇拜的思想演变历程,同时也标志着秦国正式从地方政权转变为大一统的帝国。

综上所述,秦人祭祀的神灵,依据其属性,主要可以归为天、地、人三大系统,另外还有少量动物神及其他鬼怪。依据对各种神灵祭祀的参与者和管理者的不同,可分为国家祭祀和民间祠祀两大类。就天神系统而言,白帝、青帝、黄帝、炎帝四大帝神和三光一类的次等天神皆止于国家祭祀层面,秦简《日书》中虽也有提及天、上皇、帝、上帝子、帝乔子、北方之帝、炎帝等天神之处,但其形象并不光辉,常给人带来灾殃,并非作为祠祀对象存在。就地祇系统而言,华山以西的名山大川,受到政府管控祭祀的山川之神主要分为名山大川神、四大冢神、咸阳近郊的七小河神和小山川神四个等级,此外还有游离于官方祭祀系统之外的其他山川之神,如亚驼,其中山、水神地位最高者分别是华山之神和河水之神。最重要的土地神是社神,先农神的地位也颇高,其祭祀活动还受到了官府的管理,得以晋升国家祭祀之列。对五祀的祠祀,也可见国家祭祀与民间祠祀之别,其中的行神乃是最重要者,且民间所祠行神非只一位,显示了秦庶民的宗教信仰尚处于多神崇拜阶段。就人鬼系统而言,可分为先祖、人神和人鬼三大类,其中人鬼系统最为驳杂,不仅包括杜主、白起、蜀侯恽、秦二世等冤死厉鬼,还包括各种去世的血亲之鬼,秦人厌鬼,皆作禳除之祭。就动物神和其他而言,秦人国家层面先后祭祀过的两个动物神是陈宝和怒特,且后者最终被剔除,而秦简中的六畜和蚕等动物神,实际多有对应之人神。另外,伏祠也是秦人特有之祠,禳除各种凶神厉鬼及妖怪。

从出土的秦系秦简《日书》材料来看,秦庶民的祠祀择日术主要可分为建

---

① 田静、史党社:《论秦人对天或上帝的崇拜》,《中国史研究》1996 年第 3 期。

除、稷辰(丛辰)、星宿、日冲和啻(帝)、宜忌等六套系统,此外还包括一些针对特定鬼神的祠祀择日禁忌,如五祀、七畜、史先、巫咸、巫、田大人、大父、父母、亲、人伏、道囗(频?)、道旁等。秦庶民在祠祀活动中,常用的祭品是肉、酒和黍粟米一类的谷物,岁末腊日的祠先农则较为隆重,需用牲,祠门亦需用牲,属奠基之祭。秦国祭祀的一大特色是瘗埋祭祀所用牲玉等物,時祭、宗庙祭祀和奠基祭、墓祭、祭祷山川等自然神灵等皆发现有瘗埋之牲玉,其中祭祀天神仍瘗埋祭品,明显与中原"三礼"有所区别。至于民间祠祀,则与东方诸国大体相同,皆有祭祀后的分胙之礼,在某些地方政府主导的祠祀活动中,还会将胙余售卖给没有资格参加祠祀活动的刑罪之人。民间的祠祀仪节大致包括设席、请神与餕祭三大环节,在某些祠祀之后,还有分胙与聚会饮食环节。在巫祝及除鬼活动中,还经常可见制作类似后世到家驱鬼的法器的环节。禹步被秦庶民广泛运用于祠行、巫祝和除病等多种祭祷仪式,但北大秦简"祓除"中的请神环节,使用的"葵行"之法,恐怕并非跂行之禹步,而可能是一种跳跃傩仪。另外,秦人在祠墓之前会谨慎清扫,他们对祠祀场所的清洁、完善程度有较高要求。

秦人特有的"時祭",最初乃是借鉴民间祭杂神旧俗,增其旧制,于大山之下、小山之上,铲地为坛,奉祀牺牲以昭告其先祖——白帝少昊之神。后来伴随着秦人的东扩,其他"時祭"陆续增设,其设立目的和意义,以及背后所反映的秦统治阶层的宗教观念,也都随着秦统治者政治野心的膨胀而有所转变,其地位与作用也越来越接近周人的"郊兆",不过至少在战国中期之前,秦人所自出的白帝仍占据超出其余三帝的地位。至秦始皇封泰山,则标志着"天"已经取代了所谓"四色帝"在国家祭祀中的至上神地位。

秦人六時在四百年间,陆续建立。在此期间,秦人時祭的对象和蕴含的意义在悄然改变。秦、周文化本不同源,立国之秦襄公作西時,祭祖色彩浓厚,但在春秋初年秦人全面向周文化学习的态势下,至迟到秦武公时期,秦人已承认天的至尊地位,其時祭对象也已开始由祖向天演变。迁都雍城之后,随着宗庙的建立,秦人的祭祖礼日渐周化,宗庙祭祀已不用马牲,時祭与陈宝祠则沿用马牲不废,据此可知,当时秦人的国家祭祀可能已经出现宗庙祭祖和時祭祭天分职的现象。至秦献公自以为得金瑞而作畦時祠白帝,则已经具备了五行学说色彩,展现了秦文化对东方文化积极接纳的态度。不过,秦人并无心构建系统的五色帝祭祀,统一后即以天神取代原四帝的至上神地位,这也是秦人实用主义的一种表现。

另外,大致而言,秦人的上帝较为模糊。至春秋中叶,开始初步接受周人的天命观,并把帝与祖先神区分开,且将帝的地位上升到祖先之上。不过随着青、炎、黄三帝之畤的相继建立,秦人在春秋早期萌芽的至上神思想遭到削弱,尤其是五行学说的舶来,更令其原始的祖先神崇拜和后来受周人影响的昊天崇拜色彩都大大弱化了。不过在秦并六国之后,秦始皇虽然采纳了五行与五德学说,但在最高级别的国家祭祀中,仍旧选取了周文化系统的昊天作为至上神,令秦朝的国家祭祀真正从多神崇拜走向了以天为尊。灭亡秦朝占据关中的刘邦,为博取关中秦民的支持,遂沿用故秦时祭传统,并以五行学说为据,补足北畤祠黑帝,方才造成了西汉直至隋唐天与五色帝混合祭祀的乱象。

结　语

通过考察秦人礼制活动的四个主要方面,本书重新审视了秦国和秦朝的礼乐文明,试图纠正战国以来人们对秦"虎狼之国""无礼义之心"的误解,复原秦人民风古朴、谨守法礼秩序的礼义形象。本书主要选取婚、宾、丧、祭四种礼制展开讨论,通过对现有的传世文献与出土资料的分析研究,得出如下结论:

1. 战国秦王室后妃称号可考者分为"良人、八子、王后、太后"四等,《汉书》所列"美人、良人、八子、七子、长使、少使"等级序列可能有误。从春秋早期到战国中后期,秦君行冠礼和娶妻的年龄有所推后,从最初15岁左右推迟到22岁。春秋战国时期,政治联姻成为普遍现象,秦国宗室也根据国家利益的需要不断变更婚媾对象,但始终恪守周礼"同姓不婚"之制,在东周时期礼崩乐坏的大背景下这一点尤显难能可贵。

2. 秦政府始终坚持对其庶民婚姻礼俗进行教化与管理。在东方新占领区,秦文化因素对楚系婚姻择日术产生一定影响。出土材料表明,秦人全年各个时节皆可嫁娶,并非限于郑玄"仲春说"和王肃的"秋冬说",反而与束晳"通年听婚"之说相合。商鞅变法的析户政策和秦始皇巡行刻石具有"别男女"的教化作用。秦简表明,秦人首创了婚姻登记制度,秦人对于家庭中夫妻地位的规定也较为符合儒家礼教。

3. 早在春秋时期,秦人就表现出良好的外交礼仪素养。秦国的朝聘与会盟之礼皆始于春秋初年的襄公立国,并在秦穆公时期正式展开与中原诸国的聘问和会盟活动。在这些聘问和会盟活动中,秦人表现出足够的礼仪素养,"谋事""继好""报问""辞玉"皆合乎周礼。此后,国际局势趋于复杂,朝聘和会盟之礼顺势演变,突出体现在聘问礼制的"礼尚往来"原则和会盟活动的诚信效用的减弱,秦国也出现这种趋势。春秋战国之交,秦国国势衰弱,一度"不与中国之会盟",中断了与中原诸国外交礼仪的同步发展之路。

4. 战国时期,秦国逐渐在外交礼制活动中占据主导地位。经过商鞅变法,秦国迅速强大,重新展开与东方诸国的外交礼制活动,极大地推动了战国朝聘礼制的嬗变,加速了周天子朝聘礼的废弃,秦国逐渐成为会盟活动的中心国家。秦人利用会盟手段破解六国合纵,最终形成秦王不出外会盟而六国皆往朝秦君的局面,秦国的霸主地位也由此得以彰显。

5. 为了适应战国复杂的外交形势,秦国形成一套较为成熟的遣使外交制度。使者的地位空前提高,质使、相使等外交形式也被灵活运用,其主要仪节包括五个环节:(1)由国君亲自任命使者;(2)授予使者国书和礼物;(3)迎接宾客,安排馆舍;(4)在朝堂上设九宾待客;(5)返国报君,君厚赐之。与《仪礼》中的聘礼相比较,这套礼仪程序大为精简,且"礼尚往来"的色彩锐减,"谋事"的目的性空前增强,更适应战国中后期复杂的外交形势,且更能体现国君权威,在战国晚期被基本固定下来。

6. 在丧葬礼俗方面,秦人讣告、吊丧和入葬的仪式与周礼较为接近。春秋前期,秦君恪守"同盟死即讣告"的周礼原则,且秦君从薨到葬的时间间隔也逐渐向周礼的规定靠拢。秦穆公时期,秦人已熟悉诸侯间的吊问礼仪。秦国凌阴遗址表明,秦人在春秋时期就具有藏冰系统,可供丧礼中陈尸、冰尸之用。秦人在下葬之前,还有筮宅和卜日环节。秦国国君下棺用木碑,而大夫、士及庶民皆以绳捆结木棺,再左右合力徐徐落下。以上仪节皆合于周礼,可能是秦人学习周礼文明的结果。此外,秦人也随葬真车真马,这与中原诸国相同。从春秋晚期开始,秦地零星出现随葬明器车马的现象。

7. 秦人在敛尸之礼和棺椁制度方面具有自身特色。考古发掘表明,秦国的大夫、士及平民阶层墓葬口含、手握现象极少,也并未借鉴周人的玉覆面之礼。秦国贵族墓葬虽然也盛行玉饰物敛尸,但石饰物随葬在战国中期以前占据相当的比重,此后也并未出现东方贵族墓中所见的玉璧裹身现象,且敛尸用玉数量呈递减趋势。

秦人最终并未形成完备的棺椁多重制度,相反,其墓葬形制朝简化与实用方向发展,一棺一椁制在贵族墓葬中占据主流。秦平民墓葬也往往棺椁皆备,只是从战国中晚期开始,由于关中地区洞室墓大量出现,才令咸阳圈的平民墓葬开始流行一棺制。秦国贵族墓最流行的棺饰物是铜铃,这也与中原国家不同。另外,战国中期前的秦人墓葬盛行在棺盖或椁盖上置圭,这也是秦系墓葬的一大特色,但战国中期以后的秦墓葬中,葬圭之风急剧衰减乃至基本消失,这应当与商鞅变法强化了秦人简化、实用的丧葬之风有关。

这些丧葬礼俗当脱胎于早周时期的秦文明,与周文明差别较大,显示出秦、周文明的源头非一。但春秋战国时期,周秦丧葬礼仪大致趋同。由此可见,秦人经过学习,已逐渐认同并融入中原礼制文明。

8. 秦景公墓随葬大量玉器,且其棺椁长度远超他国国君。秦君与本国其他高级贵族墓葬规格差距之大,远超东方诸国。而大夫和士、下等士与富裕庶民之间,在敛尸玉器、棺椁重数和长度上则无明显差别。这凸显出秦国国君的至尊地位和秦人极强的社会阶层流动性。秦国的下层贵族乃至普通庶民,都可以通过战功等手段提高自己的社会地位。

9. 依据神灵属性,秦人祭礼的神灵可以分为天、地、人三大系统,此外还有其他神灵(如动物神)。依据祭祀主体和祭祀对象的不同,秦人祭祀又可分为国家祭祀和民间祠祀两大类。比较值得注意的是,民间所祠"行"神非只一位,显示了秦庶民的宗教信仰尚处于多神崇拜阶段。

10. 根据秦系秦简《日书》材料,可以探知秦人的民间祠祀仪节。它大致包括设席、请神与馂祭三大环节;有些祠祀在此三大环节后还有分胙与聚会饮食环节,这与东方诸国的祭仪大致相同。在巫祝及除鬼活动中,还经常可见制作法器的环节,这与后世道教祛鬼的法术相似。在祠行、巫祝和除病等多种祭祷仪式中,"禹步"被广泛运用;然而,北大秦简"祓除"中的请神环节所使用的"葵行"之法,恐怕并非跛行之禹步,而可能是一种跳跃傩仪。

11. 秦国国家祭祀的另一大特色,是瘗埋祭祀所用的牲、玉等物。畤祭、庙祭、墓祭、奠基祭以及其他神灵祭祷,大都要瘗埋牲玉,尤其是祭祀天神时所瘗埋的祭品,明显与"三礼"所述的中原礼制有所不同。

12. 从秦襄公立西畤到秦始皇封禅泰山,秦人的国家祭祀经历了从地方性多神崇拜到大一统的昊天崇拜的演变历程。秦人特有的"畤祭",乃借鉴民间祭杂神旧俗而设,最初祭祖色彩浓厚,之后其地位和作用逐渐接近周人的"郊兆"。早在春秋时期,秦人国家祭祀可能就已经出现了宗庙祭祖与畤祭祭天分职的现象。至秦献公"得金瑞"而作畦畤以祠白帝,秦人祭祀已经初具五行学说色彩,不过,秦人并未构建系统的五色帝祭祀。秦统一后,秦始皇封禅泰山,最终完成了秦国家祭祀由多神崇拜向以天为尊的演变。

总体而言,嬴秦与姬周文化虽非同源,但秦人在占据周人故地之后,不断学习周文化,大大提升了自身的礼乐文明程度,逐渐进入了周礼文明国家之列。在融汇多种文化的基础上,秦人自春秋中期开始形成自己的文化特色。此后,秦人通过婚姻、朝聘、会盟、战争等手段,不断与中原"三礼"文明进行文化交流。随着国家实力的大大增强,在战国中期以后,秦国逐渐成为国际间婚媾、朝聘、会盟等礼制活动的主导国家。

在这个过程中,商鞅变法和儒法关系问题值得进一步探讨。商鞅变法,在贯彻以法治国的同时,并未废弃礼制建设和儒家孝悌仁爱精神,社会风气较他国更显古朴,民畏有司而恭谨,官吏廉明而尽责,官民一通于秦君,政令畅达无阻,这成为秦统一天下的重要文化因素。例如,商鞅在设立刑罚时规定,可以按照爵级高低进行减当,而这种罪罚等级之制,正符合周礼所定刑罚的基本原则。并且,商鞅变法本身也运用了大量的礼治思想。商君以国家强制力——法的形式,加大了对秦国乡俗陋习的整治力度;进一步加强君主权威,明确上下等级秩序;同时强调了礼制的实用性,改良旧礼,删繁就简,以适应日益激烈的耕战需要,这在考古发掘中已间接得到证明,即战国早中期秦随葬器物群趋于简单实用化。正如《商君书·更法》所言:"礼者,所以便事也。"商鞅及其后继者们,正是以此为"更礼"的指导原则,融汇礼、法,建构了一种更有利于稳定秦国内部等级秩序、更有利于耕战需求的"新秦礼"。战国末期法家思想的集大成之作《韩非子》中也不乏儒家文化的内核,比如正君臣、明贵贱的等级原则和礼制主张。

从《商君书》到《韩非子》,这两部堪称秦国后期政治指南的法家著作,都体现了对儒家文化精华吸收和借鉴的态度,说明秦人并非要彻底革除旧有礼制及儒家人文关怀,一任刑罚,而是结合秦国的实际情况进行取舍和改良。诚然,这也是秦人固有的功利实用主义取向所致,但并不足以说明秦国就是所谓"无礼义"的"虎狼之国"。

对秦国"无礼义"的指责和批判,主要出自六国游说之士,更多应该算是纵横家们谋求合纵抗秦的外交辞令。两汉儒生进一步继承和肯定这一话语,除了用于对当代政治的警示外,还多了一层对汉代政权合法性认同的意思。六国游说之士和汉代儒生,二者目的虽有不同,但正是由于这种指责和批判被层累叠加,最终形成了在后人眼中秦人弃礼尚功的刻板印象。

实际上,秦灭六国之后,礼制建设有增无减。秦始皇东巡,在刻石纪功的同时也着重宣教崇化;认同东方的山川祭祀,并整合全国的祭祀体系;设立尊君抑臣的朝仪;等等。在秦帝国覆灭之后,祭祀整合工作被汉朝接续完成,而凸显天子权威的朝堂礼仪也被汉高祖采纳。"汉承秦制",也包括部分继承了秦国和秦朝的礼制体系。

此外,秦礼的一个重要特点也是不容忽视的,即因长期僻居西土、与戎狄杂处而形成的浓厚的地方特色。诸如其独树一帜的畤祭、屈肢葬、西向墓与相较东方更加残酷的从死殉人制度,以及一公一园、规模宏大的帝王陵园制度等,都显示了秦人礼制的自身特色,这些话题有待今后研究的进一步展开和深化。

参考文献

一 基本古籍及其现代整理本

[汉]司马迁撰,[南朝宋]裴骃集解,[唐]司马贞索隐,[唐]张守节正义.史记[M].北京:中华书局,1959.

[汉]刘向集录,范祥雍笺证,范邦瑾协校.战国策笺证[M].上海:上海古籍出版社,2006.

[汉]班固撰,[唐]颜师古注.汉书[M].北京:中华书局,1962.

[汉]孔安国传,[唐]孔颖达正义,黄怀信整理.尚书正义[M].上海:上海古籍出版社,2007.

[汉]郑玄注,[唐]孔颖达正义,吕友仁整理.礼记正义[M].上海:上海古籍出版社,2008.

[汉]郑玄注,[唐]贾公彦疏,彭林整理.周礼注疏[M].上海:上海古籍出版社,2010.

[南朝宋]范晔.后汉书[M].北京:中华书局,1965.

[明]董说著,缪文远订补.七国考订补[M].上海:上海古籍出版社,1987.

[清]顾栋高辑,吴树平、李解民校点.春秋大事表[M].北京:中华书局,1993.

[清]阮元校刻.十三经注疏[M].北京:中华书局,1980.

[清]姚彦渠.春秋会要[M].北京:中华书局,1955.

[清]孙楷著,杨善群校补.秦会要[M].上海:上海古籍出版社,2004.

[清]胡培翚撰,段熙仲校点.仪礼正义[M].南京:江苏古籍出版社,1993.

[清]王先慎撰,钟哲校点.韩非子集解[M].北京:中华书局,1998.

[清]王先谦撰,沈啸寰、王星贤校点.荀子集解[M].北京:中华书局,1988.

［清］孙诒让撰,王文锦、陈玉霞点校.周礼正义［M］.北京:中华书局,1987.

陈奇猷.吕氏春秋校释［M］.上海:学林出版社,1984.

何建章.战国策注释［M］.北京:中华书局,2010.

蒋礼鸿.商君书锥指［M］.北京:中华书局,1986.

王贵民、杨志清.春秋会要［M］.北京:中华书局,2009.

徐元诰撰,王树民、沈长云校点.国语集解［M］.北京:中华书局,2002.

许维遹撰,梁运华整理.吕氏春秋集释［M］.北京:中华书局,2009.

杨伯峻.春秋左传注［M］.北京:中华书局,1990.

二 考古报告和出土文献

朱汉民、陈松长.岳麓书院藏秦简(叁)［M］.上海:上海辞书出版社,2013.

陈松长.岳麓书院藏秦简(肆)［M］.上海:上海辞书出版社,2015.

陈伟等.楚地出土战国简册(十四种)［M］.北京:经济科学出版社,2009.

陈伟.里耶秦简牍校释(第一卷)［M］.武汉:武汉大学出版社,2012.

陈伟.秦简牍合集(壹)(叁)(肆)［M］.武汉:武汉大学出版社,2014、2015.

陈伟.秦简牍合集(贰)(释文注释修订本)［M］.武汉:武汉大学出版社,2016.

甘肃省文物考古研究所.天水放马滩秦简［M］.北京:中华书局,2009.

湖北省文物考古研究所、随州市考古队.随州孔家坡汉墓简牍［M］.北京:文物出版社,2006.

湖北省文物考古研究所、北京大学中文系.九店楚简［M］.北京:中华书局,1999.

湖南省文物考古研究所.里耶发掘报告［M］.长沙:岳麓书社,2007.

湖南省文物考古研究所.里耶秦简(壹)［M］.北京:文物出版社,2012.

湖北省荆州市周梁玉桥遗址博物馆.关沮秦汉墓简牍［M］.北京:中华书局,2001.

陕西省考古研究所.陇县店子秦墓［M］.西安:三秦出版社,1998.

陕西省考古研究所.西安北郊秦墓［M］.西安:三秦出版社,2006.

陕西省考古研究院、宝鸡市考古研究所、凤翔博物馆.凤翔孙家南头——周秦墓葬与西汉仓储建筑遗址发掘报告［M］.北京:科学出版社,2015.

陕西省考古研究所.宝鸡建河墓地[M].西安:陕西科学技术出版社,2006.
睡虎地秦墓竹简整理小组.睡虎地秦墓竹简[M].北京:文物出版社,1976.
孙占宇.天水放马滩秦简集释[M].兰州:甘肃文化出版社,2013.
王子今.睡虎地秦简〈日书〉甲种疏证[M].武汉:湖北教育出版社,2003.
西安市文物保护考古所.西安南郊秦墓[M].西安:陕西人民出版社,2004.
咸阳市文物考古所.塔儿坡秦墓[M].西安:三秦出版社,1998.
杨宽、吴浩坤.战国会要[M].上海:上海古籍出版社,2005.
中国社会科学院考古所.殷周金文集成(修订增补本)[M].北京:中华书局,2007.
周晓陆、路东之.秦封泥集[M].西安:三秦出版社,2000.

三　研究专著

曹建墩.先秦礼制探赜[M].天津:天津人民出版社,2010.
曹旅宁.秦律新探[M].北京:中国社会科学出版社,2002.
陈洪.秦文化之考古学研究[M].北京:科学出版社,2016.
崔明德.先秦政治婚姻史[M].济南:山东大学出版社,2004.
高兵.周代婚姻形态研究[M].成都:巴蜀书社,2007.
黄展岳.中国古代的人牲人殉[M].北京:文物出版社,1990.
礼县秦西垂文化研究会、礼县博物馆编.秦西垂文化论集[M].北京:文物出版社,2005.
李无未.周代朝聘制度研究[M].长春:吉林人民出版社,2006.
林剑鸣.秦史稿[M].上海:上海人民出版社,1981.
刘乐贤.睡虎地秦简日书研究[M].台北,文津出版社,1994.
吕静.春秋时期盟誓研究——神灵崇拜下的社会秩序再构建[M].上海:上海古籍出版社,2007.
马非百.秦集史[M].北京:中华书局,1982.
滕铭予.秦文化:从封国到帝国的考古学观察[M].北京:学苑出版社,2002.
田天.秦汉国家祭祀史稿[M].北京:生活·读书·新知三联书店,2015.
徐卫民.秦公帝王陵[M].北京:中国青年出版社,2002.
杨宽.战国史料编年辑证[M].台北:商务印书馆,2002.

杨华等.楚国礼仪制度研究[M].武汉:湖北教育出版社,2012.
张金光.秦制研究[M].上海:上海古籍出版社,2004.
〔美〕艾兰、邢文.新出简帛研究[M].北京:文物出版社,2004.

后 记

时光飞逝，不觉已经毕业三载有余。工作繁忙，很久没有感受到读书时那种游于艺的快乐了。今年初夏，刚复工不久，王子今老师的一个电话，又将我的思绪拉回了学生时代，在《礼记正义》研读课上，与杨华老师及同学们热烈讨论的情景仿佛就在眼前。

拙著有幸加入王老师主编的"秦史与秦文化研究丛书"，令我受宠若惊。但江城因新冠疫情而造成的严重经济损失，又令我这个新武汉人必须加班加点地工作。在此情形下，近年公布的新材料，就只能暂付阙如了。幸有责编张红丽老师认真把关，令本书得以顺利出版，在此谨表谢忱。

中信建筑设计研究总院有限公司
马志亮
2020 年冬